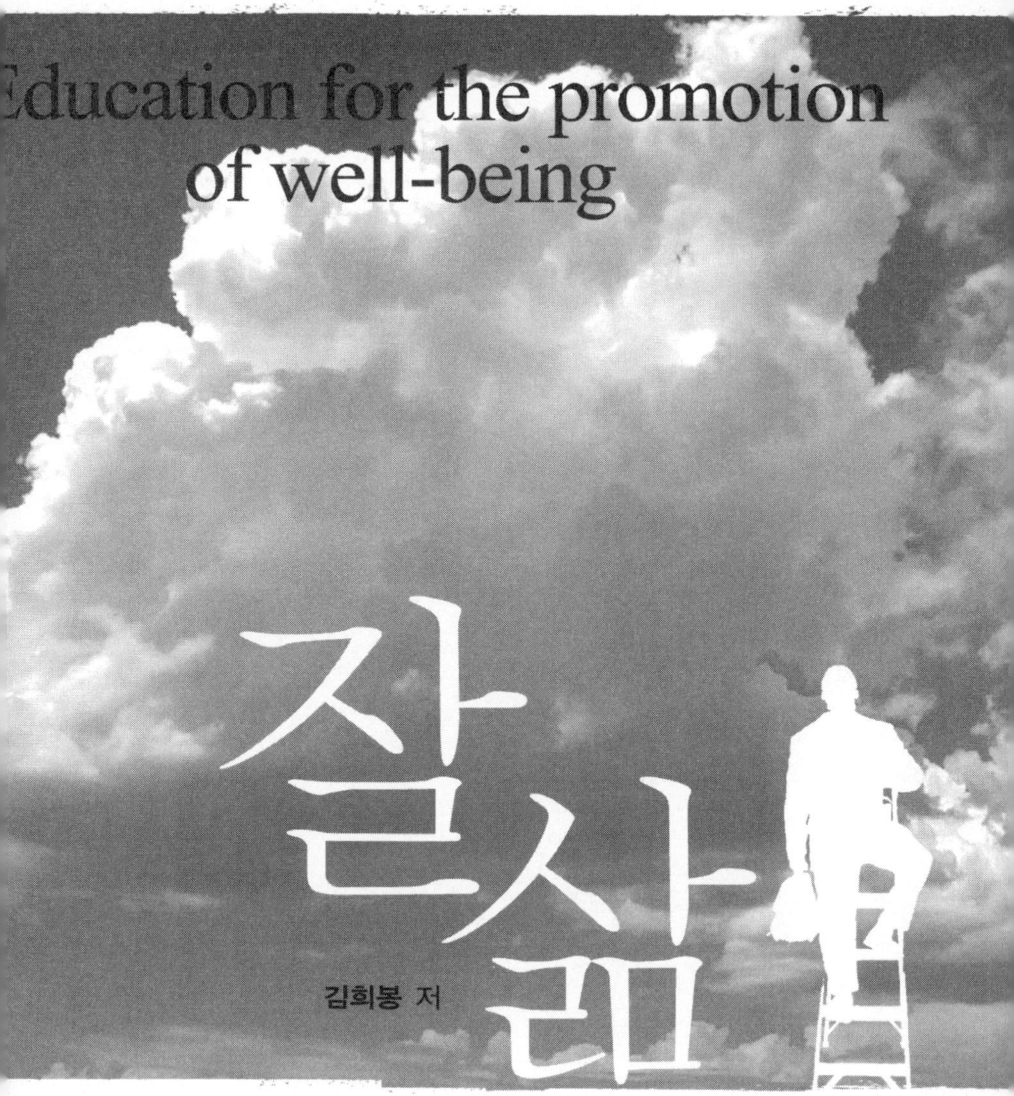

Education for the promotion of well-being

잘삶을 위한 교육

김희봉 저

학지사

머리말

우리는 행복을 꿈꾸며 산다. 교육에 종사하는 우리는 교육을 통해 행복을 소망한다. 우리 자신들이 교육활동을 통해 행복과 보람을 느끼고, 더불어 아이들도 행복해지는 교육을 꿈꾼다. 교육을 통해 아이들이 자신의 삶을 주체적으로 꾸려 가며 행복한 삶을 살 수 있기를 기대한다. 이런 기대가 너무 이상적인 것일까?

교육현실은 늘 우리를 아프게 한다. 우리 아이들처럼 바쁘게 사는 학생들이 또 있을까? 초등학교 때부터 과외와 학원을 전전하며 시간에 쫓기는 아이들에게 기억에 남을 만한 행복한 추억이 얼마나 있을까? 아이들이 현재의 행복을 희생하는 대신 미래의 행복을 보장받을 수 있을까? 글로벌 경쟁 시대에 살아남기 위한 경쟁과 수월성 제고도 중요하지만 그 정도가 너무 지나친 것 같다. 이런 현상이 갈수록 더 심해지면서 교사는 물론이고 아이들과 부모들도 행복하지 못한 교육 속에서 몸부림치고 있다. 교육현실이 마치 무거운 돌덩이처럼 우리를 짓누르고 있다. 우리 교육체제는 어디를 향해 달려가고 있는 것일까?

간혹 우리는 이와 대조되는 감동적인 교육현장을 발견한다. 여러 대안학교를 비롯하여 교육적으로 의미 있는 시도를 하고 있는 작은 학교에서 행복한 모습의 학생들과 교사들을 볼 수 있다. 이곳에서 만나는 학생들의 표정과 눈빛은 분명 다르다. 비로소 그 나이 또래가 가지고 있어야 할 천진스럽고 역동적인 아이들 본연의 모습을 볼 수 있다. 아이들 모두가 주체적으로 참여하는 수업시간은 지루하고 힘든 시간이 아니라 즐거운 시간이다. 놀이와 학습이 자연스럽게 이루어지는 학교는 아이들에게 늘 즐겁고 행복한 곳이다. 이런 학교의 교사들은 교육하는 즐거움 때문에 행복해하는 모습을 보게 된다. 무엇 때문에 이것이 가능한 것일까?

우리는 살아가면서 자신이 즐겁고 행복을 느끼는 일에는 쉽게 몰입하고 집중한다. 교육하는 과정이 즐겁고 교육을 통해 행복이 증진될 수 있다면 교사와 학생 모두 즐거움으로 교육할 것이다. 그런데 행복은 직접적으로 추구할 수 있는 것이라기보다는 간접적으로 혹은 어떤 것의 부산물로 얻어지는 속성이 있다. 내가 행복을 얻기 위해 의도적으로 애쓴다고 해서 행복해지는 것은 아니다. 좋은 상황과 결과를 통해 우리는 행복을 느낄 뿐이다. 이렇게 보면 행복한 교육을 직접적으로 추구한다고 해서 꼭 행복한 교육이 되는 것은 아니다. 행복한 교육을 위해서는 그것을 가능하게 하는 상황과 틀을 만들기 위한 노력이 선행되어야 한다.

이 책에서 필자는 교육목적으로서 '잘삶의 증진'을 주장한다. 이것을 '행복한 교육'의 또 다른 이름이라고 생각해도 무방하다. 물론 양자 사이에는 뉘앙스의 차이가 있고 이에 대해서는 1, 2장에서 자세히 다룰 것이다. 학생의 잘삶을 증진하는 교육을 하기 위해서는 우선 잘삶의 의미부터 해명되어야 한다. 어떤 것이 잘삶이고, 그 잘삶을 증진시키기 위한 교육적 노력은 어떤 것이어야 하는가를 이 책에서 다루고 있다. 필자는 그동안 잘삶이란 주제를 중심으로 교육철학을 연구해 왔고 이 책은 그 결과물이다.

사실 이 주제에 대한 관심은 우연히 시작되었다. 필자가 선택한 주제라기보다는 주어진 것이었다. 필자는 대학원 석사과정 시절에 지도교수이신 이지헌 교수님으로부터 영국의 교육철학자 존 화이트(J. White)의 책을 몇 권 소개받았다. 영국의 교육철학자로는 학부시절에 들었던 피터스와 허스트 정도의 이름밖에 생각나지 않던 필자는 생소한 화이트와 그렇게 대면하기 시작했다. 처음에는 어려워서 읽히지 않던 책의 내용이 지도교수님의 세심한 지도 덕분에 조금씩 읽히기 시작했다. 이렇게 화이트에 관한 공부는 시작되었고, 특히 그의 대표적 저서인 『Education and the Good Life』(1990)는 필자의 석·박사 학위논문을 쓰는 데 텍스트와 같은 역할을 해 주었다. 이 책을 완역하고 공부하면서 학위논문을 쓰게 되었고, 나중에는 지도교수님과의 공동 작업으로 『교육목적론』(2002, 학지사)이란 번역서를 내게 되었다. 물론 오역이 많았던 필자의 초고를 선생님께서 다시 검토하고 수정하면서 문체를 바로잡아 주셨기에 출판이 가능하였다.

이런 과정을 거치면서 필자는 이 책의 핵심 주제인 잘삶에 대해 관심을 가질 수밖에 없었다. 영국의 자유교육론자들의 합리적 전통에 변화를 시도한 화이트의 아이디어에 매우 공감이 갔고, 우리 교육에 주는 시사점이 매우 크다는 생각이 들었다. 이런 입장에서 필자는 그동안 화이트의 이론을 소개하고 설명하는 논문을 써 왔다. 그것들을 책의 체제에 맞게 배치하고 다듬어서 하나로 묶은 것이 바로 이 책이다. 그러므로 이 책의 내용은 대부분 독립된 논문으로 발표했던 것들이다. 원래 발표했던 논문 제목과 학술지는 다음과 같다.

「지식, '잘삶', 그리고 교육」(『교육철학』, 제26집, 2001), 「열린사회를 위한 관용 교육」(『열린교육연구』, 제10집 제2호, 2002), 「도덕교육에서 타산성과 도덕성의 통합적 접근」(『교육학연구』, 제40권 제1호, 2002), 「교직윤리에 대한 세 가지 윤리학적 접근과 그 의미」(『교육학연구』, 제42권 제2호, 2004), 「웰빙의 의미와 도덕교육」(『도덕교육연구』, 제16권 제2호, 2005), 「J. White의 자율성 교육론」(『교육철학』, 제27집, 2005), 「자율적 자아관에 대한 교육적 대안 탐색」(『교육철학』, 제30집, 2006), 「잘삶을 위한 일의 교육」(『교육철학』, 제40집, 2007), 「잘삶의 통합적 이해와 교육적 함의」(『교육철학』, 제44집, 2009).

개별적인 논문 초고를 편집해서 책으로 엮다 보니 어떤 부분은 중복되기도 하고 완성도 면에서 미진한 부분도 있지만 잘삶이라는 일관된 주제로 묶어 내기에 큰 무리는 없다고 생각되어 감히 출판을 결심하게 되었다. 독자들의 질책과 비판을 기대하면서 아무쪼록 이 책이 교육목적론에 관한 체계적인 논의가 부족한 우리의 교육철학계에 목적론적 논의를 활성화시키는 계기가 되기를 희망해 본다.

이 책을 펴내면서 감사할 분들이 너무 많다. 무엇보다도 필자의 은사이신 이지헌 교수님께 감사드리지 않을 수 없다. 부족했던 필자를 교육철학의 세계로 입문시켜 지금까지 세심한 지도를 해 주셨고, 비록 부족한 제자이지만 학문의 길을 함께 가는 길벗처럼 한결같이 대해 주시는 선생님을 뵐 때마다 감사할 따름이다. 박고훈, 강만철 교수님을 비롯한 목포대학교 교육학과 교수님들, 전남대학교 교육학과 교수님들께도 많은 가르침과 은혜를 입었다. 김선구 박사를 비롯한 전남대학교 교육철학연구회 회원들께도 감사의 마음을 전하고 싶다. 가족은 늘 삶의 큰 울타리가 되어 준다. 바쁘다는 핑계로 가정에 충실하지 못하는 남편을 묵묵히 지켜봐 준 아내 명신과 딸 하빈에게도 고마움과 사랑한다는 말을 전하고 싶다. 또한 어려운 상황에서도 출판을 허락해 주신 학지사 김진환 사장님께 감사드린다. 무엇보다도 내 삶의 근원이신 그분께 모든 영광을 돌리고 싶다. 솔리 데오 글로리아!

2009년

저자

차 례

프롤로그

교육목적으로서 잘삶

우리나라는 교육에 대한 국가의 영향력이 막강한 중앙집권적인 교육과정을 채택하고 있다. 제7차 교육과정은 이전에 비해 지역 교육청과 단위 학교의 재량권을 확대하고 있기는 하지만 교육과정의 큰 틀은 여전히 중앙집권적이다. 국지성(locality)이 강조되는 오늘날, 이런 현상이 바람직한 것은 아니지만 이점이 없는 것도 아니다. 문제는 국가 교육과정이 어떤 방향과 어떤 틀을 견지하고 있느냐 하는 점이다.

최근 정부는 2009년 교육과정의 개정을 준비하고 있다. 2007년에 부분적으로 개정했던 제7차 교육과정을 다시 대폭 수정하여 2009년 말까지 개정된 교육과정을 마련한다는 것이다. 제7차 교육과정 이후 정부는 교육과정의 전면 개정보다는 수시 개정 방침을 정했기 때문에 앞으로는 언제든지 필요에 따라 교육과정을 개정할 것으로 예상할 수 있다. 국가 수준에서 교육과정을 개정하는 데에는 나름대로 이유와 명분이 있기 마련이다. 가장 대표적인 예로, 현 교육과정이 시대적 변화를 충분히 반영하고 있지 못하다는 주장이 늘 제기되어 왔다.

교육과정의 개발 과정을 논리적 측면에서 생각해 보면 맨 먼저 해야 할 일이 교육목적을 설정하는 일이다. 교육목적은 교육의 방향을 결정한다. 어떤 목적을 정하느냐에 따라 학생들에게 제공될 교육내용이 달라질 것이다. 그러나 우리나라 교육과정의 개정 과정에서는 교육목적에 관한 고민과 논의가 거의 보이지 않는다. 교육목적은 교육과정 해설서의 서두에 '추구하는 인간상'으로 간략히 제시되고 있을 뿐이다. 교육목적이 그렇게 간단한 것이고 누구나 쉽게 동의할 수 있는 것인가?

국가가 교육을 주도하는 공교육은 어떤 논리에서 정당화될 수 있는가? 자유주의 국가에서 국가와 개인의 관계는 늘 긴장관계를 형성한다. 개인의 자유와 권리를 핵심 가치로 중시하는 자유주의는 국가가 개인의 삶에 개입하는 것을 늘 경계한다. 특히 개인이 어떤 가치관과 세계관을 가지고 살아가느냐 하는 문제에 대해 국가는 중립을 지켜야 한다. 이것이 국가가 견지해야 할 중립성의 원리다. 그런데 국가가 교육의 주체로 나서게 될 때, 이런 중립성을 위반할 개연성이 있다. 교육은 개인의 삶의 방향에 직접적인 영향을 미칠 수 있기 때문이다.

중립성을 위반하지 않으면서 국가가 교육에 개입할 방안이 있을 것이다. 가치와 관련된 문제는 가능한 한 다루지 않고 개인에게 맡기면서 가치중립적인 지식 위주의 교육을 한다거나, 개인들이 자신의 가치를 실현하며 잘 살아갈 수 있도록 복지나 기본도덕 등 필요조건과 관련된 내용에 국한된 교육을 할 수도 있을 것이다. 또한 삶의 다양한 선택지를 학생들에게 제공해 주는 교육을 통해 학생들이 그것을 토대로 자신의 삶을 선택하여 살 수 있도록 도울 수 있을 것이다. 중립성이 중요하기는 하지만 여기에 너무 치중하다 보면 국가는 소극적인 교육밖에 할 수 없는 한계가 있다.

개인의 선택 및 자유와 국가의 중립성을 강조하는 자유주의 원리는 국가의 교육 개입을 경계하게 된다. 그럼에도 공교육 체제가 일반화된 오늘날 대부분의 국가들은 교육을 중요한 책무 중의 하나로 생각한다. 국가가 교육을 관장하고 국가 수준에서 교육과정을 개발하여 시행할 수 있는 논리적 근거는 무엇인가? 백년지대계(百年之大計)라는 말이 시사하듯이 교육은 그 사회의 미래를 결정하게 된다. 교육을 통해 어떤 사람들이 길러지느냐에 따라 미래 사회의 성격이 달라지게 된다. 교육은 사회의 미래상과 직결된 문제인 것이다. 그러므로 교육은 국방이나 조세 문제처럼 사회구성원 모두가 함께 고민해야 한다. 교육에 종사하는 교육전문가나 학생 및 학부모 등 교육관련 당사자만이 아닌 사회의 모든 구성원은 교육에 대해 함께 고민하고 참여해야 하는 당사자인 것이다. 사회문제와 정치적 현안에 모든 사회구성원이 동등하게 참여하고 의사결정을 할 수 있는 평등한 권리를 갖는 것이 민주주의의 원리이기 때문에 교육은 곧 공적인 문제이고 정치적 문제인 셈이다.

영국처럼 교육자치의 전통이 강하고 자유주의 원리에 충실하려는 나라들도 20세기 후반 들어 국가 차원의 교육과정을 개발하고 시행하게 되었다. 그 배경에는 국가 경쟁력 제고라는 현실적인 이유도 있지만, 교육문제는 모두가 함께 풀어가야 할 정치적 문제라고 인식하기 때문일 것이다. 교육의 문제는 교육전문가나 학교에만 맡겨 둘 수 없는 공적인 사회문제인 것이다. 교육은 미래 사회를 어떤 사회상으로 만들어 갈 것인가의 문제이고 그것은 곧 모든 사회구성원의 문제다.

교육이 모든 사회구성원과 관련된 정치적 문제이기 때문에 국가가 교육에 개입하여 교육문제를 정치적으로 풀어가야 한다는 논리는 민주주의 원리에 의해 정당화된다. 이런 논리 속에서 교육의 책무를 갖게 되는 국가는 사회구성원의 의견을 최대한 수렴하면서 교육의 방향을 결정해야 한다. 우선 우리가 꿈꾸는 미래 사회는 어떤 모습이고 그런 사회상을 위해 어떤 인간을 길러야 하는가에 대한 사회적 합의 도출이 필요할 것이다. 그 과정에서 교육목적에 관한 논의가 활발히 이루어져야 한다. 교육목적에 관한 논의는 교육의 방향과 틀을 결정하게 된다. 그러나 우리나라의 경우, 국가 교육과정을 개발하는 과정에서 교육목적에 관한 논의가 미흡한 실정이다. 간략한 내용의 '추구하는 인간상'만 제시할 뿐, 이것이 교육과정에서 제시하는 모든 교과들과 어떤 연관을 갖고 있는지, 왜 이런 목적을 설정하게 되었는지 납득할 만한 설명은 없다. 물론 우리나라뿐만 아니라 외국의 사례도 비슷하다. 이런 맥락에서 화이트(J. White)는 '1988 영국 국가교육과정'을 비판하고 있다. 그가 지적하는 핵심은 영국도 국가 교육과정의 목적이 불분명하다는 것이다(White, 1990).

모든 문제는 근본적인 진단과 대책이 있어야 제대로 해결될 수 있다. 우리의 교육에 대해 사람들은 많은 문제점을 지적하면서 공교육의 위기라고 비판하는 목소리는 높지만, 그것의 해법은 임시방편적이고 대증요법에 머무는 경우가 대부분이다. 교육철학적 관점에서 보자면, 우리 교육의 가장 심각한 문제 중의 하나는 목적의 불분명함이고 다른 문제들은 거기에서 파생된 것들로 볼 수 있다. 교육목적에 관한 논의가 더 풍부해지고 목적에 충실한 교육을 하기 위한 노력이 계속될 때, 교육의 본원적 역할과 기능은 회복될 가능성이 높다. 그렇다면 교육목적은 어떤 것이어야 하는가?

시대와 상황에 따라 다양한 교육목적이 주장되어 왔다. 예컨대 듀이(J. Dewey)는 교육은 계속적인 성장 이외의 다른 목적이 있을 수 없다고 주장하였다. 그가 생각하는 성장은 경험의 재구성이기 때문에 교육은 계속적으로 자신의 경험을 재구성해 가는, 즉 계속적인 성장의 과정인 것이다. 인간이 자신의 현재 상태에 머무르지 않고 끊임없이 자신을 성찰하고 성장시켜 간다는 것은 인간의 존재 자체를 지속적으로 높여 가는 의미 있는 일이다. 그러므로 인간은 교육을 통해 비로소 인간다운 가치와 의미를 실현해 간다(이홍우 역, 2007).

고대 이래 꾸준히 주장되어 온 '자유교육'은 인간이 자유로운 존재가 되기 위해 어떤 조건과 교육이 필요한가를 논의해 왔다. 현대 자유교육론은 인간의 합리성을 강조한다. 인간이 합리적인 사고와 선택을 할 수 있을 때 진정한 자유를 누리게 된다는 것이다. 합리적 인간은 이성의 능력을 최대한 발휘하고 지성이 잘 발달된 사람이다. 그러므로 자유교육은 지성의 개발을 통해 합리적인 사람을 길러 내는 데 치중하게 된다. 자유교육론자들은 지성을 개발하기 위한 지식 중심의 교육을 강조한다.

그러나 지성 혹은 합리성을 강조하는 자유교육에 대해 비판을 제기하는 학자들이 나타났다. 예컨대, 자유교육론자인 허스트(P. H. Hirst)는 교육을 통해 아이들을 지식의 형식에 입문시켜서 마음을 발달시키면 합리적인 사람이 되어 잘 살아갈 수 있다고 주장하였다(Hirst, 1974). 이에 대해 합리성 위주의 잘삶관이 너무 편협하다는 비판이 제기된 것이다. 인간의 잘삶은 합리성만으로 설명할 수 없는 복잡하고 포괄적인 측면을 지닌다. 또한 자유교육이 궁극적으로 추구해야 할 목적은 지성의 추구를 넘어 자율성의 증진이어야 한다는 주장도 나타났다. 이는 자유주의 사회에서 잘 살아가기 위해서는 자율적인 사람이 되어야 하므로 자율성을 길러 주는 것이 교육의 핵심 목적이라는 주장이다. 그런데 합리성이나 자율성은 결국 인간의 잘삶을 위한 가치들이다. 이런 가치와 목적을 추구하는 교육은 결국 인간의 잘삶을 증진시키려는 노력의 일환인 것이다. 포괄적 관점에서 볼 때 교육은 인간의 잘삶 증진이라는 궁극적인 목적을 추구하게 된다.

잘삶은 영어 well-being, flourishing 등을 우리말로 옮긴 번역어로서 이 책에서 다룰 핵심 주제다. 이 말의 그리스어 어원은 *eudaimonia*이다. *eudaimonia*를 일반적으로 행복(happiness)이란 말로 번역해 왔지만, 최근 서양철학계에서는 행복보다 원어적 의미에 가까운 잘삶(well-being, flourishing)이란 용어를 선호하면서 이에 대한 연구가 활발해졌다. 아리스토텔레스는 인간이 추구하는 최고선이 잘삶임을 강조하였다. 그가 언급하는 잘삶은 일상적인 행복 이상의 철학적 의미를 함의하고 있다. 덕의 실천을 통한 인간 존재의 탁월성을 확보한 상태가 잘삶인 것이다.

이런 의미를 지니고 있는 well-being이란 말을 사전적 번역어인 복지, 안녕, 행복 등으로 옮기는 것은 원어적 의미가 전혀 전달이 안 될 뿐만 아니라 맥락에 따라서는 전혀 다른 의미로 왜곡될 우려가 있다. 그렇다고 이 단어의 의미에 완벽히 부합된 우리말을 찾기가 그리 쉽지 않다. 그래서 선택한 번역어가 '잘삶'이다. 물론 잘삶이란 표현이 자연스러운 우리말은 아니다. 작위적으로 느껴지기도 하고 어법상 자연스럽지 못한 면도 있다. 그러나 철학적 의미를 담보하는 우리말의 용어를 정착시켜 보려는 의도에서 잘삶이란 표현을 쓰게 되었다. 잘삶이란 '잘 살아감'의 준말이다. 잘 살아간다는 말은 *eudaimonia*의 의미를 비교적 충실히 내포하고 있다. 일상적인 표현이면서도 그 의미를 천착해 보면 다분히 철학적인 의미가 함의된 표현이다. 그래서 well-being을 '잘 살아감'으로 풀어 쓰면 의미 전달 면에서 비교적 괜찮은 번역어가 되지만 일반적인 학술 용어로 쓰기에는 한계가 있다. 그러다 보니 다소 미흡하지만 함축적 표현인 '잘삶'이란 번역어를 선택하게 된 것이다. 물론 잘삶이란 번역어는 학계에서 종종 사용된 적이 있다.

잘삶을 교육목적으로 체계적인 연구를 한 학자는 존 화이트다. 합리성, 자율성을 중시하는 영국의 자유교육적 전통에 서 있던 그가 잘삶이란 주제를 논의하기 시작하면서 교육철학계에 큰 영향을 주게 되었다. 보다 포괄적인 관점의 교육목적 논의가 시작된 것이다. 그의 대표적 저서인 『Education and the Good Life』(White, 1990)는 교육목적이 잘삶의 증진이어야 함을 체계적으로 주장하고 있다. 그는 잘삶이란 큰 틀에서 자율성, 도덕성, 지식교육을 논의하고 있다. 이 책에서 다루고 있는 내용들은 화이트의 교육철학을 풀어서 설명하고 있다고 해도 과언이 아니다. 그의 이론들을 토대로 연구자가 교육목적에 관한 고민을 해 온 결과들이다.

교육목적은 학생들의 잘삶을 증진시키는 것이어야 한다. 잘삶을 어떻게 이해할 것인가는 다음 장들에서 다루겠지만, 우선 잘삶의 그림이 어느 정도 그려지면 그에 따른 교육의 모습도 구체화될 수 있을 것이다. 특히 지식교육을 다루는 장에서 구체적으로 언급되겠지만 잘삶을 증진시키려는 목적에서의 지식교육은 단순한 지식 전달과 암기 이상의 의미를 갖게 된다. 복마전처럼 얽혀 있는 우리 교육문제를 학생의 잘삶의 증진이라는 분명한 목적을 토대로 풀어 본다면 학생이나 교사 모두에게 의미 있는 교육이 될 수 있을 것으로 확신한다.

제 1 부

잘삶의 의미와 교육

제 1 장

잘삶의 의미

1 서론

칸트가 언급한 바와 같이 우리는 교육을 통해 비로소 인간다운 인간이 되어 간다. 우리는 인간답게 살기 위해서, 인생을 잘 살아가기 위해서 우리는 교육을 받는다. 잘 살아가기 위해서 교육을 받지만 잘 살아가는 것이 어떤 삶인지는 그리 간단치 않다. 인간의 삶에 대한 문제는 그 복잡성과 주체적 해석의 문제를 안고 있기 때문에 잘삶(well-being)의 문제는 방대한 논의를 요구한다. 그러면서도 명확한 답을 찾기 어려운 것이 잘삶의 문제다.

고대 이후 잘삶에 관한 철학적 논의는 계속되어 왔다. 다양하게 전개되었던 논의만큼 '잘삶'이 함의하는 바는 복잡하고 다양하지만 그것이 어떤 형태로든 교육과 관련되어 있음을 부인할 수 없다. 교육은 결국 인간의 삶과 관련되어 있고, 다분히 가치 지향적이어서 그 삶의 방향이 '좋은' 삶이 되도록 하는 데 관심을 갖는다. 그러므로 큰 틀에서 보면 교육의 목적은 학생들이 좋은 삶 혹은 잘삶을 영위해 갈 수 있도록 돕는 일이라고 할 수 있다.

잘삶이란 무엇인가? 잘삶은 교육과 어떻게 관련되는 것인가? 교육을 위해서 잘삶은 어느 정도 중요하고, 또한 잘삶을 위해서 교육은 어떻게 행해져야 하는 것인가? 어원적으로 볼 때, 잘삶은 '잘 지내고, 잘 하는 상태'를 의미한다(Sumner, 1996: 1). 따라서 잘삶은 '개인들의 삶'과 밀접하게 관련된 문제이고, 잘 있음, 잘됨, 이익, 좋음 등과 비슷한 의미를 갖고 있다.

잘삶의 의미는 윤리학이론을 통해 체계적으로 파악될 수 있다. 잘삶의 의미에 관한 윤리학이론은 크게 두 계열로 구분된다. 하나는 객관주의적 이론이고 다른 하나는 주관주의적 이론이다. 객관주의에서는 잘삶이 주체와는 관련이 없는 객관적인 선의 성취에 있다고 보는 입장이다. 한편, 주관주의에서는 주체와 관련된 시각에 따라 잘삶을 두 가지로 설명한다. 주체가 쾌락을 느끼는 마음의 상태를 잘삶으로 보기도 하고, 사태 혹은 세계의 상태와 관련된 주체의 바람이나 욕구의 충족을 잘삶으로 보기도 한다. 전자는 쾌락주의의 입장이고 후자는 욕구이론의 입장이다. 따라서 윤리학이론 중 잘 사는 삶이 어떤 것인가를 세부적으로 설명하는 대표적 이론은 객관주의, 쾌락주의, 욕구이론 등 세 가지로 요약해 볼 수 있다(김희봉, 2001a; 이지헌, 1998; Griffin, 1986; Kagan, 1992; Parfit, 1984; Sumner, 1996).

이 장에서는 교육목적이 잘삶의 증진이어야 한다는 전제 아래, 잘삶의 개념을 명확히 밝혀 보려는 노력에 주안점을 둔다. 최근 들어 서양 윤리학계에 잘삶에 관한 논의가 활발해지고 있고, 이는 교육철학 및 도덕교육에 여러 영향을 미치고 있다(Griffin, 1996; Raz, 1986,

1994; Sumner, 1996; White, 2003). 윤리학에서 논의되고 있는 객관주의, 쾌락주의, 욕구이론을 중심으로 잘삶의 의미를 밝혀볼 것이다. 아직 우리 학계에서 잘삶에 관한 논의가 활발하지 않음을 감안할 때, 이 장에서는 잘삶의 의미에 관한 새로운 입론을 시도하기보다 기존의 윤리학에서 논의되고 있는 잘삶의 의미를 정리한 섬너(L. W. Sumner)의 이론을 중심으로 소개하고자 한다(Sumner, 1996).

2 객관주의적 잘삶

1) 필요이론

인간이 잘 살아가기 위해서는 최소한의 기본적인 필요가 충족되어야 한다. 최소한의 영양 공급도 받지 못하고 있는 사람들에게 잘삶을 언급하는 것은 현실성이 없다. 최소한의 치안도 지켜지지 않아서 항상 생명의 위협을 느끼는 사람들에게 가장 시급한 것은 치안을 확보해 주는 일이다. 이런 점들은 '필요'가 잘삶의 전제조건임을 말해 준다. 필요이론을 개진하는 객관주의자들에 의하면, 우리가 그 내용을 알든지 모르든지, 또 그것을 바라든지 않든지, 우리가 갖고 있어야 할 '객관적 선(善)'이 있다는 것이다. 따라서 아주 단순화시켜 이야기하자면, 잘삶이란 다양한 객관적 선이 갖추어져야 가능한 것이다.

필요는 관점에 따라 여러 차원으로 구분된다. 우선, 필요를 '구성주의적 필요'와 '자연주의적 필요'로 구분해 볼 수 있다(Sumner, 1996: 55). 구성주의적 필요란 당사자들의 선택이나 결정에 의해 그 내용이

정해지는 필요를 말한다. 이에 반해 자연주의적 필요란 우리의 본성에 의해 그 내용이 결정되는 기본적 필요를 말한다.

구성주의적 필요를 주장하는 입장에서는 우리 '자신'의 삶에서 어떤 것이 가장 필요한 것인지를 자기 자신이 가장 잘 알 수 있기 때문에 그 내용을 스스로 구성해 간다고 본다. 즉, 자신의 필요는 자신이 구성한다는 것이 핵심이다. 그런데 개인의 필요 목록은 개인이 구성하는 것이긴 하나 그 이면에는 '사회적 합의'가 전제되어 있는 것이라고 볼 수 있다. 구성주의적 필요는 집단적 의사결정 과정에서 도출되는 것이기 때문에 사회적 구성물이라는 것이다. 이렇게 보면, 구성주의적 필요는 내가 선택하거나 결정한 필요이긴 하지만 사회적 합의라는 배경 속에서만 가능함을 알 수 있다.

자연주의적 필요는 기본적 필요의 근거를 인간의 본성에 두고 있다. 하나의 생물학적인 종으로서의 인간이 계속적인 '생존'과 그 '기능'을 제대로 수행해 나가기 위해서 요청되는 본질적인 것들을 자연주의적 필요라고 볼 수 있다. 인간이 계속적인 생존을 해 나가기 위해서는 다른 생물체와 마찬가지로 가장 기본적인 영양 공급에서부터 시작하여 다양한 필요가 공급되어야 한다. 즉, 우리가 인간으로서의 기능을 제대로 하기 위해 요구되는 것이 자연주의적 필요다. 아리스토텔레스는 마치 목수의 기능은 집을 짓는 것이고 눈의 기능은 보는 것이듯이 인간에게도 어떤 기능이 있다고 생각했다. 그에 의하면 인간의 기능은 이성에 따르는 삶이다. 인간의 이성과 관련된 대표적 기능은 지적인 기능과 도덕적 기능이다. 아리스토텔레스가 볼 때, 인간의 기능을 잘 수행하는 것은 덕이며 이러한 덕의 발휘에 필요한 것들이 곧 자연주의적 필요인 것이다(최명관 역, 1984).

또한 필요를 기본적 필요와 수단적 필요로 구분하기도 한다(Griffin,

1986: 41). 이러한 구분은 개인의 삶의 목적이나 목표가 중요한 기준이 된다. 자신이 선택한 목표나 프로젝트와는 상관없이 우리가 인간이기 때문에 누구나 가져야 되는 필요가 기본적 필요다. 예컨대, 의식주와 관련된 필요가 이런 것들이다. 이 기본적 필요는 단지 기본적인 것일 뿐만 아니라 반드시 제공되어야 한다는 점에서 절대적인 것이기도 하다.

반면, 기본적 필요와는 달리 우리가 살아가는 과정에서 어떤 목표를 갖게 되었을 때, 그 목표를 달성하기 위해서 우리가 갖게 되는 필요가 있다. 이것은 수단적 필요다. 예를 들어, 우리가 기차 여행을 하려고 할 때 차표가 필요하다. 기차를 타야 한다는 목적의 수단으로서 차표가 필요한 것이기 때문에 이것은 수단적 필요다. 차표 자체가 목적이 될 수는 없다.

필요에 관한 논의를 통해 우리는 잘삶의 객관적 측면을 일부분 파악할 수 있지만, 그것은 잘삶의 객관적 측면 중에서 주로 외재적 가치와 관련된 것이다. 필요는 대표적인 외재적 가치라고 볼 수 있다(이홍우, 1983: 145). 하지만, 잘삶의 객관적 측면을 파악하기 위해서는 필요 외에도 다른 속성들을 살펴보아야 한다. 필요이론이 포착하지 못하는 잘삶의 객관적, 내재적 측면을 포착하는 데 사적 소유론이 도움을 준다.

2) 사적 소유론

잘삶을 객관적으로 설명하려는 또 다른 이론으로 사적 소유론(private ownership theory)이 있다. 사적 소유론에서는 우리의 잘삶이 '내재적 선을 가진 무엇인가를 내가 소유하고 있다.'는 객관적 사실에 의해 설명될 수 있다고 본다. 이 이론은 무어(G. E. Moore)를 중심으로 개진된 이론이다. 무어의 우선적인 관심사는 선의 의미를 밝히는 것이었다. 무어가 볼 때, 쾌락주의자들이 쾌락을 선으로 본 것, 그리고 욕구이론가들이 욕구가 충족되는 것을 선으로 본 것은 잘못이라고 생각했다. 그 이유는 어떤 사물이 쾌락을 주고 또 욕구가 충족되고 있음이 엄연한 사실이지만 그것이 좋은 것(선)은 못 되는 경우가 있을 수 있다는 것이다(Moore, 1977). 가령, 어느 도박사가 카지노에서 도박에 열중할 때면 쾌락을 느낄 뿐만 아니라 항상 도박을 하고 싶은 욕구에 사로잡혀 있게 된다. 그렇다고 해서 도박이 좋은 것(선)은 아니다. 무어는 선이란 사람의 감정이나 욕구와는 관계없이 독자적으로 실재한다는 입장을 취한다.

무어의 명제를 구성하는 두 가지 요소, 즉 '내재적 가치'와 '소유관계'를 좀 더 자세히 검토해 볼 필요가 있다. 먼저, '내재적 가치'의 내용을 살펴보면, 무엇인가가 내재적으로 가치 있다는 것은 그것이 그 자체로 선이라는 의미다. 사실 무어의 관심사는 (내재적) 선을 정의하는 것이었다. 하지만 무어는 선을 정의할 수 없다고 결론지었다(Moore, 1977: 6). 선을 정의할 수 없는 이유는 그것이 더 이상 분석할 수 없는 궁극적이요, 단순한 관념이기 때문이다. 무어가 보기에 내재적 가치는 더 이상 다른 것으로 환원할 수 없는 그 자체로서 가치가 있는 단순하고 궁극적인 가치를 말한다.

두 번째 요소인 '소유관계'를 살펴보면, 그가 염두에 둔 소유란 도덕적, 법적 관계의 소유가 아니다. 대신에, 대상의 속성은 대상에 속하고 나의 마음의 상태나 활동은 나에게 속한다는 상식에 호소하고 있는 것 같다. 사실 무어는 소유관계를 상세하게 설명하지 않고 있다. 아마도 그것은 너무 기본적인 것이어서 더 이상 분석할 수 없다고 생각했던 것 같다. 다만 그가 강조하는 것은 나에게 속하지 않는, 나와 관련이 없는 내재적 선은 나의 선이 될 수 없다는 점이다.

과연 이와 같은 무어의 입장이 잘삶의 객관적 측면을 잘 설명하고 있는지 검토해 볼 필요가 있다. 무어는 잘삶을 객관적으로 파악하려는 노력을 하고 있지만 그 결과는 그다지 성공적이지 못한 것 같다. 그 이유를 섬너는 대략 두 가지로 지적하고 있다(Sumner, 1996: 47-48). 첫째, 무어가 제시하고 있는 내재적 가치는 결국 윤리적 가치를 지칭하는 것으로 보이기 때문에 이것을 가지고 타산적 가치인 잘삶을 설명하는 데는 한계가 있다. 둘째, 무어의 원래 의도는 잘삶의 객관적 측면을 포착하는 것이었지만 '사적 소유'를 강조함으로써 잘삶의 주체관련성을 부각시키는 결과를 초래하게 되었다는 점이다. 결국, 선의 객관적 속성을 통해 인간의 잘삶을 객관적으로 설명하려 했던 무어의 이론이 원래의 의도와는 달리, 주체관련성을 밝히는 쪽으로 귀결되고 있음을 우리는 엿볼 수 있다.

3) 목적론적 잘삶

객관주의 이론 중에서 또 하나의 영향력 있는 계열은 아리스토텔레스에 뿌리를 두고 있는 목적론적 잘삶이론이다. 잘삶이란 용어는 그 어원적 뿌리가 그리스어 *eudaimonia*다. 흔히 *eudaimonia*를 행복(happiness)으로 옮기지만 그리스에서 쓰였던 원뜻에 더 가까운 말은 잘삶(well-being)이라고 볼 수 있다. 왜냐하면, *eudaimonia*의 원뜻은 '존재의 완성된 상태 또는 무엇을 잘 하는 것'을 의미하기 때문이다(Bond, 1996: 119-120; Sumner, 1996: 69).

아리스토텔레스는 『니코마코스 윤리학(*Ethika Nikomacheia*)』(최명관 역, 1984)에서 인간의 잘삶을 구성하고 있는 요소들이 무엇인가에 대해 체계적으로 탐구하고 있다. 아리스토텔레스가 제시하는 목적론적 잘삶을 이해하기 위해서는 '잘삶' '기능' '탁월성(덕)' 등의 개념과 그 관련성을 살펴볼 필요가 있다. 앞에서 살펴보았듯이 아리스토텔레스에게 있어서 최고선은 잘삶 혹은 행복(*eudaimonia*)이며, 그것은 바로 인생의 궁극적 목적으로서 '다른 모든 것이 그것 때문에 존재하는 것'이다. 따라서 인간이 잘 살아간다는 것은 곧 자신의 행복이라는 목적을 실현하는 삶이라는 목적론적 윤리관이 해명된다.

아리스토텔레스적인 '기능'의 배후에는 '생물학적 종으로서의 인간'이라는 아이디어가 자리 잡고 있다. 마치 좋은 목수는 목수의 기능을 잘 수행하는 사람이고 좋은 피혁공은 피혁공의 기능을 잘 수행하는 사람이듯이 좋은 인간은 인간의 기능을 잘 수행하는 사람이다. 여기서 말하는 '기능'은 역할을 말하는 것이 아니라 하나의 종으로서 인간의 고유한 특성을 말한다. 아리스토텔레스는 '좋은 인간'이 어떤 인간인가에 대한 답은, 인간이 어떤 존재인가, 즉 인간의 기능은 무엇인가에 대한 대답에 의존한다고 보았다. 그가 말하는 행복이란 영혼의 완성을 의미한다. 인간의 영혼은 다양한 기능을 지니고 있어서 생육적 기능, 감성 지각적 기능, 이성적 기능 등으로 구분되는데, 이 중에서도 이성적 기능은 인간의 고유한 기능으로 간주된다. 선이란 인간의 고유한 기능인 이성적 원리에 따른 정신적 기능을 잘 수행하는 것이다.

인간의 최고선, 즉 잘삶은 결국 덕에 일치하는 영혼의 활동이며, 덕이란 것이 하나 이상이 있다면 그 중에서 가장 완전한 것에 일치하여 영혼이 활동하는 것이라고 보았다(최명관 역, 1984: 1098a). 덕(virtue)의 어원을 나타내는 그리스어 *arete*는 원래 기능의 탁월성을 나타내는 말이다. 당시의 어법에서는 *arete*가 명사보다 형용사로 사용되는 것이 자연스러웠다. 사물이나 사람을 수식하면서 탁월하게 기능을 수행한다는 의미로 쓰인 것이다. 즉, 덕 있는 목수, 덕 있는 대패, 덕 있는 군인 등이 자연스런 표현이었다. 그 의미는 물론 각각 기능의 탁월함을 나타낸다. 그러므로 그가 생각하는 인간의 잘삶은 인간이 지닌 모종의 기능을 탁월하게 수행하는 것과 관련되어 있음을 알 수 있다.

객관주의 이론은 잘삶의 객관적 요소를 밝혀 주는 측면도 있지만 몇 가지 점에서 한계를 노정하고 있다. 첫째, 객관주의는 잘삶을 탈주체적으로 설명하려고 한다는 점에서 한계를 갖고 있다(Griffin, 1986: 41). 잘삶은 그 속성상 주관적인 성격을 배제할 수 없다. 둘째, 객관주의 이론은 잘삶을 적극적인 측면에서 파악하기보다는 잘삶의 실현을 위한 전제조건, 요건 등의 소극적 측면에서 파악하는 경향이 강하다. 잘삶에 대한 객관주의적 설명이 갖고 있는 이런 한계 때문에 우리는 잘삶의 적극적인 측면, 즉 주관주의적 측면에서의 잘삶을 탐색할 필요를 느끼게 된다.

3 쾌락주의적 잘삶

1) 잘삶, 행복, 그리고 쾌락

잘삶에 대한 주관주의적 설명 중에서 가장 고전적인 입장은 쾌락주의다. 정통적인 쾌락주의에는 두 유형이 있다. 심리적 쾌락주의와 윤리적 쾌락주의가 그것이다(Sumner, 1996: 83). 심리적 쾌락주의는 우리가 쾌락을 추구하고 고통을 피하려고 하는 것을 인간의 심리적인 본성으로 본다. 즉, 인간의 모든 의도적인 행동의 이면에는 궁극적으로 쾌락을 추구하고 고통을 피하고자 하는 동기가 자리 잡고 있다는 것이다. 이렇게 보면, 심리적 쾌락주의는 인간 행동의 동기를 쾌락을 매개로 하여 인과적으로 설명하려고 한다.

윤리적 쾌락주의는 쾌락 추구의 윤리적 의미를 부각시킨다. 인간이 쾌락을 추구해야 하는 것은 쾌락이 유일한 선이고 고통은 유일한 악이기 때문이다. 이는 일종의 가치론적 입장을 보이는 것이다. 이 두 가지 입장에서는 모두 인간 행위를 설명하거나 정당화하는 일에서 쾌락과 고통이 근본적인 역할을 한다는 것을 강조하고 있다. 이 두 이론은 밀접한 관련성을 갖고 있다. 윤리적 쾌락주의를 옹호하기 위해 심리적 쾌락주의를 활용한 경향이 있다.

섬너는 위의 두 이론과 구별되는 제3의 쾌락주의를 제시하고 있다. 그는 '잘삶의 본질에 관한 이론'으로서 쾌락주의를 재해석한다(Sumner, 1996: 83). 그는 잘삶의 본질을 쾌락을 통해 설명하고자 한다. 즉, 잘삶이 쾌락으로 환원될 수 있다고 본다. 인간은 어떤 대상이나 사태에 대해서 긍정적인 태도를 갖거나 부정적인 태도를 갖는다. 이 '기본적인 태도'의 성격을 밝히는 데 쾌락과 고통이 도입된다. 인간이 어떤 대상에 대해서 마음을 쓰고 어떤 사태에 대해서 신경을 쓰는 것은 결국 그것을 경험하는 일을 유쾌하게, 즉 쾌락으로 보는가 아니면 고통으로 보는가 하는 '태도'의 문제라고 볼 수 있다. 이러한 태도는 잘삶의 핵심이 된다고 볼 수 있다. 내게 있어서 나의 삶이 잘 사는 삶 혹은 좋은 삶이라고 하는 것은 그 삶을 혹은 그 삶의 주요 부분을 내가 유쾌하게 만족스러운 것으로 경험해야 할 것이고, 내게 있어서 나의 삶이 좋지 않은 삶이라고 하는 것은 그 삶을 고통스럽고, 불만족스러운 것으로 경험해야 할 것이다.

잘삶의 본질을 쾌락을 통해 설명하려는 쾌락주의는 공리주의에서 더욱 정교한 이론으로 발전하게 된다. 벤담(J. Bentham), 밀(J. S. Mill), 시즈윅(H. Sidgwick) 등 18~19세기의 공리주의자들 사이에서 공통적으로 발견할 수 있는 것은 쾌락주의적 전통이다. 이들에게서 확인되는 쾌락주의적 경향은 '쾌락이 유일한 선'이라는 윤리적 쾌락주의다. 그들이 언급하는 쾌락과 고통의 의미가 무엇인지를 밝히는 일은 그들의 잘삶이론을 보다 폭넓게 이해하는 일이다. 쾌락과 고통에 대한 그들의 다양한 설명은 쾌락주의 이론의 다양한 견해들을 만들어 낸다. 이들은 쾌락과 고통을 단지 '마음의 상태'로 간주할 뿐, '세계의 상태'에 대해서는 언급하지 않는다. 쾌락과 고통을 마음의 상태로 분석하는 것은 고전적 공리주의자들이 공유하고 있는 잘삶이론에서 핵심 요소라고 볼 수 있다.

2) 감각 모델과 태도 모델

'마음의 상태'라는 개념은 쾌락주의적 전통에서 가장 두드러진 주제라고 볼 수 있다. 고전적 쾌락주의자들은 마음의 상태를 쾌락과 고통을 통해 설명한다. 그들에 의해 제시된 쾌락과 고통에 관한 논의를 두 가지 모델로 정리할 수 있다(Sumner, 1996: 87-92). 첫째는 이들 감정(쾌락과 고통)의 내적인 성질을 강조하고 있는 '감각 모델'이고, 둘째는 이들 감정의 외적인 성질을 강조하는 '태도 모델'이다. 두 모델의 공통점은 쾌락과 고통을 내성에 의해 파악될 수 있는 고유한 느낌 혹은 경험의 층이라고 파악하는 점이다.

감각 모델에서는 쾌락과 고통을 '감각'이나 '느낌'을 통해 설명한다. 쾌락의 경우에는 그 감각이나 느낌이 긍정적으로 나타나고 고통의 경우에는 부정적으로 나타난다고 본다. 인간의 모든 마음의 작용—가령, 지적인 작용 혹은 감성적인 작용—이 이루어졌다는 것은 '지각'했다는 것을 전제로 한다. 지각했다는 것은 모종의 감각을 느꼈다거나 어떤 인상을 갖게 됨을 의미한다. 물론 지각을 했다고 해서 그것이 곧 모든 작용이 될 수는 없으나 어떤 작용이 이루어지기 위해서는 반드시 지각을 해야 가능하다고 본다. 그렇기 때문에, '감각' 혹은 '느낌'이 쾌락이나 고통과 관련되어 유일하게 실재하는 심리적 실체로 간주할 수 있다. 이런 입장을 수용하게 되면, 쾌락과 고통에 대한 '감각'만이 근본적으로 실재하는 실체로서 간주되기 때문에, 쾌락과 고통의 본질을 그것과 다르게 분석하는 모든 입장들을 배제하게 된다. 즉, 감각을 통해서만 쾌락과 고통의 설명이 가능해진다.

우리들은 쾌락을 언급할 때, 단순한 육체적 쾌락만이 아니라 모든 형태의 즐거움, 기쁨, 만족, 성취 등을 포괄하는 의미에서 쾌락을 생각한다. 엄밀하게 따지면 이 여러 형태의 쾌락적 경험은 그 원천이나 원인이 각각 다르다. 그것들이 모두 쾌락으로 간주될 수 있는 공통점은 '긍정적인 느낌' 정도일 것이다. 달리 말해, 내재적이고 더 이상 분석할 수 없는 느낌인 유쾌함을 갖는 것이 공통점이다. 벤담의 유명한 '양적 쾌락'은 이 유쾌함의 '강도'가 어느 정도인가 하는 것과 그 쾌락의 '지속성'이 어느 정도인가 하는 두 가지 핵심 요소를 통해 설명된다. 이런 점에서 볼 때, 쾌락은 단지 유쾌하지 못하거나 동의할 수 없는 것이 아닌, 즐겁고 동의할 수 있는 감각 혹은 느낌으로 설명할 수 있고, 그 점에서 고통과 구별된다. 고통은 쾌락과 비교할 때, 그 원천이나 대상이 이질적인 경험으로 부정적인 느낌을 주는 것이다.

태도 모델에서는 모든 쾌락이 공유하고 있는 것은 동종의 감각이나 느낌이 아니라 우리가 좋아하고, 즐거워하고, 추구하고, 그 자체 목적을 위해 기대하고 바라는 등의 긍정적인 경험이라는 사실에 주목한다. 마찬가지로 고통은 부정적이고 기피하는 반응과 관련된 경험이다. 이러한 외적인 설명은 감각 모델과는 달리 우리가 쾌락을 발견하고 동의할 수 있는 경험의 다양성이 쾌락의 원천 혹은 대상뿐만 아니라 쾌락을 느끼는 방식에서도 다르다는 것을 인정할 수 있게 해준다. 쾌락은 우리가 그것들을 좋아한다는 사실 외에는 공통점이 없을 것이고, 고통은 싫어하는 것이라는 외적인 속성에 불과한 것이다.

우리가 잘 아는 대로 밀은 쾌락의 질적인 차이를 주장했다. 그 주장의 이면에는 태도 모델이 전제되어 있다. 그는 쾌락의 질의 등급을 결정하는 것은 결국 개인들의 '현명한 판단' 즉 쾌락에 대한 개인들의 태도임을 강조하고 있다.

3) 쾌락주의의 의의와 한계

고전적 쾌락주의의 핵심은 잘삶이 쾌락과 고통의 부재에 있다고 본다. 쾌락과 고통은 각각 내성적으로 식별할 수 있는 경험 층이다. 감각 모델과 태도 모델은 약간 다른 시각에서 쾌락과 고통을 설명해 줌으로써 그것들에 대한 이해의 폭을 넓혀 준다. 그런데 쾌락(pleasure)과 고통(pain)의 개념보다는 '즐거움(enjoyment)'과 '아픔(suffering)'이란 개념이 쾌락주의를 이해하는 데 더 도움이 된다는 입장이 있다(Sumner, 1996: 103-109).

섬너의 모델은 감각 모델과 태도 모델을 결합시킨 복합적인 혼합 모델이다. 그는 '고통'과 '아픔'을 구분하고 있다. 고통은 "육체적 질병이나 상해 때문에 느끼는 것"이라면, 아픔은 "사랑하는 사람을 잃었다거나 중요한 프로젝트가 실패했을 때 느끼는 것"이다(Sumner, 1996: 99). 신체적 '고통'은 단순히 질병이나 상해 때문에 나타날 수 있는 증상이고, 주체가 그것에 대해 갖는 개인적인 경험이다. 이와 반면, '아픔'은 개인 전체의 반응이고, 주체의 경험 그 자체(좁은 의미의 고통)와 그것에 대한 의미부여로 설명할 수 있다. (동일한 종류, 동일한 강도, 동일한 지속성을 유지하는) 고통도 주체에 따라 또는 동일한 주체에게도 시간에 따라, 매우 다양한 정도의 아픔을 야기할 수 있다. 고통 이외의 다른 상태들도 아픔을 야기할 수 있다. 예를 들어, 어려서 소아마비를 앓게 되어 다리가 불편한 어떤 여학생의 경우를 생각해 보자. 학교생활을 하면서 주위 친구들로부터 놀림감이 될 때, 마음이 아플 것이다. 그리고 외모에 관심이 많은 사춘기가 되었을 때, 여러 가지 아픔을 겪게 될 것이다. 남들이 자신에게 보내는 시선이 마음을 아프게 하는 경우도 있을 것이고, 좋아하는 남학생이 생겼지만 자신의 처지를 생각해서 포기해야 하는 상황일 때 더욱 가슴 아플 것이다. 사실, 우리는 신체적 고통 없이도 (마음) 아파하는 경우가 많다. 신체적 질병, 사랑의 실패, 중요한 시험에서의 낙방 등의 여러 이유 때문에 자신이 계획했던 일, 인간관계, 그리고 자신이 성취한 모든 것들이 무너지면서 '자기 자신'을 상실해 가는 것 때문에 아파한다. 즉, 아픔은 '개인의 본래 모습에 대한 상처'에서 기인하는 것이다.

고통과 아픔을 구분한 것처럼, 섬너는 '쾌락'과 '즐거움'을 구분하고 있다(Sumner, 1996: 108). 즐거움은 전체적인 상황에 대한 반응, 즉 주체가 자신의 가치와 관심을 철저히 반영한 상황에 대한 반응이라고 볼 수 있다. 그러므로 엄밀한 의미에서 쾌락은 우리가 즐거워하고 있는 많은 것들 중에서 하나이고, 이 경우에 쾌락이 다른 것들과 구별되는 특징은 단지 '특별한 종류의 느낌'으로서의 즐거움이라는 점이다. 즐거움은 우리 삶의 객관적 상태까지도 포함할 수 있기 때문에, 우리에게 유용한 즐거움의 원천은 주관적인 느낌, 즉 쾌락 이상의 것들을 포괄하는 것으로 볼 수 있다. 만약 우리가 이런 식으로 '쾌락'과 '즐거움'을 구분해 보면, 우리의 잘삶에 중요한 것은 쾌락보다는 즐거움이라는 것을 알 수 있다. 아픔이 우리의 삶을 나쁘게 만드는 것과 같이 즐거움은 모든 외재적 관계와는 별도로 그 자체로서 우리의 삶을 좋게 만든다고 볼 수 있다.

쾌락주의에는 몇 가지 한계가 있다. 우선, 고전적 쾌락주의의 두 모델이 갖고 있는 한계를 다음과 같이 지적해 볼 수 있다. 첫째는 감각 모델의 한계다. 감각 모델에서는 주체가 느끼는 '감각'을 중시하기 때문에 주체는 항상 보다 더 쾌락적인 느낌을 추구해야 한다고 본다. 하지만 어떤 느낌을 많이 가질수록 우리를 반드시 잘 되게 만들어 주는 긍정적인 특성의 느낌은 없으며, 많이 가질수록 우리를 반드시 잘못되게 만드는 부정적인 특성의 느낌도 없다(Griffin, 1986: 8).

둘째는 태도 모델의 한계다. 태도 모델에서는 어떤 경험들이 동일하게 즐거운 한, 즉 선호하는 태도를 갖게 하는 경험인 한, 그것이 현실경험이 아니라 환상경험이라도 상관없다고 본다. 이른바 경험기계를 통해 얻을 수 있는 쾌락이라 하더라도 그것이 쾌락이라면 현실적인 경험과 다를 바 없다는 것이다. 이것은 우리가 쉽게 수용하기 힘들다.

셋째는 두 모델 모두가 갖고 있는 한계로, 두 모델에서는 자신의 삶에서 추구할 선을 스스로 결정하는 잘삶의 주체의 권위를 간과하고 있다. 인간이 스스로 능동적으로 쾌락을 추구하고 고통을 회피한다기보다는 수동적으로 그것들에 반응한다고 보는 것이다. 이는 똑같은 상황하에서 개인에 따라 그 상황을 자신의 잘삶과 결부시켜 쾌락으로 느낄 수도 있고 고통으로 느낄 수도 있다는 점을 충분히 설명하지 못하고 있다.

쾌락주의의 두 모델은 주관주의 이론의 가장 매력적인 특징인 '개인의 자율성'을 제대로 다루지 못하고 있다는 한계를 지적할 수 있다. 이러한 한계는 욕구이론을 통해 상당 부분 보완되고 있다. 욕구이론에서는 주체의 선택, 자율성이 무엇보다도 강조된다.

4 욕구충족적 잘삶

1) 표출된 선호

우리는 살아가면서 수많은 욕구를 갖는다. 개인에 따라, 그리고 한 개인도 시간과 장소에 따라 다양한 욕구를 갖게 된다. 자신이 가지고 있는 욕구가 충족되었을 때 우리는 만족과 즐거움을 느끼지만 그것이 충족되지 못할 때는 불만과 불편함, 더 나아가 불행을 느끼게 된다. 따라서 욕구가 충족된 삶을 잘삶으로 볼 수 있다면, 욕구가 충족되지 않는 삶은 '나쁜 삶(ill-being)'으로 볼 수 있다. 욕구는 그 속성상 우리가 현재 실제로 갖고 있는 것이다. 실제적으로 어떤 욕구를 갖게 되었다는 것은 적어도 일부 경제학자들의 표현에 의하면, 우리의 선택 — 특히 경제적 측면에서 보았을 때는 시장에서의 선택 — 에 의해 어떤 선호가 실제적으로 표출되었음을 말한다. 이러한 표출된 선호, 즉 실제적 욕구가 충족되었을 때 우리는 이를 잘삶이라고 말할 수 있다.

욕구와 관련지어 잘삶을 설명하는 입장 중에서 가장 단순한 형태는 이와 같은 실제적 욕구가 충족될 때 잘삶이 가능하다고 보는 입장이다(Griffin, 1986: 10). 달리 표현하면, 표출된 선호가 충족될 때 잘삶이 가능하다고 보는 입장이다. 이러한 입장은 간결하면서도 매우 설득력이 있다. 사실, 사람들의 복지 또는 후생에 관심을 가진 경제학자들이 이런 설명에 매우 주목하게 되었다. 왜냐하면 실제적인 욕구는 종종 선호(選好)를 통해 표출되고, '표출된 선호'는 관찰이 가능하기 때문에, 경험과학을 표방했던 경제학자들에게는 매우 호감이 가는 주제였다.

표출된 선호이론의 핵심은 시장에서의 개인의 '선택'이다. 이것이 다른 욕구이론들과의 차이점이다. 일반적으로 욕구이론은 잘삶과 '욕구'의 관련성을 강조한다. x, y 중에서 x가 나를 더 잘되게 한다고 할 때, 욕구이론이 상정하는 논리적 관계는 이렇게 설명할 수 있다. '내가 y보다는 x를 더 바라는 경우에만, y보다 x가 나를 더 잘되게 한다.' 반면에, 표출된 선호이론은 '욕구'와 '선택'의 관련성을 강조한다. 즉, '내가 y 대신 x를 선택하는 경우에만, 나는 y보다 x를 더 바란다.' 결국, 표출된 선호이론의 배후에 있는 기본적인 아이디어는 '개인들은 시장에서의 행동(선택)에 의해 자신의 선호 패턴을 표출한다.'는 것이다.

이 입장에 대해 한 가지 지적할 사항은 우리의 선호가 시장에서의 선택을 통해서 — 즉, 수입 지출을 통해서 — 만 표출되는 것이 아니라는 사실이다. 가령, 우정, 정직, 성실 등과 같이 시장 외적인 가치있는 선들도 얼마든지 있는 것이다. 교육, 위생, 보건 등이 비시장적 기제에 의해 움직인다고 해서, 그것들이 중요하지 않다고 말할 수는 없다. 결국, 표출된 선호이론은 경제이론으로서의 한계를 갖고 있다.

인간은 존재론적으로 볼 때, 여러 가지가 결핍된 존재인 동시에 의식을 가진 존재로서, 자신의 결핍을 의식하고 그것을 채우기 위한 모종의 욕구 혹은 욕망을 갖기 마련이다(박완규, 1998: 65). 이러한 욕구가 충족될 때 우리는 만족과 행복을 느낀다. 곧 자신이 잘 살아가고 있다고 생각한다. 우리는 아무리 좋은 것이라도 자신이 원하지 않는 것은 하지 않거나 하지 않으려는 경향이 있다. 따라서 우리가 현재 실제로 원하고 있는 바, 즉 실제적 욕구 혹은 선호가 충족되었을 때 우리는 잘 살아간다고 볼 수 있다. 이런 점 때문에 표출된 선호 혹은 실제적 욕구를 통해 잘삶을 설명하려는 입장은 그만큼 설득력이 있다. 하지만 과연 표출된 선호의 충족이 반드시 잘삶을 보장할 것인가?

2) 검증된 욕구

우리가 갖고 있는 실제적 욕구가 충족되는 것을 잘삶으로 보는 입장이 확실히 설득력이 있긴 하지만 문제점이 없는 것도 아니다. 우리가 갖고 있는 모든 욕구가 잘삶에 반드시 도움이 되는 것은 아니다. 차라리 없었다면 더 나을 욕구도 있다. 실제적 욕구(actual desires)란 어떤 제한도 가해지지 않은, 그리고 아직 걸러지지 않은 순수한 주체의 욕구이기 때문에 한계를 갖게 된다. 따라서 욕구의 충족을 잘삶으로 이해할 때, 그 욕구는 실제적 욕구라기보다는 합리적이고 성찰된, 혹은 검증된 욕구(informed desires)여야 한다는 주장이 제기된다(Griffin, 1986; Sumner, 1996; White, 1982, 1990).

실제적 욕구 대신 검증된 욕구의 충족을 잘삶으로 보는 입장은 우선 실제적 욕구가 갖고 있는 한계를 지적한다. 실제적 욕구는 대략 다음과 같은 세 가지 한계를 갖고 있다(Griffin, 1986: 12−13). 첫째, 충분한 정보가 결핍된 욕구일 수 있다. 우리들의 가장 강한 욕구 중에서도 어떤 것은 잘못된 사실에 근거를 두고 있을 수 있다. 둘째, 실제적 욕구는 논리적인 오류를 갖고 있을 수 있다. 우리가 특정 목표를 달성하기 위한 수단을 강구하는 실천적 추론의 과정에서 때로는 혼란과 부적절성, 그리고 논리적 결점이 있을 수 있다. 논리적 오류는 우리가 어떤 대상에 대해 충분하고 정확한 개념을 갖고 있지 못하기 때문에 종종 발생하기도 한다. 셋째, 실제적 욕구는 욕구의 구조에 대한 통찰과 정교하고 명쾌한 개념이 결여되어 있을 수 있다. 정보를 갖춘다고 해서 모든 것이 잘 되는 것은 아니다. 중요한 것은 우리가 갖는 욕구에는 일련의 구조가 있다는 점을 명확히 파악하는 일이다.

이와 같은 '실제적 욕구'의 한계를 보완하기 위한 방안이 '검증된 욕구'라는 아이디어다. 검증된 욕구(informed desires)란 "욕구 대상에 대한 객관적이고 경험적인 정보에 근거하고 논리적 오류가 없는 욕구"를 말한다(White, 1990: 28). 검증된 욕구는 어떤 점에서 실제적인 욕구와 다른 것인가? 그리고 검증된 욕구를 파악하기 위해서는 어떤 요소들에 주목해야 할 것인가? 우선, 욕구는 '구조'를 가지고 있다는 점이 욕구의 속성을 파악하는 데 가장 중요한 사항이다(Griffin, 1986: 13). 욕구는 하나의 차원이 아닌 여러 차원으로 구성되어 있다. 욕구에는 매우 지엽적인 욕구도 있고, 상위수준의 욕구도 있으며, 총체적인 욕구도 있다(Griffin, 1986: 13). 예컨대, 물을 마시고 싶은 욕구는 지엽적인 욕구일 것이고, 물질적 소비를 원하는 욕구로부터 다소 거리를 두고자 하는 욕구는 상위수준의 욕구이며, 자율적인 삶을 살아가고자 하는 욕구는 총체적인 욕구라고 볼 수 있다. 욕구의 구조는 '검증된' 욕구의 준거를 제공해 준다.

어떤 욕구가 검증되었다는 것은 실제적 욕구가 갖는 한계가 극복되었다는 것을 말한다. 우리가 어떤 행위를 할 때, 이성만이 행위를 결정할 수 있는 것은 아니다. 행위의 목표는 그 자체가 합리적이지 않은 방식인 욕구 혹은 욕망에 의해 결정된 것이기 쉽다. 하지만 우리들은 추론을 하게 된다. 이때 숙고가 중요한 수단이 된다. 따라서 '검증된' 욕구란 그 대상의 본질에 대한 이해를 통해 형성된 것이고, 그 검증된 욕구에는 그 욕구가 성취되는 데 필요한 모든 것이 포함된다고 볼 수 있다. 이렇게 볼 때, 실제적 욕구보다 검증된 욕구의 충족이 잘삶을 더욱 증진시킨다고 볼 수 있다.

검증된 욕구의 충족이 잘삶을 더욱 증진시킨다면, 우리가 가지고 있는 욕구를 어떻게 하면 잘 검증할 수 있는가가 잘삶에 관건이 된다. 욕구를 검증하는 것과 관련하여 앞에서 살펴본 몇 가지 외에도 꼭 고려해야 할 요소들이 있다. 욕구가 갖는 지향성과 가망성이 바로 그것이다.

3) 욕구의 지향성과 가망성

욕구의 본질적인 두 가지 속성인 지향성과 가망성의 특징을 이해하는 것은 검증된 욕구의 형성 과정을 이해하는 데 도움이 된다. 욕구란 반드시 지향하는 대상을 갖기 마련이다. 그 대상이 사물일 수도 있고, 활동일 수도 있으며, 모종의 사태일 수도 있다. 이렇게 여러 형태로 존재하는 욕구의 대상을 하나의 명제로 단순화시켜 볼 수도 있다. 그 과정의 첫 단계는 욕구가 지향하는 여러 형태의 대상들을 '사태'로 전환시켜 파악해 볼 수 있다. 예컨대, 우리가 어떤 책을 원한다고 할 때, 그 책을 소유하기를 원한다는 의미이기도 하고 그 책을 읽기를 원한다는 의미이기도 하다. 우리가 무엇을 하기 원한다는 것은 그 대상과 관련된 일련의 사태를 원한다는 의미가 된다. 두 번째 단계는 그 사태를 '명제'로 전환시켜 파악하는 과정이다. 내가 어떤 책을 소유하는 것과 관련된 사태를 원한다는 것은 '나는 이 책을 소유한다.'는 것이 참이라는 명제를 원한다는 의미를 갖게 된다. 이런 과정을 일반화시켜 말하면, 모든 욕구는 지향하는 대상으로서 어떤 명제를 갖게 된다. 이렇게 보면, 욕구란 '그 지향적 대상이 사태 혹은 명제인 하나의 태도'라고 추정해 볼 수 있다. 여기서 욕구의 대상을 하나의 명제로 파악한다는 것은 그 명제에 대한 진위 판단이 가능함을 시사한다. 욕구를 검증한다는 것은 욕구가 지향하는 명제에 대한 진위를 검증한다는 의미를 갖기도 한다.

욕구의 '지향성'과 관련하여 시간적 · 공간적 특성을 고려해 볼 필요가 있다. 우리의 욕구는 간혹 시간적 · 공간적으로 멀리 떨어져 있는 세계의 상태를 욕구의 대상으로 삼는 경우도 있다. 이런 경우에, 욕구의 대상들이 나와 일정한 거리를 유지하고 있기 때문에, 뭔가를 바라는 나의 욕구가 충족된다는 것은 내가 그것을 개인적으로 알지 못해도 만족할 수 있다는 것을 암시한다. 예를 들어, '우리나라는 꼭 통일이 되어야 한다.'는 강한 욕구와 바람을 가지고 열심히 활동하는 통일운동가가 있다고 하자. 그 사람에게는 평생의 바람과 욕구가 통일이었지만 통일이 되는 것을 보지 못하고 숨을 거두었다. 그 사람이 죽은 후 통일이 되었을 때, 달리 말해 그 사람의 사후에 욕구가 충족되었을 때 그 사람은 그 사실을 알 수 없는 데도 그것이 그 사람의 잘삶을 증진시킬 것인가? 죽어서라도 소원이 이루어졌으니 저승에서라도 기뻐할 것이라는 생각은 어쩌면 살아 있는 사람들의 생각에 지나지 않을 것이다.

여기서 우리가 생각해 볼 수 있는 것은 나의 욕구가 충족되기 위해서는 내가 원하는 바가 실제로 존재하거나 일어나야 한다는 사실과 그 일어난 사실을 내가 알아야 한다는 전제가 뒤따라야 한다는 점이다. 이런 점에서 '욕구 충족'과 '경험' 간의 관련성이 중요하게 부각된다. 만약 어떤 사태가 나의 잘삶에 영향을 미치기 위해서는 그 사태와 나의 경험이 결부되어야 하는 것이다. 이것이 이른바 욕구이론에서의 '경험요구'다(Griffin, 1986: 17; Sumner, 1996: 127). 경험요구를 반영하여 욕구이론을 다음과 같이 재정리해 볼 수 있을 것이다. ① 내가 x를 원하고 ② x가 실제 이루어지고 ③ x가 이루어진 것을 내가 아는 경우에만 x는 나의 잘삶을 더욱 증진시킨다. 결국 욕구는 어떤 대상을 지향하는 속성이 있는데, 그 지향 대상을 내가 경험할 수 있을 때 비로소 나의 잘삶과 결부된다고 볼 수 있다.

우리들이 욕구를 가질 때 욕구의 대상은 항상 시간적으로 미래와 관련된 것이다. 과거와 관련된 것을 욕구의 대상으로 삼는다는 것은 논리적으로 모순이며, 현재와 관련된 것도 이미 욕구의 대상은 아니다. 욕구의 대상은 항상 미래의 사태와 관련된 것이기 때문에 욕구는 그 사태가 우리에게 제공할 수 있는 유익에 대한 사전의 기대를 나타내는 것이다. 그러나 이 기대는 사후(事後)의 결과에 따라 실망을 가져다 줄 수도 있다. 우리의 욕구는 항상 사전(事前)의 기대로 표현되기 때문에 그 기대가 잘못된 것일 수도 있다는 말이다. 이 경우에 우리의 욕구충족은 잘삶을 보장하지 못한다. 사후의 경험만이 잘삶을 보장할 수 있는 것이다. 이와 같이 욕구의 사전 기대와 사후의 결과 사이에는 항상 일정한 간격이 존재하고 있는데 이 간격을 좁혀 줄 수 있는 것이 '가망성'이다. 가망성이란 '사전의 기대와 함께 사후의 경험을 미리 예견해 볼 수 있는 시각'을 의미한다. 가망성은 욕구를 검증하는 데 매우 중요한 시사점을 준다. 현재 가지고 있는 욕구가 사후에 어느 정도 충족 가능성이 있을 것인가를 검증해 볼 수 있는 가망성이 고려되지 않고는 그것이 잘삶으로 연결되기 어렵다. 가망성의 검증은 실천적 지혜와 많은 실제적 경험이 바탕이 된다. 또 타인의 경험을 통한 간접경험도 가망성의 검증에 도움을 줄 수 있다. 가망성의 검토 과정에서 우리의 욕구는 더욱 확고해질 수도 있고 약해질 수도 있으며 새로운 욕구가 생기기도 할 것이다.

검증된 욕구이론은 다음과 같은 장점을 갖는다. 첫째, 검증된 욕구이론은 타산적 가치의 복잡성을 포괄하는 데 필요한 정보들을 제공해 준다. 타산적 가치가 주체의 이익과 관련된 가치인 한, 주체의 욕구와 밀접한 관련을 갖는다. 욕구이론에서는 이와 같은 주체의 욕구에 대한 유익한 정보를 제공해 준다.

둘째, 이 이론은 가치를 통해 잘삶을 설명하는 것보다 더 폭넓은 범위와 융통성을 지닌다. 모든 타산적 가치는 개인이 단순히 갖고 있는 다양한 기호로부터 보편적으로 검증된 대상에 이르기까지, 뭔가 검증된 선호로 이해되기 때문에 그 범위가 광범위하다고 볼 수 있다. 그리핀(J. Griffin)의 다음과 같은 언급은 검증된 욕구이론의 강점을 잘 묘사하고 있다. "우리들은 '무엇'이 가치 있는가만 알기 원하는 것이 아니라 '얼마나' 가치 있고, 다양한 개인들 각자에게 '어떻게' 가치 있는가를 알기 원한다."(Griffin, 1986: 31) 이런 것들을 파악하는 데 도움을 주기 때문에 욕구이론은 더욱 의미 있는 것이다.

셋째, 욕구이론은 서구사회의 주류적 패러다임인 자유주의와 관련하여 설득력을 갖는다. 자유주의의 철학적 기반은 개인주의다. 개인주의는 개인의 존엄성, 개인의 자율성, 프라이버시, 자기실현 혹은 자기발전, 추상적 자아 등이 그 핵심을 이룬다. 이 중에서도 '자율성'

'프라이버시' 그리고 '자기실현'은 개인이 자신의 욕구를 추구하는 데 방해를 받아서는 안 된다는 소극적 자유와 적극적 자유가 직접적으로 관련된 내용들이다. 이와 같은 자유주의적 기반에서 볼 때, 욕구를 충족하는 삶이 잘삶이라는 설명은 지극히 당연해 보인다.

그렇다 하더라도 주관적인 욕구충족이 인간의 잘삶을 완벽하게 설명해 주지는 못한다. 인간의 잘삶은 주관적 측면과 객관적 측면을 모두 가지고 있다. 어느 한 쪽에 좀 더 비중을 둘 수는 있겠지만 그것이 지나치면 오히려 잘삶을 훼손할 수 있을 것이다. 특정 관점을 중심으로 잘삶의 의미를 새롭게 해석하려는 입론은 좀 더 치밀한 논의를 요하는 문제일 것이다.

5 결론

우리는 이 장에서 잘삶의 의미를 세 가지 관점에서 밝혀 보았다. 즉, 객관주의, 쾌락주의, 욕구이론에서 잘삶을 어떻게 설명하고 있는지를 살펴보았다. 객관주의의 핵심적인 개념은 필요, 내재적 가치의 소유, 기능과 덕 등이다. 필요는 잘삶을 가능하게 하는 전제조건이다. 필요는 다양하게 구분된다. 구성주의적 필요와 자연주의적 필요, 기본적 필요와 수단적 필요 등으로 구분된다. 사적 소유론에서는 내재적으로 가치 있는 것을 소유할 때 잘삶이 가능하다고 본다. 목적론적인 잘삶은 인간이 인간으로서의 기능을 제대로 수행할 때, 즉 아리스토텔레스적인 개념의 덕을 발휘할 때 가능함을 살펴보았다. 또한 자신의 목적이 얼마나 성취되는가에 따라 잘삶이 결정된다는 점도 검토했다. 이러한 객관주의적 잘삶의 의미는 다소 소극적 의미의 잘삶이며 보다 적극적 의미의 잘삶을 위한 기반을 강조하는 데 머문다는 한계가 지적되었다.

쾌락주의적 잘삶은 고통을 최소화하고 쾌락을 극대화하는 삶이다. 쾌락주의의 명제는 다음과 같이 요약된다. '잘삶은 행복과 동일한 것이다. 행복은 쾌락과 고통의 부재로 구성된다. 쾌락과 고통은 각각 내성으로 식별할 수 있는 경험이다.' 이러한 쾌락주의적 잘삶관은 공리주의가 공유하고 있는 입장이다. 쾌락을 설명하는 입장으로 내적인 감각과 느낌을 중시하는 감각 모델과 외적인 태도를 중시하는 태도 모델이 있음을 살펴보았다. 마음의 상태를 제대로 설명하기 위해서는 쾌락, 고통보다는 즐거움, 아픔의 개념이 더 적절함을 논의하였다.

욕구이론에서 보는 잘삶은 자신의 욕구가 충족되는 삶이다. 특히 경제학자들에 의해 주로 논의된 '표출된 선호'의 개념을 통해 우리의 선호가 선택에 의해 드러나고 그것이 충족될 때 잘삶이 증진된다는 입장을 검토했다. 그리고 실제적 욕구가 갖는 한계와 그것을 극복하기 위해 '검증된 욕구' 쪽으로 논의가 진전되는 의미도 검토하였다. 욕구가 검증될 때, 욕구의 구조, 욕구의 지향성과 가망성이 중요한 고려 사항임을 살펴보았다.

이 장에서는 세 가지 이론에서 논의되고 있는 잘삶의 의미를 충실히 밝혀 보려는 노력에 그쳤을 뿐 특정 관점을 옹호하거나 새로운 입론을 시도하지는 않았다. 어떤 관점이 더 타당하고 그것이 어떤 교육적 시사점을 주고 있는가를 면밀히 검토하는 것은 또 다른 별도의 연구를 통해 이루어져야 할 작업이다. 다만 여기서는 개략적인 교육적 시사점을 언급하는 것으로 결론을 대신하고자 한다.

먼저, 객관주의에서는 개인의 잘삶을 가능하게 하는 객관적인 필요조건을 제공하는 교육을 요구할 것이다. 필요조건 중 대표적인 예로 '기본도덕'과 '복지'를 생각해 볼 수 있다(White, 1990: 18). 기본도덕은 사회구성원이 잘삶을 추구하는 행위를 보호하거나 촉진시켜 주는 일련의 규칙을 의미한다. 이것이 잘 지켜지지 않으면 잘삶의 추구에 막대한 지장이 초래된다. 기본도덕을 학생들에게 주지시키고 습득하게 하는 것은 도덕교육에서 수행해야 할 가장 기본적인 임무일 것이다. 기본도덕의 내용은 법적 차원의 것도 있을 것이고, 의무 차원의 것도 있을 것이며, 어려운 상황에 있는 타인을 도와야 한다는 적극적 명령의 차원도 있을 것이다. 다음으로 기본적인 복지가 제공되지 않는다면 잘삶은 상상하기 어려운 일이다. 교육 자체가 기본적인 복지 제공이다. 모든 인간으로서 생존하기 위해 요구되는 최소한의 의식주 문제에 대한 이해를 다양한 시각에서 학생들에게 제공할 필요가 있다. 특히 학생들이 장차 수행하게 될 경제적 역할을 위한 일반적 기능, 성향, 지식 등을 가르치는 교육이 필요의 제공 차원에서 요구될 것이다.

쾌락주의에서는 학생들의 고통이나 아픔을 완화시키거나 제거할 뿐만 아니라 쾌락과 즐거움을 제공할 수 있는 교육을 요청할 것이다. 모든 고통을 회피하려는 성향을 가진 학생들에게 고통의 의미를 음미하면서 인내함으로써 인격의 성숙을 도울 수 있는 교육이 필요할 것이다. 더 나아가 학생들이 의미 있는 쾌락을 추구할 수 있도록 교육적 지도가 필요하다. 쾌락교육을 위해서는 쾌락에 대한 분석이 필요하다. 우리는 쾌락하면 단순한 육체적·감각적 쾌락을 떠올리기 쉽다. 하지만 지적 활동을 통하여 느끼는 쾌락, 심미적 활동을 통하여 느끼는 쾌락, 자아성취를 통하여 느끼는 쾌락 등 많은 쾌락을 다양하게 경험하도록 학생들을 지도할 필요가 있다.

욕구이론에서는 학생들이 자신의 욕구를 잘 충족하면서 살 수 있도록 돕는 교육이 강조될 것이다. 특히 모든 욕구의 충족이 잘삶으로 연결되는 것이 아니라 검증된 욕구를 충족하는 것이 잘삶이라는 사실을 감안할 때, 학생들에게 자신의 욕구를 잘 검증할 수 있도록 돕는 교육이 요구된다. 그리고 학생들이 자신의 욕구를 잘 검증하기 위해서는 객관적 정보와 지식이 요구된다. 이 요구들을 학생들에게 제공함으로써 교육은 중요한 역할을 하게 될 것이다. 학생들이 자신이 가진 욕구 사이에서 갈등하게 될 때, 그 갈등을 잘 처리해 갈 수 있도록 돕는 교육은 학생들의 잘삶 증진에 매우 의미 있는 역할이 될 것이다.

제 2 장

잘삶의 통합적 이해와 교육

1 서론

우리나라 국가 교육과정이 학교 현장에 미치는 영향력은 막강하지만 정작 그것이 추구해야 할 목적에 대해서는 너무 빈약하게 진술되고 있다.[1] 물론 이것이 우리나라에만 있는 현상은 아니다. 가령, 오랫동안 교육의 자율적 전통을 유지하던 영국이 1988년에 최초의 국가 교육과정을 만들었지만, 교육목적에 관한 논의는 너무 부족한 채 학생들의 이수 교과를 제시하는 일에 급급하고 있다는 비판을 받게

1) 주지하다시피, 제7차 교육과정에서 포괄적인 교육목적에 관한 진술은 '추구하는 인간상' 다섯 가지를 제시하고 있는 것 외에 별다른 언급이 없다. 또한 이 추구하는 인간상의 내용이 학교급별 목표, 교과별 목표와 어떻게 연계되고 있는지에 관한 자세한 설명도 찾아보기 힘들다.

되었다(White, 1990). 목적이 불분명한 상태에서 학생들의 이수 교과만 강조하는 것은 본말전도 현상으로, 결국 목적 부재로 인한 교육활동의 한계가 드러날 수밖에 없을 것이다.

우리가 교육목적의 중요성에는 대부분 동의할 수 있지만, 그다음 질문에 봉착하게 되면 난감해진다. 그것은 '교육목적은 무엇이어야 하는가?'라는 질문이다. 교사들은 주어진 교과 내용을 어떻게 하면 더 잘 가르쳐서 학생들의 학습 성과를 높일 것인지를 고민해야겠지만, 그에 앞서 어떤 교육목적을 가지고 학생들을 어떤 사람으로 길러야 할 것인지를 진지하게 고민할 필요가 있다. 이는 곧 교육목적론적인 고민일 것이다.

이 장에서는 교육목적이 학생들의 잘삶(well-being, flourishing)을 증진시키는 데 있다는 입장을 견지하면서 잘삶의 의미를 통합적 관점에서 이해해 보고자 한다. 우선 잘삶이 무엇인지에 관한 진지한 논의와 규명이 있어야, 그것을 토대로 해서 잘삶을 증진시키려는 교육이 비로소 진정한 의미와 내용을 갖게 된다. 1장에서 살펴본 바와 같이, 전통적으로 윤리학의 잘삶에 관한 이론은 객관주의와 주관주의 입장이 있다. 객관주의에서 보는 잘삶은 개인과 무관하게 존재하는 객관적 선의 성취에 있다. 이런 관점은 삶의 당사자인 개인이 배제된 탈주체적 접근이기 때문에 잘삶을 해명하는 데 한계가 있다. 주관주의적 잘삶은 개인이 심리적으로 느끼는 쾌락 또는 바라는 욕구의 충족으로 설명된다. 이는 주체관련적 설명이라는 장점이 있지만 객관적 가치를 소홀히 다룰 수 있는 한계를 지닌다. 필자는 이런 한계를 극복할 수 있는 잘삶의 통합적 해명이 필요하다고 생각한다. 특히 교육적 맥락에서 보면, 교사가 어느 한쪽으로 치우친 잘삶의 관점을 갖게 되면 교육활동에서 여러 비판에 직면하게 될 것이다. 우리가 잘삶에 대한 통합적 접근의 필요성에는 공감하지만 대립적인 이론의 논박 과정에서 양자의 섣부른 통합을 시도하는 것은 논리적 일관성을 상실하고 고유한 주장이 결여되어 오히려 더 큰 문제를 야기할 수도 있기 때문에 신중한 접근이 필요할 것이다.

'잘삶'이란 주제를 교육목적과 연관시켜 연구하고 있는 대표적인 학자는 화이트(White, 1990, 1995, 2002, 2007), 루이터(De Ruyter, 2004, 2007) 등이다. 최근 들어 이들은 주목할 만한 의미 있는 연구를 하고 있다. 이들은 설득력 있는 통합적 관점의 잘삶이론을 제시하고 있다. 특히 화이트는 욕구이론의 관점에서 잘삶을 검증된 욕구의 충족으로 이해하고, 이를 기반으로 한 교육목적론을 논의해 왔다(White, 1990, 1995). 그런데 최근에 그는 기존의 입장에 상당한 보완 혹은 변화를 시도한 논문을 발표하였다(White, 2002, 2007). 이는 매우 의미 있는 관점의 변화로, 우리가 주목해 볼 만한 가치가 있다.

이 장에서는 이들이 주로 논의하고 있는 내용을 중심으로 잘삶의 의미를 통합적 관점에서 해석해 보고, 이것이 교육목적론에 어떤 시사점을 주고 있는지를 탐구하는 데 주안점을 둔다. 특히, 이들은 교육철학자들로서 일반 윤리학자들과는 달리 교육의 맥락에서 잘삶 이론을 논의하고 있기 때문에 매우 의미 있는 교육적 시사점을 주고 있다.

2 잘삶의 이해

1) 객관주의적 잘삶

잘삶에 관한 관점이나 이론은 대표적으로 객관주의적 이론과 주관주의적 이론이 있다(De Ruyter, 2007; Sumner, 1996; White, 2007). 객관주의적 잘삶이론은 잘삶의 특성이나 요소가 개인 당사자와는 무관하게 존재한다는 입장을 취한다. 개인이 특정 선에 대한 동의나 인정을 하지 않고 만족하지 못하더라도, 잘삶의 요소들은 객관적으로 파악될 수 있다고 본다(De Ruyter, 2004: 380, 2007: 26). 개인이 특정 선을 좋아하는지, 바라는지, 가치 있게 여기는지는 중요하지 않다. 그 요소들이 개인의 잘삶에 필수적이라는 객관적 판단이 중요한 것이다.

객관주의적 잘삶이론에는 필요이론, 사적 소유론, 목적론(김희봉, 2001a; Sumner, 1996) 등이 있다. 필요이론에서는 인간의 기본적 필요가 제공되어야 잘삶이 가능하다고 본다. 사적 소유론에서는 내재적으로 가치 있는 선을 소유할 때 잘삶이 가능하다고 본다. 목적론에서는 생물학적 종으로서 인간이 자신의 기능을 완벽하게 수행할 수 있는 탁월성, 즉 덕을 발휘하는 삶을 살 때 잘삶이 가능하다고 본다.

여기서는 필요이론을 중심으로 간략히 객관주의적 잘삶이론을 살펴보고자 한다. 개인적 잘삶의 상태는 대개 인간의 기본적 필요를 충족하는 것이다. 가령, 인간이 음식과 주택, 돈과 같은 필요의 충족이 없이는 기본적인 삶을 영위하기가 힘들다. 잘삶의 객관적 관점을 옹호하는 현대 철학자들은 인간의 잘삶에 필수적인 목록을 제시한다(Moore, 2000; Parfit, 1984: 493). 물론 이들이 일치된 객관적 목록을 제시하고 있는 것은 아니다. 하지만 학자들이 제시하고 있는 객관적 선의 목록을 검토해 보면 대략 다음 내용들이 공통적으로 나타나고 있다.

1. 자신의 삶에서 인생을 의미 있게 만드는 일들을 성취하는 것
2. 자신의 삶의 행위에서 자기 지향적이거나 자율적이 되는 것
3. 지식과 이해
4. 미를 즐기는 것
5. 긴밀한 인간관계
6. 도덕적 선
7. 감각적 쾌락

(White, 2002: 443)

이 목록들이 의미 있는 내용들인 것은 분명하지만 모든 사람의 잘삶의 핵심 요소임을 입증하는 합당한 이유를 찾기는 쉽지 않다. 만약 그것이 밝혀진다면 교육자들은 이것들을 교육목적으로 설정하고 교육활동을 할 수 있는 타당한 이유를 가지게 될 것이다. 물론 이런 목록을 제시하는 일과 이 목록의 객관성을 밝히는 일은 별개의 일이므로 치밀한 철학적 논의를 필요로 하는 문제다(White, 2002: 444).

만약 우리가 이런 객관적 목록을 긍정적으로 수용한다면, 그것은 교육활동에 상당한 긍정적 기여를 할 수 있을 것이다. 교사들은 학생들에게 다양한 종류의 이해, 심미적 감각, 자기 지향성과 성취적 성향을 함양시킴으로써 그들의 삶을 풍요롭게 할 수 있다는 확신을 가질 수 있다. 교사들은 학생들에게 중요하다고 생각하는 이런 목적을 부과하면서 교사 자신의 주관적인 선호를 강요하고 있는 것은 아닌가

하는 우려에서도 벗어날 수 있게 된다.

그렇다고 이것이 교사들로 하여금 학생들에게 위의 어떤 항목도 소홀히 다루지 말고 모두 동등하게 중시해야 한다는 점을 시사하는 것은 아니다. 객관적 선의 목록의 존재는 이들 선을 중시하는 방식에서 개인차도 있을 수 있음을 암시한다. 예컨대, 어떤 사람은 친밀한 인간관계를 소홀히 하는 대신 심미적 문제들을 자신의 삶에서 최고 의미로 생각할 수 있다. 이런 과정에서 학습자들은 자신이 중시하거나 경시하는 가치들에 대한 특정 태도를 갖게 될 것이다. 그들은 이 가치들이 잘삶의 객관적 요소가 된다는 것을 알게 될 것이고, 자신은 어떤 가치를 중시하지 않지만 다른 사람들은 그 가치들을 중요하게 생각할 수 있다는 점을 알아야 할 것이다.

객관적 선의 목록에 대해 신중함을 견지할 수밖에 없는 이유는 교육정책을 포함한 사회 정책을 입안하는 데 있어서 그것이 미치는 영향이 매우 크기 때문이다. 만약 포괄적인 객관적 선의 목록이 설득력 있게 정당화될 수 있다면, 현재와 같이 특정 교과나 예술 분야를 소홀히 다루는 국가 교육과정의 편파성 혹은 지적 교과 위주의 편중 현상은 어느 정도 개선이 될 수 있을 것이다(White, 2002: 444). 그러나 그런 확고한 정당성을 확보하기가 쉽지 않기 때문에 '왜 공공정책이 특정 선의 목록을 옹호해야 하는가?'라는 도전을 늘 받게 된다. 이것이 객관주의 이론의 난점이다.

2) 주관주의적 잘삶

인간의 잘삶에 대한 주관주의적 해석에는 대표적으로 쾌락주의(hedonism)와 욕구이론(desire theory)이 있다. 이들 관점에 따르면, 인간은 자기 자신이 행복하다고 느끼거나 자기가 바라는 것들이 충족되었을 때 잘삶이 이루어진다. 특히 쾌락주의에서는 고통은 불행을 가져오고 쾌락은 행복을 가져온다고 본다. 그러므로 쾌락주의에서는 고통을 최소화시키고 쾌락을 극대화하는 것이 잘삶을 가능하게 한다고 본다. 이런 입장에서는 개인이 긍정적인 느낌을 갖는 내용과는 상관없이 마음의 특정 상태, 즉 어떤 즐거운 기분이 들거나 깊은 만족을 느끼는 것을 중시한다.

같은 주관주의 입장이면서도 인간의 잘삶은 이런 쾌락주의적 함축을 갖는 것이 아니라고 비판하는 또 하나의 주관주의 이론이 욕구이론이다. 이 이론에는 두 가지 핵심 특징이 있다(De Ruyter, 2007: 27). 첫째, 자신의 잘삶에 유익한 욕구를 충족하면 그 사람의 잘삶이 실현된다는 점이다. 어떤 욕구가 그런 욕구인가는 명확하지 않기 때문에 논의가 필요하다. 직관적으로 판단하더라도, 모든 욕구의 충족이 반드시 잘삶과 연결되는 것은 아니다. 시간이 흐르고 나면 자신의 욕구가 변하게 되고, 자신이 과거에 바라던 대로 충족되지 않은 것이 오히려 다행이다 싶을 때가 있다. 이런 실제적 욕구(actual desire)의 충족을 잘삶으로 보는 것은 한계가 있기 때문에 이를 보완하는 개념으로 등장한 것이 검증된 욕구(informed desire)다. 검증된 욕구이론은 욕구를 성찰하고 선호의 위계에서 자신의 욕구의 위치를 따져서 상위의 욕구를 충족하면 잘삶이 증진될 것이라고 주장한다. 둘째, 욕구가 본능적인 상태를 넘어선 갈망을 포함할 수도 있고, 욕구 충족이 심리적 만족을 주지 못하는 경우도 있을 수 있다는 점이다. 예컨대, 직업적 성공이나 원활한 사회생활을 포기하고 중병에 시달리는 자기 자녀를 돌보려는 부모의 욕구는 그것이 큰 즐거움은 못 준다 하더라도 자신의 잘삶에 기여할 것이라는 점이다.

욕구이론과 쾌락주의는 비슷해 보이면서도 차이점이 있다. 쾌락주의는 개인 내부의 심리적 쾌락의 상태에 초점이 있고, 욕구이론은 개인이 바라는 대상이 실제로 충족되는가에 초점이 있다. 욕구의 충족이 쾌락을 가져올 수도 있지만 그렇지 못한 경우도 있고, 욕구하는 대상이 충족되지 않은 상태에서 쾌락을 경험하는 경우도 있을 수 있다는 점에서 양자는 구분된다.

주관주의적 관점 중에서도 특히 검증된 욕구이론을 통해 우리는 중요한 교육적 시사점을 얻을 수 있다(White, 1990). 첫째, 교육은 아이들의 욕구 검증 능력을 길러 주기 위해 다양한 정보와 지식을 제공하고, 아이들이 욕구의 위계적 구조를 파악하고 상위 욕구를 추구하도록 도와야 할 것이다. 둘째, 교육은 아이들이 자신의 문화적 배경 속에서 이전에 갖지 못했던 좋은 욕구를 형성해 가도록 도와야 할 것이다. 셋째, 교육은 아이들의 내면에 상위 욕구가 형성되도록 도와야 할 것이다.

3) 잘삶의 전통적 개념의 한계

잘삶을 객관적 선의 성취로 보려는 객관주의든지 개인의 쾌락이나 욕구충족으로 보려는 주관주의든지 모두 한계를 지니고 있다. 먼저, 객관주의적 잘삶이론의 한계를 살펴보면, 첫째, 객관주의의 가장 치명적인 한계로 잘삶을 탈주체적 관점에서 설명하고 있는 점이다. 잘삶은 그 속성상 주체 관련성을 배제하기 힘들다. 가령, 객관주의에서 강조하는 객관적 선의 목록에는 타산적 가치도 포함된다(Sumner, 1996: 20). 타산적 가치(prudential values)란 타인의 이익보다 자신의 삶의 주체인 개인이 잘되는 것과 관련된 가치이기 때문에 주관적 성격이 드러난다. 객관주의자들은 잘삶을 객관적으로 설명하려 하지만 결국 주관성을 부각시키는 결과를 초래하는 모순을 드러낸다.

둘째, 객관주의에서는 잘삶을 적극적인 측면에서 파악하기보다는 잘삶을 실현하기 위한 전제조건이나 요건 등의 소극적 측면에서 파악하는 경향이 있다. 필요이론은 특히 이런 측면이 강하다. 이런 필요의 제공은 잘삶의 필요조건일 뿐이지 충분조건은 되지 못한다. 기본적인 필요의 충족을 기반으로 하여 자신의 삶의 의미를 적극적으로 추구할 수 있을 때, 비로소 잘삶은 가능할 것이다.

셋째, 객관주의에서도 특히 자연주의가 갖는 한계가 있다. 여기서 말하는 자연주의는 인간의 잘삶이 인간의 본성에서 도출된 선의 성취와 관련된다고 강조하는 입장을 말한다. 우리가 필요로 하는 많은 것들은 우리의 본성에서 유래한 측면이 있다. 가령, 우리가 산소, 집, 옷, 음식이 필요한 것은 우리의 생물학적 특성상 부인할 수 없는 사실이다. 하지만 모든 가치를 인간의 본성과 연결 짓는 것은 무리일 것이다. 가령, 우정, 음악에 대한 사랑, 스포츠를 좋아하는 것과 같은 개인적 가치들을 모두 인간의 본성에서 도출할 수 있는 것은 아니다.

이와 같은 객관주의의 한계 때문에 주관주의적 잘삶이론으로 눈을 돌리게 된다. 그러나 주관주의도 한계가 없는 것은 아니다. 주관주의에 제기되는 비판을 살펴보면, 첫째, 주관주의적 잘삶이론은 무엇보다도 객관적 선을 소홀히 다루고 있다는 비판을 받는다. 가령, 욕구이론은 도덕적 무정부 상태를 조장할 위험이 있고(김정래, 1997: 16), 잘삶을 증진시키는 것은 어떤 면에서 우리의 욕구와 무관한 객관적인 것일 수 있으며(Reid, 1998: 324), 잘삶은 우리의 개인적인 삶에 형태와 목표를 제시해 주는 방향과 단순히 자기가 선택한 가치가 아닌 우리의 공통적인 인간성에 의해 결정되는 객관적 가치, 그리고 우리가 진정으로 길러 주어야 할 가치 사이의 '조화'(Marples, 1999: 143)라는 비판들이 제기되고 있다. 이들의 비판의 요지는 객관주의적 가치를 교육에서 소홀히 할 수 없다는 점이다.

둘째, 검증된 욕구이론에서 잘삶은 검증된 욕구의 충족으로 설명되지만, 이런 삶이 반드시 의미 있는 삶을 담보하지 못할 수도 있다. 어떤 사람은 우리 대부분이 별나거나 하찮다고 생각하는 어떤 활동에 생활의 대부분을 보내는 것을 바라기도 한다. 자신의 가장 큰 즐거움을 공원에서 풀잎의 숫자나 세는 것으로 여기는 사람에 대한 롤즈(J. Rauls)의 유명한 예도 있다. 우리가 이 사람들을 향해 잘삶 혹은 만족스러운 삶을 영위하고 있다고 기꺼이 말할 수 있을 것인가?

이처럼 객관주의와 주관주의는 각각 한계를 드러낸다. 잘삶 자체는 객관적인 측면과 주관적인 측면을 모두 갖는 포괄적 상태이지만 어느 한 쪽으로 너무 치우치다 보면 설득력이 약해질 수밖에 없다. 특히 교육적 관점에서 보면, 학생들에게 무엇인가를 가르치고 전달해야 하는 교육의 속성상 객관적 가치를 옹호할 수 있지만, 자유주의 국가에서 객관적 가치를 교육하는 것은 중립성 위반이라는 비판에 직면할 가능성이 클 것이다. 반대로 주관주의적 관점을 강력히 옹호한다면, 가치교육을 소홀히 함으로써 도덕적 무정부 상태를 야기하고 있다는 비판을 받게 될 것이다. 그렇기 때문에 이런 딜레마를 극복하기 위한 통합적 시각이 절실하게 요청된다. 필자가 생각하는 통합적 관점의 잘삶이란 '삶의 주체인 개인이 자율적으로 객관적 선을 추구하고 실현함으로써 성취되는 가치 있는 삶'이다. 루이터(D. J. Ruyter)와 화이트(J. White)는 이런 시각에 부합하는 통합적 접근을 설득력 있게 제시하고 있다.

3 행복한 잘삶

1) 행복한 잘삶

루이터(2004, 2007)는 잘삶에 관한 객관주의와 주관주의적 관점이 갖는 한계를 극복하면서, 교육의 관점에서 잘삶이론을 구축해 보려는 노력을 시도하고 있다. 그는 객관주의와 주관주의의 두 가지 전통을 통합한 인간의 잘삶이론을 제안하면서, 자신의 아이디어가 함축된 의미로 '행복한 잘삶(happy flourishing)'이란 용어를 사용하고 있다 (De Ruyter, 2007: 28).

그는 다음과 같은 배경에서 이 용어를 사용하고 있다. 그는 그리스어 *eudaimonia*를 '인간의 잘됨(human flourishing)'으로 번역하는 것이 적절하다고 주장한다. 그것을 행복(happiness)으로 번역하는 것은 개인의 감정이나 상태를 강조하는 쾌락주의적 의미가 강해지기 때문에 적절치 않다고 주장한다. 또한 *eudaimonia*의 번역어로 잘됨(flourishing)과 잘삶(well-being)이 비슷한 용어이긴 하지만, 자신은 잘삶보다 잘됨이란 용어를 더 선호한다고 밝힌다(De Ruyter, 2004: 377-378). 왜냐하면 잘됨은 사람들이 꼭 자기 자신의 이익에 관한 것은 아니어도 관심을 갖는 것들을 하게 되면 잘 살아가기 어렵다는 생각이 비교적 덜 들게 하기 때문이라는 것이다. 여기서 우리는 '자기 자신의 이익(in one's interest)'과 '관심을 갖는 것(having an interest in)'을 구분해 볼 수 있다. 간혹 우리는 타인의 이익을 자기 자신의 이익보다 더 고려하고 관심을 갖는 상황에서도 잘 살아갈 수 있다. 예컨대, 어머니들은 자기 자녀들의 잘삶을 위해 자기 자신의 삶을 헌신하면서도 잘 살아가고, 슈바이처와 같이 일부 사람들은 타인들을 돌보기 위해 자기 자신의 이익을 포기하기도 한다. 이런 사람들은 자기 자신의 이익과 무관한 가외의 활동을 통해 잘삶을 실현한다. 결국 루이터가 선호하는 용어인 '잘됨'은 '잘삶'보다 주관적 이익을 덜 강조하면서 의미 있는 일에 관심을 갖고 몰입하는 삶을 가리킨다. 우리는 그가 사용하는 잘됨이란 용어가 잘삶이 갖는 주관적 의미를 다소 탈색시키고 객관적 가치의 실현을 더 강조하는 의미로 사용하고 있음을 짐작할 수 있다.[2)] 이는 그의 잘삶이론이 통합적 입장을 취하면서도 객관주의 쪽에 약간 더 기울어져 있음을 알 수 있다.

루이터는 인간의 잘삶이 두 가지 측면에서 객관적인 성격을 갖는다고 본다(De Ruyter, 2004: 381-382). 첫째, 인간의 잘삶은 그 자체가 객관적 가치 혹은 그 자체로 가치를 가지는 선으로 인식된다. 이는 주관주의자들도 부인하지 못하는 사실이다. 우리가 잘삶을 바라기 때문에 그것이 선이 아니라 그 자체가 선인 것이다. 둘째, 인간의 잘삶은 우리가 객관적으로 확립할 수 있는 특정 선과 성품을 요청한다. 인간의 잘삶은 건강, 사회관계, 안전, 지적인 추구, 창의적 추구, 육체적 추구 등 우리가 객관적으로 파악할 수 있는 모든 선과 특성을 포함한다. 이 선들은 그것의 충족이 잘삶의 수단이 된다는 의미에서 도구적으로 해석되어서는 안 된다. 선을 충족함으로써 인간은 실질적으

2) 루이터(2004)는 잘삶(well-being)과 잘됨(flourishing)을 구분하면서 후자를 더 선호하고 있지만, 이 장의 전체적인 흐름상 두 용어를 혼용했을 때 자칫 혼란을 줄 우려가 있고 그 원어는 그리스어 *eudaimonia*로 동일하기 때문에 필자는 flourishing도 이후에서 잘삶으로 옮겼다. 물론 flourishing이란 단어가 가치중립적인 '번영' '번성'의 의미를 지니기도 하지만 필자는 그리스어 원어를 염두에 두고 우리 어법상 어색한 점은 있지만 원어의 뉘앙스를 살리기 위해 잘됨이나 잘삶으로 옮겼다.

로 잘되는 것이다.

물론, 객관적 선의 목록을 인간의 특징으로 인정한다고 해서 그 목록이 인간에게만 해당된다거나 인간의 고유성을 묘사한다는 점을 함의하는 것은 아니다. 또한 선들이 모든 사람에게 동일하게 적용될 수는 없다. 인간이 모두 동일한 특성을 가지고 있지도 않고, 동일한 방식으로 선을 추구하는 것도 아니다. 이는 곧 잘삶의 행위자 관련 측면, 즉 주관적인 측면을 고려해야 함을 시사한다. 인간은 잘삶을 위해 다양한 방식에서 다양한 선을 추구한다. 이런 점에서 루이터는 "인간의 잘삶이 행위자의 관점과 무관하게 존재할 수 있다거나 당사자가 스스로 잘삶을 인정하지 않는데도 잘삶이 가능하다고 주장하는 입장에는 동의할 수 없다."(De Ruyter, 2007: 27)라고 밝힌다. 만약 어떤 개인이 자신의 삶을 잘삶으로 평가하지 않는 상황에서 우리가 그에게 잘삶이란 말을 사용한다면, 그것은 우리가 잘삶의 개념을 정확하게 사용하지 못한 것이 되고 만다. 비록 객관주의자라도 다양한 형태의 개인들이 다양한 능력을 가지고 있어서 한 개인에게 이상적인 것이 다른 사람에게는 이상적인 것이 되지 않을 수도 있다는 점은 부인하기 어려울 것이다. 이런 점 때문에 잘삶을 설명하는 데 주관적인 측면의 고려는 필수적이다.

"인간은 객관적 선에 대해 자기 자신의 의미를 부여하거나 자기 자신의 해석을 할 수 있어야 잘삶이 가능하다."(De Ruyter, 2004: 382) 객관적으로 파악할 수 있는 선은 너무 일반적이어서 개인이 잘삶을 설명하는 데에는 충분하지 못하다. 그렇기 때문에 "인간은 스스로 선에 대한 자신의 해석을 구성해야 한다."(De Ruyter, 2004: 382)라고 루이터는 강조한다. 예컨대, 객관적 선의 하나로 '좋은 인간관계'를 갖는 것을 생각해 보면, 개인에 따라 이 선을 추구하는 방식이 다양할 수 있다. 한두 사람만 깊게 사귀려는 사람도 있고, 가능한 한 많은 사람을 사귀려는 사람도 있을 것이다. 어떤 것이 자신의 잘삶에 기여할 것인가는 자기 자신의 해석과 선택에 달려 있다. 따라서 객관적으로 파악할 수 있는 선이 존재한다 하더라도 그것이 실현된 잘삶은 개인에 따라 다양한 모습이 될 것이다. 왜냐하면, 사람들이 다양한 선을 해석하고 실현할 수 있는 방식은 매우 많기 때문이다.

그렇다면 개인은 어떤 기준을 가지고 선을 해석하고 실현해 갈 것인가? 루이터는 잘삶을 판단하는 기본적인 준거는 '목표' 혹은 '의미'라고 강조한다(De Ruyter, 2004: 383). 객관적 선에 자기 나름의 의미를 부여함으로써 각자 자신의 잘삶을 가능하게 만든다. 개인은 선의 추구의 핵심을 알아야 하고 자신이 그것을 추구하는 방식을 파악할 수 있어야 한다. 추상적 선에 자신의 해석을 부여하고 이것을 추구함으로써 개인들은 자신의 삶에서 의미를 찾게 된다. '의미'는 두 방향으로 작동한다(De Ruyter, 2004: 383). 하나는 개인들이 추상적 선에 자신의 의미나 해석을 부여하는 방향에서 작동하고, 다른 하나는 그렇게 행함으로써 자신의 삶에 의미를 부여할 수 있게 되는 방향에서 작동된다.

삶에서 의미를 갖는 것은 잘삶의 충분조건은 아니지만 필요조건이다(De Ruyter, 2004: 383). 자신이 어떤 일을 하면서 의미를 발견하지 못하면 잘삶과는 거리가 먼 삶이라고 할 수밖에 없다. 비록 피상적 조건은 열악해 보여도 자신의 일에 의미를 부여할 수 있다면 잘삶의 조건은 갖춰진 셈이다. 이런 조건 속에서 자신이 추구하는 선이 실현된다면 잘삶은 충분하게 이루어졌다고 말할 수 있을 것이다. 이와는 달리 이런 조건은 갖춰져 있지만 여러 상황의 미비함으로 잘삶의 실현이 충분히 이루어지지 못한 경우도 있을 것이다.

결론적으로 루이터는 인간의 잘삶이 두 측면으로 구성된다고 믿는다. 즉, 객관적으로 파악할 수 있는 일반적 선의 충족, 그리고 개인들이 만족스러운 방식에서 이들 선에 대해 의미 있는 해석을 할 때 잘삶이 가능해진다. 이런 그의 아이디어를 포괄한 개념이 바로 '행복한 잘삶(happy flourishing)'인 것이다. 물론 이런 통합적이고 절충적인 관점은 루이터가 최초로 시도한 것은 아니다. 그리핀(J. Griffin)도 자신의 이론이 객관적인 측면과 주관적인 측면을 모두 가지고 있고, 그것의 명확한 구분은 의미가 없기 때문에 이런 구분을 하지 말 것을 제안하고 있다(Griffin, 1986). 키케스(J. Kekes)도 기준은 존재론적으로 주관적이지만 인식론적으로는 객관적이라고 제시하면서 객관적이고 주관적인 측면의 조합을 추천한다(Kekes, 1993). 나아가 다음에 살펴볼 화이트도 자신의 주관적 관점(White, 1990, 1995)을 수정 보완해서 잘삶의 통합적인 측면을 '문화'의 역사적 발전 시각(White, 2002, 2007)에서 다루고 있다.

2) 잘삶을 위한 이상 교육

루이터가 주장하는 행복한 잘삶은 '객관적으로 파악할 수 있는 일반적 선의 충족과 개인들이 만족스러운 방식에서 선에 대해 의미 있는 해석'을 할 수 있을 때 가능하다. 이런 잘삶관은 학생들을 반성적 행위자 혹은 실제적으로 현명한 사람으로 길러야 하는 교육적 과제를 함의하고 있다. 교육자들은 선에 관한 지식을 가르쳐서 아이들이 자신의 잘삶에 도움이 되는 것이 무엇인지 이해하도록 해야 하고, 아이들이 실천적 지혜나 반성적 의사결정을 발달시키도록 돕는 노력이 필요하다. 이때 교사들에게는 '확신'과 '신중함'이 요청된다. "교사들은 아이들의 잘삶을 위해 중요한 선에 대해 가르쳐야 할 책임이 자신에게 있다는 확신이 필요하다."(De Ruyter, 2004: 385) 가치 교육이 중립성 위반이 될 수 있다는 비판을 의식하는 소극적 자세에서 벗어나 학생들의 잘삶을 위해 가치 교육이 필요하다는 분명한 확신이 교사들에게는 요청되는 것이다. 그러면서도 사람들이 선을 추구하고 그 선들이 자신들의 삶을 의미 있게 만들어 간다는 것을 믿는 방식에 관한 그들의 태도나 입장에 대해서는 관용적이고 신중해야 한다.

루이터는 행복한 잘삶을 위한 교육적 방안으로, 그동안 중립성 위반 문제 때문에 자유주의 사회에서 기피해 왔던 '이상(ideals)에 대한 교육'을 제안하고 있다. 그가 주장하는 이상교육을 이해하기 위해서는 먼저 이상의 의미를 파악해야 할 것이다. 이상은 "인간이 훌륭하고, 탁월하고, 완벽하다고 믿지만 아직 실현되지 않은, 심지어 그것을 소유하고 있는 사람에게도 아직 실현되지 않은 상황이나 개인의 특성"(De Ruyter, 2007: 24)을 가리키는 개념이다. 이상의 주요 특성인 탁월성 혹은 완전성은 이상의 실현이 쉽지 않음을 시사한다. 완전한 상황에서든지, 관용, 정의, 용기, 양심 등과 같은 인간의 이상적 특성에서든지 철저한 완전성이 충분히 실현된다는 것은 불가능하다. 물론 개인들이 많은 경우에 이런 인격 특성들을 보여 줄 수 있는 가능성을 배제할 수는 없지만, 항상 그렇게 되는 것은 우리 인간의 능력을 벗어나는 일이다.

완전성은 실현될 수 없는 것이 사실이지만, 일상적 용법에서 실현할 수 있는 것을 설명하는 데 이상이라는 용어를 적용한다고 해서 잘못된 것은 아니다. 만약 누군가가 자신의 이상은 세계에서 가장 뛰어난 피아노 연주자가 되는 것, 야구에서 이승엽을 능가하는 것, 일 년간의 휴식과 세계일주에 필요한 충분한 돈을 버는 것이라고 한다면,

그것은 실현 가능성이 없는 허황된 꿈이기에 이런 목적들에 이상이란 용어를 사용해서는 안 된다고 말할 수는 없다.

루이터는 이상을 궁극적 이상과 일반적 이상으로 구분할 수 있다고 제안한다. 일반적 이상(common ideals)은 개인이 탁월하다고 믿고 잘 이해하고 있는 실현되지 않은 가치를 말한다. 이 이상은 자신의 인생에서 어떤 탁월한 성취를 기대하는 것과 관련된다. 일반적 이상은 완벽하지는 않으나 탁월한 것을 설명하는 데 적절하다. 이에 비해 궁극적 이상(ultimate ideals)은 최고 수준의 목적이 되는 것으로, 쉽게 성취될 수 없거나 성취가 불가능한 완전한 상태를 말한다(De Ruyter, 2007: 25).

궁극적 이상과 관련하여 '이상의 추구가 대부분 실현될 수 없다면 어떻게 행복한 잘됨에 도움이 될 수 있는가?' 하고 의문이 제기될 수 있다. 그런데 우리가 어떤 목적을 추구할 때 그 목적은 꼭 도달할 수 있는 것이어야만 하는 것은 아니다. 목적은 도달하지 못할 수도 있다는 사실이 그것을 추구해서는 안 된다는 것을 함의하는 것은 아니다. 나아가 그것을 추구하는 것이 비합리적인 것도 아니다. 이상은 실현되기 어렵다는 것을 알고 있으면서도 사람들이 이상을 추구하는 것이 합리적일 수 있는 근거가 있다(De Ruyter, 2007: 30). 첫째, 이상의 추구를 통해 개인은 실현 불가능한 것의 추구를 통해서만 실현될 수 있는 여러 목적을 성취할 수 있을 것이다. 둘째, 심리적인 것으로, 실현될 수 있는 것보다 더 높은 것의 추구를 통해 목적은 더 잘 성취될 수도 있다. 달리 말해, 성취를 위해 더 많은 시도를 하면 할수록 더 나은 실제적인 수행을 할 수 있을 것이다. 이상은 사람들에게 다른 것보다 더 높고 나은 뭔가를 갈망하도록 동기유발을 한다. 이런 의미를 갖기 때문에 루이터는 "이상은 가치 있는 교육목적으로 추구되어야 한다."(De Ruyter, 2007: 30)라고 주장한다.

이상을 추구하는 유형을 이해하는 데 극대화론자(maximizers)와 만족론자(satisfiers)의 주장을 살펴보는 것이 도움이 된다(De Ruyter, 2007: 31). 모든 상황에서 가장 최고를 갈망하는 사람들을 극대화론자로 부를 수 있다. 그들은 가장 최적의 방식에서 자신의 욕구를 충족하기 위해, 또는 가능한 한 최고의 방식에서 자기 자신을 발달시키기 위해 최고의 조건을 선택하기를 원한다. 이에 비해, 만족론자는 경우에 따라 자신의 욕구를 절제하거나 포기해 가면서 자신에게 만족스러운 것을 선택한다. 따라서 이상을 추구하는 사람은 극대화된 전략이나 행위를 하게 될 것으로 예상된다. 이상을 실현할 수 있는 여러 조건을 선택하는 데 있어서, 그 사람은 가능한 한 최고의 선택을 할 것이다.

극대화론자보다는 만족론자의 접근이 더 현실적이고 설득력이 있다는 반론이 있을 수 있다(De Ruyter, 2007: 32). 이런 반론에서는 왜 만족론자의 접근이 더 바람직하고 극대화론자의 접근은 문제가 있는지에 대해 두 가지 이유를 제시한다. 첫째, 극대화론자는 모든 가능한 선택지를 검토해서 이것들에 각각 다른 비중을 부여하고 늘 최고만을 추구해야 되는데 이는 너무 제한적인 측면이 있고, 그런 분별력이 없거나 제한된 행위밖에 할 수 없는 사람들에게는 불가능한 일일 것이다. 둘째, 극대화론자는 모든 상황에서 자신이 할 수 있는 최고와 최선의 것을 성취하려는 경향성 때문에 늘 강박관념에 시달리고 자기만족이 결여되기 쉽다. 이런 반론을 접하면, 우리는 극대화론자보다는 만족론자의 잘삶이 더 실현 가능성이 높다고 말할 수 있을 것이다.

그러나 극대화론자를 최선의 방식에서 자신을 발달시키려고 노력하는 사람일 뿐만 아니라 도덕적 성향을 포함한 삶의 전 영역에서 최선을 다하려는 의미로 본다면 이런 반론을 어느 정도 피해갈 수 있을 것이다. 물론, 도덕적 가치나 특정 가치의 중요성이 지나치게 부각되고 지적 가치나 심미적 가치만으로는 잘삶이 불가능하다고 말한다면, 그것도 너무 편협한 생각일 것이다. 그러므로 아이들이 극대화론자가 되게 가르치는 것은 그들의 '모든' 능력을 극대화하는 것을 포함해야 한다. 이런 경우의 극대화는 인간의 개인적 측면이나 분리된 특성에 초점이 있는 것이 아니라 그것들의 '총체적인 균형'에 초점이 있다. 행복한 잘삶은 객관적 선의 이상을 추구하는 것을 요청한다는 루이터의 제안은 인간에게 선의 총체적인 발달이 이루어져야 한다는 점을 염두에 두고 있다고 볼 수 있다.

요컨대, 이상교육의 핵심 내용을 두 가지 차원에서 생각해 볼 수 있다(De Ruyter, 2007: 29). 첫째는 객관적 선의 의미를 해석하는 데 '규제하는 이상'을 갖는 것이 중요하고, 둘째는 이상이 아이들에게 더 높고 더 좋은 무엇인가를 갈망하도록 동기유발을 하기 때문에 이상교육을 잘 활용하면 교육효과도 극대화시킬 수 있는 점이다.

먼저, 규제하는 이상을 갖는 것이 왜 중요한가? 보편적 선은 일반적이어서 그것에 다양한 해석들을 덧붙일 수 있다. 사람들은 잘되고 행복하기 위해서 이들 선에 대한 자기 자신의 구체적인 해석을 발달시켜야 한다. 이때 그들에게는 길잡이가 되어 줄 규제하는 이상이 필요하다. 규제하는 이상이 중요한 이유는 개인이 선에 의미를 부여하는 다양한 방식이 있기 때문이다. 선은 모두 좋은 것이 될 수 있는 다양한 영역이 있다. 이 영역은 일정한 기준을 가지면서도 모두 다양한 수준을 갖는다. 어떤 영역이 아이들에게 선이 될 것인가는 그들이 스스로 발견해야 되는 것이지만 어떤 영역에서 어떤 행위가 선이 되게 하는가는 교육자들이 가르칠 수 있는 것이다. 모든 다양한 선을 전달하는 것이 불가능하다 하더라도, 교육자들은 아이들에게 선의 다양한 영역 내에서 이상적인 모습을 소개해야 한다.

아이들에게 이상을 갖도록 하는 교육은 앞의 극대화론자에 관한 논의에서 언급한 것처럼 최고가 되기 위한 동기유발을 할 수 있다. 비록 아이들이 자신이 추구하는 최고의 수준에 도달하지 못한다 하더라도 자신의 역량을 충분히 발휘하기 위한 노력의 과정에서 많은 성취와 의미를 느끼게 될 것이다. 이는 이상 교육을 통해 아이들의 행복한 잘삶을 증진시키는 실제적 모습일 것이다.

4 문화관련적 잘삶

1) 잘삶의 문화 관련성

화이트는 교육목적론에서 잘삶의 문제를 본격적으로 논의한 대표적인 학자다. 그는 자유주의 국가에서 핵심적인 교육목적은 '자율성의 증진'이라고 주장해 왔다(White, 1982, 1990). 그런데 자율성은 자신의 선택과 결정이 가능한 자유주의적 틀 내에 사는 사람에게만 적용될 수 있기 때문에, 그는 전통지향 사회나 소수공동체 사회에도 적용될 수 있는 보다 포괄적인 교육목적으로 개인적 잘삶의 증진을 제안하고 있다(White, 1990). 자율성은 잘삶을 가능케 하는 가치 중의 하나일 뿐이기 때문에 자율성을 포함한 보다 포괄적인 개념이 필요하다. 그것이 곧 잘삶이다. 화이트는 검증된 욕구의 충족이 잘삶이라는 주관적 관점을 옹호하면서 탈주체적인 가치는 개인에게 의미를 갖기 어렵다고 주장했다(White, 1990).

그의 주관적 잘삶관은 주체관련적이라는 점에서 상당한 설득력이 있고 중요한 교육적 시사점을 주고 있다(김희봉, 2001b). 그러나 객관주의적 관점의 지속적인 비판과 문제제기가 있어 왔다(김정래, 1997: 16; Marples, 1999: 143; Reid, 1998: 324). 이들의 비판 요지는 교육에서 선의 객관적 측면을 소홀히 한다면 교육의 과업을 충실히 수행하기 어렵다는 점이다. 이런 비판들 때문이었는지 모르지만, 화이트(2002, 2007)는 기존의 자기 입장에 변화를 보이고 있다. 그 변화의 주안점은 잘삶의 객관적 측면을 상당 부분 수용하고 있다는 점이다. 물론 그는 여전히 주관주의적 틀 안에 머물고 있다(White, 2002: 447). 그러면서도 주관주의의 한계를 보완하기 위한 방향을 모색하고 있다.

화이트는 검증된 욕구충족이론의 한계를 인정하면서 그것을 극복하기 위한 방향을 모색한다(White, 2002, 2007). 이 과정에서 그는 자연주의적 견해가 방향을 잘못 잡았다고 비판한다. 우선 그는 "잘삶은 내재적으로 가치 있는 활동에 성공적이고 총체적으로 종사하게 되는 것이고 이것이 개인의 선호에 따라 상대적인 것은 아니다."(White, 2007: 18)라는 생각을 밝힘으로써 자신의 입장이 변화되었음을 분명히 하고 있다. 잘삶이 개인에 따라 상대적인 것이 아니라면 어떻게 결정된다는 것인지 그 방향을 제시하는 것이 중요할 것이다. 이 지점에서 인간의 본성을 근거로 객관적 선을 도출하려는 자연주의자들이 등장하는데 화이트는 그들에게 한계가 있다고 비판한다.

교육에 매우 영향력 있는 학자인 가드너(H. Gardner), 홈즈(E. Holmes) 등도 이런 자연주의적 입장에 있기 때문에 비판의 대상이 된다(White, 2007: 18-19). 가드너는 주장하기를, 가령 다중지능에서 음악적 지능은 신경구조를 가지고 태어난 것으로 시작하지만 보다 높은 단계로 발달하고 전개되어서 모차르트와 같은 천재의 작품에서 보이는 최고의 수준까지 발달한다는 것이다. 가드너는 인간 생활의 다른 영역도 비슷하게 보고 있다. 그는 9개 내외 영역의 지능을 주장하는데, 모두 발달 계열의 작용에 따라 다양한 영역의 뛰어난 인간 성취의 높은 단계를 갖는다고 주장한다. 홈즈는 자아실현으로서의 교육의 비전을 주장하였다. 그것은 인간의 본능에 기반을 두고 있다. 우리는 의사소통, 드라마, 예술, 음악, 탐구, 구성의 능력을 가지고 태어난다는 것이다. 각각의 경우에 이것들은 보다 진보된 형태로 발달하게 된다는 것이다.

두 사람의 이론은 물리학이나 생물학 분야에서 더 친숙하게 쓰이고 있는 '발달'이란 개념이 마음에도 적용될 수 있다고 상정한다. 그러나 화이트가 볼 때 이런 상정은 뚜렷한 근거가 없다(White, 2007: 19). 우리는 마음이 성숙된 상태를 어떻게 확인할 수 있겠는가? 누구나 나무가 충분히 자랐거나 동물이 커가는 것은 자기 눈으로 확인할 수 있다. 거기에는 객관적 기준이 있다. 그러나 무엇으로 성숙한 음악적 능력 또는 예술적 능력으로 간주할 것인지는 쉽게 합의하기 힘든 문제다. 이는 자신이 받은 훈련에 따라 중시하는 것을 각각 다르게 보면서 가치판단을 할 수 있기 때문이다.

우리는 어떤 활동이 왜 가치 있는 것인지에 대해 발달론적 접근보다 더 설득력 있는 기반을 필요로 한다. 구체적인 예로 심미적 가치를 살펴보는 것이 도움이 될 것 같다. 심미적 가치는 형태, 균형, 대조, 복합성과 관련된 형식적인 특성 그리고 표현, 유머, 서스펜스, 우아함, 인간의 본성에 대한 깊은 통찰 등과 같은 인간의 관심사와 보다 직접적으로 연관된 특성뿐만 아니라 소리와 시각적인 순수한 심미적

미도 포함한다(White, 2007: 19). 이런 가치들의 기반은 무엇인가? 이 가치들은 단순히 개인적 선호에 의해 결정되는 것이 아니다. 이 가치들을 중시하는 것에 개인차는 있을 수 있겠지만, 이 가치들은 사적인 경향성과는 무관하게 존재한다. 이 가치들은 인간의 본성으로부터만 도출될 수 있는 것도 아니다. 이 가치들은 예술작품을 통해 그리고 다른 심미적 대상에 관한 그 분야의 유능한 비평을 통해 발견된 특성들이다. 이 특성들은 특정 개인들의 경향성과 무관하게 존재한다. 처음에는 아무도 그것들을 지각하지 못할 수 있다. 우리는 이와 관련된 훈련을 통해 어느 시점에 이르러서야 비로소 이들 가치를 지각할 수 있게 된다.

현재 우리가 향유하는 다양한 심미적 가치는 대개 오랜 역사의 산물이다. 시기에 따라 역동적인 변화들이 있었다. 새로운 가치가 확립되기도 하고 보다 일반적 가치가 세분화되는 변화가 일어났다. 어떤 심미적 가치는 독자적으로 이해된 다른 가치들과 결합되기도 하였다. 이런 변화의 대부분은 새로운 형식의 예술이나 감상 형식의 출현과 발전을 통해 이루어졌다.

이런 과정을 거쳐 형성된 심미적 가치는 탈개인적인 성격을 갖는다. 이 가치는 역사적 상황과 문화적 산물이라는 점을 배제하고는 이해할 수 없다. 그렇다고 이 가치들이 이것을 만들어 낸 문화적 상황을 벗어나서는 계속 존재할 수 없다는 말은 아니다. 예컨대 모차르트가 발전시킨 클래식 음악의 새로운 특성은 18세기 왕정체제의 종식과 함께 사라진 것이 아니다. 그러므로 가치들의 기원이 문화관련적이라는 사실이 가치는 특정 문화 조건에 따라 상대적이라는 의미는 아니다. 이런 사실은 잘삶의 이해에 중요한 시사점을 주고 있다. 즉, "인간의 잘삶은 개인의 주요 검증된 욕구의 충족 문제를 넘어서는 탈

개인적인 측면을 가지고 있는 것이다."(White, 2007: 21) 심미적 가치와 같은 잘삶의 요소들이 우리의 특정 욕구에 따라 상대적인 것은 아니다. 그것들은 대개 문화 속에서 형성되었다는 점에서 탈개인적 성격을 갖는다.

만족스러운 삶은 대부분 가치 있는 활동에 종사하는 삶이다. 자유주의 사회에서는 개인적 자율성 그 자체가 잘삶의 가치이고, 개인들은 자신이 선택을 하고 중요한 것을 결정하면서 살아가는 것이 잘삶이다. 그렇지만 가치 있는 활동이 모두 개인의 선호에 따라 상대적인 것은 아니다. "그 활동 자체는 결국 대부분 문화적 산물"(White, 2007: 21)이라고 볼 수 있다. 심미적 가치와 같이, 보다 일반적인 삶의 가치들은 그것이 형성되었던 문화에 따라 상대적인 것은 아니다. 예컨대, 서구에서 사랑에 기반한 결혼제도의 기원을 청교도 문화에서 찾을 수 있겠지만, 그것의 종교적 의미가 이제 많이 퇴색되었다 하더라도 여전히 그 제도는 우리에게 중요하다.

잘삶의 가치가 인간의 본성에서 기인하는 것이 아니라 역사 문화적으로 형성된 것이라는 사실은 교육목적에 다음과 같은 시사점을 줄 것이다(White, 2002: 454-455). 첫째, 역사 문화적으로 형성된 가치들은 개인적 잘삶에 대한 개인주의적 틀의 '목적'이 됨을 의미한다. 개인들은 자신의 잘삶을 결정하는 궁극적 권위자가 아니고 역사적으로 축적되어 온 지혜에 유예할 수 있을 뿐이다. 우리는 개인주의적 주관주의의 틀을 부인해도 여전히 자유주의적 틀 내에서 살아가고 있다. 그렇기 때문에 역사 문화적으로 축적된 가치들 중에서 자신의 개인적 선호를 형성하는 데는 자유로울 수 있다.

둘째, 부모, 교사, 교육정책 결정자들이 잘삶에 관한 판단에서 보다 강한 확신을 가져야 함을 시사한다. 그들이 사실상 자신의 삶을 통해 이미 표출하고 이를 설명할 수 있는 잘삶의 원천이 있다. 교사와 부모들은 개인적 잘삶과 관련된 노력의 일환으로 학생들에게 내재적 선에 대한 지도를 해야 한다. 여기에는 친밀한 인간관계, 예술과 자연의 미에 대한 사랑, 자신, 인간, 자신이 거주하는 세상에 대한 이해, 자기지도성, 신체 운동의 쾌락을 포함한 단순한 육체적 쾌락 등과 같은 내용이 포함될 수 있을 것이다. 교사와 부모들은 아이들이 이들 목적에 기여하는 활동에 몰두하도록 전심으로 격려해야 한다. 그들은 자신의 특수한 선호를 옹호해서는 안 되고 오랜 시간에 걸쳐 검증된 가치를 아이들에게 소개해야 할 것이다.

2) 잘삶에 대한 권위

일반적인 잘삶에 대한 그리고 특정 삶을 어떻게 해야 잘 살 수 있는가에 대한 권위자들이 있는가? 알려진 바와 같이 밀(J. S. Mill)은 지적이고 심미적인 활동 등의 정신적 쾌락은 육체적 쾌락보다 상위 가치라는 주장을 했다. 이 두 종류의 즐거움을 아는 사람은 분명히 전자를 선택할 것이라고 그는 보았다. 만약 그 주장이 맞다면, 우리는 특정 삶의 잘됨에 대해 권위 있는 판단 기준을 가질 수 있어서 도움이 될 것이다. 그러나 밀의 주장을 정당화해 줄 합당한 논변은 아직 없다. 안타깝게도 무엇이 잘삶인가를 말해 줄 수 있는 특정 개인이나 전문가 집단은 없는 것이다.

만약 개인이 자기 자신의 잘삶의 권위자가 아니라면, 그리고 만약 누군가 있다면 누구일 것인가? 최고의 잘삶을 영위할 수 있는 방안을 자세하게 제시할 수 있는 사람은 없다. 잘삶의 선은 다양하고 잘되는 방식도 다양하다. 화이트는 이를 이해하는 데 있어서 예술분야의 비평 과정이 도움이 된다고 본다. 좋은 비평가들은 특정 작품에 대한 판단을 한다. 그들은 우리가 지나칠 수 있는 작품의 긍정적 특질을 볼 수 있도록 돕는다. 그들은 예술 작품에서 일반인들이 보지 못하는 작품성과 흠결을 구별해 낸다. 우리가 그들의 결론에 항상 동의할 수는 없지만, 그들은 우리로 하여금 우리 자신의 심미적 판단에 도달하도록 도움을 주고 있는 것을 알 수 있다. 비평가들의 강조점은 각자 다르지만 그 분야에 적용되는 모종의 객관적 기준은 있다. 비평가들의 판단이 전적으로 주관적 반응은 아닌 것이다. 그들의 결론은 논의를 통해, 특히 독자들이 지각하고 판단할 수 있을 것으로 생각하는 작품의 특징에 대한 설명을 통해 정당화된다. 그들의 논의는 항상 평가되고 보다 더 나은 비평으로 대치되기도 한다. 이런 점에서 그 논의는 인식론적으로 보다 엄격해 보이는 역사나 과학 분야에서의 논박과 크게 다르지 않다(White, 2007: 22).

비평가들은 자신이 진지한 탐구 공동체에 속해 있고, 자신의 판단이 다른 곳에서 보다 나은 논의에 의해 기꺼이 개정될 것이란 점을 알고 있다. 그들의 공동체는 각각 역사를 가지고 있다. 과거 200~300년 동안 전문가 단체는 문학 비평, 음악 비평, 그리고 다양한 분야에서 비평을 해왔다. 이 과정에서 작가가 자신을 판단해 볼 수 있도록 돕는 모든 작품에 대한 평가가 축적되었다. 특정 작품에 관한 심미적 판단에 있어서 일부 전문가는 다른 사람들보다 나은 위치에 있기도 하다.

어떤 영역을 판단하고 비평하는 것과 관련하여 세 유형이 있을 수 있다. 즉, '국외자' '일반적인 내부자' '권위 있는 내부자'가 그것이다(White, 2007: 22-23). 이 세 유형을 잘삶의 판단에 적용해서 이해해 볼 수 있다. 철저한 국외자는 거의 없다. 가령, 좋은 우정의 가치와 의미를 판단하는 데 있어서 어떤 우정의 경험도 못해 본 사람은 거의 없다. 그러나 우리 모두는 일부 분야에서, 사실상 대부분의 분야에서 국외자이기도 하다. 가령, 나는 이슬람 음악에 문외한이고 어떤 사람은 화학 엔지니어링에 문외한인 반면, 또 다른 사람들은 이들 분야에서 전문가들일 수 있다. 내부성과 국외성이 서로 양 극단에 위치한다면 우리는 대부분 그 사이 어디엔가 위치하고 있을 것이다.

권위 있는 내부자는 어떤 특성을 갖고 있는가? 예술 비평 세계에서 권위 있는 내부자는 보통 특정 예술의 한 분야를 전문적으로 탐구하는 사람들이다. 그런데 잘삶의 가치 영역은 그렇게 명확하게 구분되지 않는다. 가령, 친밀한 인간관계, 심미적 관심의 추구, 스포츠와 같은 다양한 신체적 즐거움, 의미 있는 일의 형식, 여행과 모험, 진리 추구와 연관된 지적 관심 등의 대략적인 구분은 가능할지 모르지만(White, 2007: 23), 이는 대충 쉽게 구분한 것이고 서로 겹치기까지 한다. 비평의 세계에도 이런 난점이 있다. 이른바 문학, 음악, 회화, 조각, 건축 사이에 비교적 명확한 구분 선을 긋기는 어렵다. 사실 비평을 위해서는 보다 명확한 구분이 이루어져야 한다. 시 전문 비평가가 단편소설의 전문가는 되지 못할 것이고 한국 시의 권위자가 일본 시의 권위자는 되지 못할 것이다. 이런 점들을 고려할 때 잘삶에 대한 권위 있는 내부자는 존재하기 어렵다.

우리가 잘삶에 대한 권위자들을 찾을 수 있는 가장 근접한 방안은 명확히 구분된 전문가 집단보다는 상당히 '느슨한' 집합의 사람들이다(White, 2007: 24). 그들은 가치 있는 활동의 주요 영역의 대부분에 대해 다소의 경험이 있을 뿐만 아니라 무엇이 행복한 인간의 삶을 만드는지, 어떤 것들이 진정으로 그 구성요소나 방해요소인지에도 관심이 있을 것이다. 그들은 이 모든 것들에 대해 다소의 지식을 가지고 있고 또한 자신의 사유를 심화시키는 데 시간을 확보하고 정신의 자유를 가지고 있는 사람들일 것이다. 다른 사람들과 고립된 상태에서 이렇게 하는 사람도 있겠지만 대부분은 예술 비평가들처럼 자신의 생각과 타인의 생각에 대한 '비판적인 토론'을 환영할 것이다.

과거에는 대부분의 사람들이 이 집단에서 배제되었다. 우리 중 일부는 여전히 극단적인 가난, 고통, 억압적 인습에 둘러싸여 있다. 일부는 기본적 필요의 충족에 몰두하다 보니 그 밖의 다른 것을 해 볼 여유가 거의 없다. 열악한 교육을 받은 많은 사람들을 포함한 우리 대부분은 일부 사람들이 직접 경험했거나 다른 사람들이 상상을 통해 경험한 수많은 잘삶의 가치들을 접하고 있다. 오늘날 우리는 어떤 장소나 시간에서든 모든 장르의 음악을 쉽게 접할 수 있다. 극장에 가거나 음악을 감상하는 것이 20세기 초만 해도 왕실 사람들에게마저 특별 대우였던 것이 이제는 모든 사람에게 날마다 가능한 일이 되었다(White, 2007: 24).

여기에는 철저하게 배제되는 주변인도 없고, 하급문화와 고급문화의 구분도 없으며 모든 사람들을 망라하는 종합적인 스펙트럼의 집단만 있을 뿐이다. 일차적으로 가치 있는 활동은 활동 그 자체와 함께 타인들과의 교류를 통해 이것들에 대해 반성적으로 대화하는 것이다. 그 과정에서 잘삶의 요소에 대해, 그것에 관한 새로운 도전에 대해, 그리고 새로운 관점에 대해 우리가 혼란스러워하는 것들이 어느 정도 명확해질 것이다. 종합적인 스펙트럼의 느슨한 집단은 공적인 텍스트와 사건을 만들어 내면서 우리의 대화를 위해서 공유하는 관점과 설명을 제공한다.

오늘날 잘삶에 대한 권위는 귀족계급 또는 다른 사회계급이나 집단에 속한 것이 아니다. 그것은 모든 사람에게 확산되어 있다. 잘삶에 대한 관점이 우리 대부분에게 의미가 있으려면 그것은 형식적인 틀을 통해서가 아니라 다양한 방법을 통해서일 것이다. 우리가 모두 동일한 말을 해야 한다고 규정할 수는 없다. 타인들을 배제하는 것이 정당할 정도로 확실한 견해를 가진 잘삶의 전문가는 아직 없다. 대부분의 우리의 목소리들은 다양한 맥락과 다양한 수준에 따라 들려야 할 것이다. 이는 교육에서 대화와 토론 등 소통의 중요성을 다시 한 번 환기시켜 주고 있다.

5 결 론

이 장에서 우리는 교육이 지향해야 할 목적으로 개인적 잘삶의 증진에 대해 논의하였다. 먼저, 잘삶에 대한 이론적 접근인 객관주의와 주관주의를 살펴보았다. 객관주의에서 보는 잘삶은 개인과 무관하게 존재하는 객관적 선의 성취에 있다. 이런 관점은 삶의 당사자인 개인이 배제된 탈주체적 접근이기 때문에 잘삶을 해명하는 데 한계가 있다. 주관주의적 잘삶은 개인이 심리적으로 느끼는 쾌락, 바라는 욕구의 충족으로 설명된다. 이는 주체관련적 설명이라는 장점이 있지만 객관적 가치를 소홀히 다룰 수 있는 한계를 지닌다.

기존의 잘삶이론이 갖는 한계를 극복하면서, 교육목적으로서의 잘삶을 정당화해 주는 통합적 접근으로 루이터와 화이트의 이론을 긍정적으로 검토하였다. 루이터는 자신의 생각을 '행복한 잘삶'으로 개념화하고 있다. 이는 객관적으로 파악할 수 있는 일반적 선의 충족과 개인들이 만족스런 방식에서 이들 선에 대해 의미 있는 해석을 할 때 잘삶이 가능하다는 개념이다. 그는 잘삶의 객관성과 주관성을 적절히 통합시킨 개념을 제시함으로써 잘삶의 증진을 교육목적으로 정당화하고 있다. 그는 행복한 잘삶을 증진시키기 위한 교육으로 이상 교육을 주장한다. 이상 교육을 통해 학생들에게 객관적 선을 충실히 소개함으로써, 학생들이 그것을 기반으로 해서 자신에게 의미 있는 해석을 할 수 있도록 돕는 교육이 필요하다고 강조한다.

화이트는 교육목적에서 잘삶의 문제를 본격적으로 다루어 왔다. 그는 주관적 관점에서 욕구충족적 잘삶을 주장해 왔다. 기존의 그의 이론에서는 개인의 욕구와 선호가 부각되면서 객관적 가치는 소홀히 다루고 있다는 비판을 받게 되었다. 최근에 와서 그는 입장의 변화를 가져왔다. "개인은 자신의 잘삶에 최종적 권위자가 될 수 없다." (White, 2007: 452)라고 분명히 밝힘으로써, 그는 자신의 주관주의적 관점에 변화를 꾀하고 있다. 물론 그렇다고 그가 주관주의적 틀을 완전히 벗어난 것은 아니다. 다만 그는 잘삶의 가치가 순전히 개인의 선택만으로 구성되는 것이 아니라 문화적, 역사적 배경에 따라 형성되어 온 보다 포괄적인 '느슨한' 집단 속에서 공유하고 있는 선이 발견되어진다고 주장한다.

이들의 주장은 교육목적으로서 잘삶에 관한 논의를 보다 풍부하게 만들어 준다. 이들은 통합적 관점의 잘삶이론을 개진함으로써 개인에 치중한 잘삶의 교육이 객관적 선을 함양하는 가치교육과 함께 갈 수 있는 방향을 제시하고 있다. 루이터가 잘삶을 구성하는 두 가지 요소로 객관적 선과 그것에 대한 주관적 해석을 제시했다면, 화이트는 그 선이 역사적, 문화적으로 형성되어 왔음을 밝히고 있고, 개인이 그 선을 해석하는 것도 철저히 자기 방식에서라기보다는 자신의 문화적 배경과 집단 속에서 가능한 일임을 보여 주고 있다.

잘삶의 통합적 관점에 터한 교육은 아이들에게 다양한 선을 그것이 형성된 문화적 배경과 함께 제시해 주고, 나아가 아이들이 그것을 자율적으로 선택하고 해석하여 성취함으로써 의미 있는 삶을 영위할 수 있도록 돕는 과정이 될 것이다. 이 과정에서 대화와 소통은 핵심적인 교육내용과 방법이 될 것이다.

제 3 장

잘삶과 자율성

1 서론

최근 들어 우리의 교육 현실 속에서 자율성에 관한 논의를 촉발시키는 다양한 현상들이 나타나고 있다. 예컨대, 2004년에 기독교 계통의 사학에 재학 중이던 서울의 한 고등학생이 학생의 종교 선택권을 인정하지 않는 일방적 종교교육에 항의하면서 일인 시위 및 단식을 함으로써 사회적 관심을 집중시킨 바 있다. 이 문제에는 종교의 자유를 비롯한 학생의 학교 선택권, 사학의 설립 이념, 교육의 종교적 중립 등 다양한 논란거리가 포함되어 있을 뿐만 아니라 그 중심에는 학생의 '자율성'이란 함축적인 문제가 자리 잡고 있음을 알 수 있다.

또 몇 년 전에 교육부가 발표했던 내신 위주의 2008년 대입안에 반대하는 촛불시위와 학교의 두발제한에 반대하는 촛불시위가 고교생

주도로 연이어 벌어졌다. 더 나아가 전국 47개 고교 학생회의 연합인 '한국고등학교학생회연합회'가 출범했다. 고교생의 권익 보호를 주장하는 자발적인 조직체가 탄생한 것이다. 이 조직의 집행부 학생들은 지금까지의 교육정책이 학생들의 입장을 전혀 고려하지 않는 일방적인 것이었다고 비판하면서 학생들의 분명한 목소리를 내겠다고 다짐하고 있다. 이런 일련의 현상들은 우리 학생들의 자유 · 권리 의식이 크게 성장하고 있음을 보여 준다.

또 다른 측면에서, 니트(Not in Education, Employment or Training; NEET)족의 출현은 심각한 사회 문제로 부각되고 있다. 영국, 일본 등 선진국에서 유행하는 니트족이 최근에는 국내에서도 급격히 증가하고 있다. 국내 니트족은 2004년에 18만 7,000명에 이르렀고, 2015년에는 85만 3,900명까지 급증할 것이란 추정치가 어느 민간 경제연구소에 의해 발표된 적이 있다(전자신문, 2005. 4. 25.). 이런 현상을 접하면서 점차 꿈과 의욕을 상실해 가는 젊은 세대에 대해 우려하지 않을 수 없다. 특히 학생들의 '인생계획'의 지도는 교육의 핵심 기능 중의 하나라고 볼 때, 진지한 교육적 노력이 요구되는 부분이다.

이와 같이 오늘날 학생들은 한편으로는 자신의 자유 · 권리의식을 확대시키면서 자신들의 의지를 구체적 행동으로 보여 주는가 하면, 또 다른 한편으로는 근로의욕과 도전의식을 상실한 채 사회 밖으로 나오지 않으려는 회피와 은둔의 자세를 보임으로써 교육자들에게는 난감한 교육적 과제를 부여하고 있다. 이제는 과거식의 권위적 통제로 이들을 지도하는 데에는 분명 한계가 있다. 그렇다고 아무 교육적 노력도 없이 방치할 수도 없는 노릇이다. 어떤 교육적 노력이 필요하고 또한 효과적일 것인가?

우리 사회는 자유주의를 표방하는 사회다. '자율성'은 자유주의적 전통에서 중요한 교육목적 중의 하나로 간주된다(Winch & Gingell, 1999: 21). 자유주의는 이상적 인간상으로 자율적 인간을 상정한다. 자율성은 삶의 주요 선택과 목적 결정에 있어서 타인이나 사회적 전통을 맹목적으로 따르는 것이 아니라 자신이 직접 선택하고 결정하는 것을 의미한다. 자율성은 신념과 행동에 있어서 내적·외적 제약 조건으로부터 자유로워지는 것을 말한다. 자신의 신념과 행동에 대해 스스로 전적인 책임을 지는 합리적이고 자율적인 모습이 자유주의의 이상적 인간상이다.

앞의 사례들이 보여 주는 현실 상황들과 우리 사회의 체제적 특성은 교육목적으로서 '자율성'에 주목하게 한다. 서구의 영미 교육철학계는 이미 지난 30여 년 동안 자율성에 관한 논쟁이 뜨거웠던 반면, 우리 교육철학계는 자율성에 관한 논의가 미진한 편이었다. 이는 아직도 우리 사회가 자율성보다 공동체주의적인 덕을 더 중시하는 경향 때문일 수 있을 것이다. 이는 또한 기존의 자율성에 관한 논의 자체가 지닌 한계에 기인하는 측면도 있을 것이다. 그동안 자율성에 관한 논의는 주로 합리적 자율성에 한정된 경향이 있었다. 합리적 자율성은 자율성을 위해 지식을 강조한다거나, 합리적 반성 및 선택을 강조함으로써 어떤 일에 헌신하고 몰두하는 것에 회의를 보낸다거나, 개인의 선택을 강조한 결과 사회화의 기능을 약화시켜 버린다는 비판을 받아 왔다(유재봉, 2001: 154-155).

화이트(J. White)의 자율성은 위와 같은 합리적 자율성의 한계를 상당 부분 극복하고 있다. 이 장의 목적은 그의 자율성 교육론의 핵심 내용을 밝히고, 그것이 어떤 교육적 의의를 지니고 있는가를 탐색하는 데 있다. 이를 위해 먼저 화이트가 주장하는 교육목적으로서 자율성의 의미를 검토한 후 그의 자율성 '교육론'을 살펴볼 것이다. 화이트의 자율성 교육론은 공허한 개념적 논의에 그치지 않고 자율성 함양을 위한 실질적인 교육론을 강조하고 있는 점에서 우리 교육에도 중요한 시사점을 주고 있다. 우리나라에서는 유재봉(2001)이 화이트의 이론에 대해 비판적으로 검토한 바 있다. 이 장의 마지막 논의 부분에서 그의 논의가 적절한 것인지를 필자는 비판적으로 검토하고자 한다. 아울러 화이트의 자율성 개념에 대해 비판적으로 논의한 윈치(Winch, 1999)의 입장도 검토할 것이다.

2 교육목적으로서 자율성

1) 자유민주국가의 교육목적

(1) 국가의 중립성과 개인의 자율성

교육적 관점에서 자율성을 어떻게 수용할 것인가? 우리는 자율성을 명시적이고 직접적으로 추구해야 할 교육목적으로 볼 수 있고 또 교육의 과정적 준거 혹은 교육적 원리로 볼 수도 있을 것이다(유재봉, 2001: 158). 화이트는 이 중에서 전자의 입장을 취한다. 그는 그 이유를 자유주의 사회의 체제적 특성 속에서 찾고 있다(White, 1990: 26). 자유주의 사회는 국가보다 개인에게 존재적, 권리적 우선성이 있음을 인정한다. 따라서 개인들이 추구하는 선에 대해 국가는 '중립성(neutrality)'을 지켜야 한다는 점에 자유주의자들은 대체로 동의한다. 사실상 자유주의적 전통에서는 국가의 기능과 역할에 대해 늘 의혹과 감시의 시선이 집중되었다. 왜냐하면 사람들은 국가가 개인의 자유와 권리를 제한하거나 속박하려는 속성을 가지고 있다고 생각했기 때문이다. 개인의 자유와 권리를 근간으로 하는 자유주의는 국가와 개인의 관계에서 국가가 취해야 할 입장으로 중립성을 강조하였다. 이는 삶의 목적을 선택하고 영위해 가는 것은 개인의 몫이기 때문에 국가는 이 문제에 개입하지 말고 중립을 지켜야 한다는 것이다. 만약 국가가 특정 관점의 삶의 방식을 권장하고 지지한다면 이는 중립성의 위반이 된다. 국가는 좋은 삶, 즉 잘삶(well-being)의 다양한 견해들에 대해서 반드시 중립을 지켜야 한다. 이 원리는 국가 수준에서 교육을 기획하고 정책을 추진할 때도 예외 없이 지켜져야 할 원리로 간주된다.

국가가 잘삶의 관점을 직접 다루고 그것을 추구하려는 것은 중립성을 위반하는 것이기 때문에 그것은 피해야 하며, 그 대신 잘삶의 추구에 필요한 조건들을 국가가 제공해 줄 수 있을 것이다. 달리 말해, 국가가 특정의 잘삶관을 지지하는 것은 중립성에 위배되지만 그 잘삶의 실현에 필요한 조건들을 구비해 주는 것은 필요하고 권장할 일이라는 말이다. 그러므로 국가가 할 수 있는 일은 개인들이 자신의 잘삶을 도모하는 데에 필요한 조건들 — 가령, 화이트는 '기본 도덕'과 '복지'를 들고 있다(White, 1990: 18) — 을 제공해 주는 것이다. 이를 교육과 연관 지어 보면, 잘삶의 필요조건이라고 할 수 있는 기본도덕이나 복지 등과 관련된 교육목적을 설정하고 추구하는 것은 정당한 교육적 노력일 것이다.

자유주의자들이 주장하는 국가의 '중립성'은 다양한 잘삶의 관점에 대한 개인의 선택권을 전제로 해서 성립하는 개념이다. 국가가 개인에게 특정 관점의 잘삶을 강요할 수도 없고 해서도 안 되는 것이다.

개인이 어떤 삶의 유형을 자신의 잘삶으로 추구하느냐 하는 것은 순전히 개인 자신이 선택할 몫이다. 이와 같이 개인의 선택, 즉 자율성을 전제로 해서 국가의 중립성은 성립된다. 여기서 우리는 중립성을 주장하는 이면에는 암암리에 자율성을 지지하는 논리가 전제되어 있음을 엿볼 수 있다. 이를 중립성 개념의 논리적 특징으로 볼 수 있다. 중립성을 주장하지만 또 다른 차원에서는 중립적이지 않는 특성을 동시에 갖고 있다. 그러므로 자유주의의 중립성은 순수한 의미의 중립성이 아니라 개인의 자율성을 존중하는 중립성이라고 적극적으로 해석할 수 있을 것이다(White, 1990: 21).

이런 중립성의 논리적 특성을 고려할 때, 자유주의 국가는 중립성을 지켜야 하기 때문에 소극적인 교육적 역할에 머물 것이 아니라 오히려 모든 국민들의 자율성을 증진시켜야 할 교육적 책무가 있음을 명백히 인지하고 그런 방향으로 적극 노력할 필요가 있다고 화이트는 주장한다(White, 1990: 24). 이렇게 볼 때 자유주의 국가에서 자율성의 증진은 핵심적인 교육목적이 된다. 그렇긴 하지만 이 자율성을 보편적 가치로 보기도 어렵다. 전통지향적 사회나 종교적 영향력이 강한 사회에서는 자율적이지 못한 삶도 잘삶이 될 수 있다. 다시 말하면 그런 사회에서 자율성이 없이 사는 삶이 모두 불행한 삶이 되는 것은 아니다. 다만 현대의 자유주의적 맥락에서 볼 때 자율성은 잘삶을 가능케 하는 매우 중요한 가치임에 틀림없을 것이다(Raz, 1986: 369). 그렇기 때문에 자유주의 국가는 교육을 통해 모든 국민의 자율성을 함양시키는 것을 중요한 교육목적으로 받아들여야 한다고 화이트는 주장한다.

(2) 약한 자율성과 강한 자율성

자유주의 국가가 추구해야 할 교육목적으로서 자율성은 어떤 의미로 이해되어야 하는가? 사실 자율성은 애매성과 모호성을 지닌 다의적인 말이다. 자율성은 어원적으로 볼 때 자신에 대한 법, 즉 자기입법을 의미한다. 이는 정치적 의미에서 자기입법에 의한 자기통치를 말한다. 그것은 독립적인 정치의 힘과 권리를 갖는 도시와 국가에 적용된 메타포다(정호표, 2002: 211). 이를 인간에 적용하면 자율성은 타인 혹은 외적 통제를 받지 않고 자신의 원리와 준거를 가지고 독자적으로 사고, 선택, 행동하는 것을 의미한다.

자율성은 유사 개념인 본래성(authenticity), 자족적 자율성(autarchy) 등과 비교해 볼 때 그 의미가 보다 명확해진다(유재봉, 2001: 146-147; Gray, 1983: 74). 먼저, 본래성은 니체와 같은 실존주의자들이 중시하는 개념이다(Cooper, 1983). 본래성이란 인간 내부의 깊숙한 자아와 그 외적 발현이 완전히 일치하는 상태인 자기진실성을 의미한다. 자기 자신이 정한 준거에 따라 자신이 무엇인가를 선택하여 행하는 것이 본래성인 것이다. 그러므로 본래성은 '자기 자신(self)'을 매우 강조하는 개념이다. 그리고 자족적 자율성은 폭력이나 강압으로부터 소극적 자유를 누리고, 자기 앞에 열려 있는 대안들에 대해 합리적인 반성을 한다는 점에서 자기결정적인 개념이다. 이와 달리, 자율성은 자족적인 특성을 지니고 있으면서도 사회적 환경의 인습 및 주변 사람들의 영향으로부터 어느 정도 거리를 유지하면서 그에 대해서 반성적 태도를 갖는 것을 말한다. 자율적인 사람은 비판적 반성의 과정을 통해 자기 스스로 원칙들과 정책들을 확인하고 이를 표현한다(White, 1990: 101). 요컨대, 본래성은 '자기 자신의 선택'을, 자족적 자율성은 '합리적 선택'을, 자율성은 합리적 선택과 함께 '비판적 반성'을 강조한다.

그동안 자율성의 내적 준거를 합리성으로 파악하려는 경향이 강했다. 인간의 합리성의 다양한 수준과 연관시켜 볼 때 우리는 자율성을 다양한 방식으로 정의할 수 있다. 즉, 사람들이 추구하는 삶의 목적과 그것을 성취하기 위한 수단들의 선택 여부를 통해 합리성을 정의한다면 우리는 세 수준에서 자율성을 파악해 볼 수 있다(Winch & Gingell, 1999: 21-22). 첫째, 사회가 개인의 목적을 결정하고 개인은 그 목적을 성취할 수단을 선택하는 자유를 가질 수 있다. 가령, 모든 성인은 취업을 해야 한다는 사회적 규정 속에서도 개인은 자신에게 적합한 직업을 선택할 자유를 누릴 수 있을 것이다. 그런 사회에서는 개인이 자신의 삶의 포괄적인 목적을 결정할 수는 없지만, 목적 성취에 맞는 수단을 선택할 때에는 어느 정도의 독자성 혹은 자율성을 누릴 수 있다.

둘째, 사회가 인정하는 일련의 목적들이 주어지고 개인은 그중에서 자신의 목적을 선택하며, 이와 동시에 그 목적 달성을 위한 수단까지도 선택할 수 있다. 이런 체제는 종종 '약한 자율성'으로 불린다. 가령, 사람들은 자기가 원하는 대로 가사, 자영업, 취업을 선택할 수 있다.

셋째, 사회는 개인들에게 사회의 인정 여부와 무관하게 자신이 타당하다고 생각하는 목적이라면 이를 선택하도록 허용할 수 있다. 여기서 타인에게 해를 끼쳐서는 안 된다는 조건이 따를 수 있다. 그런데 이 입장은 공동선의 존재에 대해 비교적 회의적이다. 이는 간혹 '강한 자율성'으로 불린다. 강한 자율성의 옹호론자들은 자기 파괴적 행위를 할 수 있는 권리까지도 옹호한다. 요컨대, 자율성은 개인이 삶의 목적과 수단을 어느 정도 선택할 수 있는 합리성을 발휘하느냐에 따라 약한 자율성과 강한 자율성으로 구분될 수 있다.

화이트는 이와는 약간 다른 맥락에서 '약한 자율성'과 '강한 자율성'으로 구분하고 있다(White, 1990: 100-102). 약한 자율성은 자기결정적이며, 사회적 · 생득적 구속 및 제약을 덜 받고, 자기지배를 받으며, 자아인식을 포함하는 개념이다. 약한 자율성의 입장에서 볼 때, 자율적인 사람은 내적 · 외적 구속과 제약으로부터 자유로우며 여러 가지 조건 속에서 자신의 주요 목적들을 선택할 줄 아는 사람을 가리킨다. 강한 자율성은 약한 자율성이 지닌 내용에 또 다른 내용이 추가된다. 이는 곧 현존하는 사회구조까지도 비판적으로 반성하고 수용하는 것을 가리킨다. 결혼이나 고용의 문제에서부터 정치제도나 교육제도에 이르기까지 모든 사회 구조를 비판적으로 숙고하여 수용하는 것이 강한 자율성의 특성이다. 예를 들어, 직업 선택의 문제에 있어서 강한 자율성의 소유자와 약한 자율성의 소유자는 서로 차이점을 보인다. 약한 자율성의 소유자는 고용을 중시하는 전통적 관점에 대해 특별한 문제의식을 갖지 않은 채 어떤 직업을 선택할 것인가에 몰두하는 반면, 강한 자율성의 소유자는 자신의 삶에서 고용의 중요성과 본질에 대해서까지 반성적 숙고를 한 뒤에 직업을 선택한다.

일반적으로 약한 자율성은 쉽게 수용된다. 하지만 화이트는 강한 자율성을 옹호하고 있다. 강한 자율성을 옹호하는 그의 논거는 무엇인가? 개인의 잘삶은 사회구조, 타인에 의한 조종, 독재 정치 등에 의해 방해를 받을 수 있는바, 만일 사회구성원들이 강한 자율성을 소유하게 된다면 이런 위험성에 대해 비판적 반성과 경계를 늦추지 않을 것이고 그만큼 개인의 잘삶은 보장될 수 있을 것이라고 화이트는 주장한다(White, 1990: 102). 만약 개인이 자신의 목적을 스스로 선택할 줄 아는 '약한 자율성'에 머문다면, 그것을 제약하거나 방해하는 사회적 · 구조적 요소들에 대한 대비책이 막연해진다. 따라서 강한 자율성이 요구된다. 물론 이에 대한 논란이 있을 수 있다. 이 문제는 나중에 논의 과정에서 다루어질 것이다.

화이트는 자유주의 국가의 체제적 특성상 자율성의 추구가 중요한 교육목적으로 정당화될 수 있음을 주장한다. 그가 주장하는 자율성은 개인의 선택만을 강조하는 차원의 '약한 자율성'에 머물지 않고 사회구조까지도 비판적 반성의 대상으로 삼을 수 있는 '강한 자율성'이다.

2) 잘삶과 자율성

(1) 욕구충족적 잘삶

화이트의 자율성은 합리주의적 관점에서 욕구충족적 관점으로 전환되었다. 이를 유재봉(2001)은 '합리주의 모델'과 '욕구만족 모델'로 구분한다. 디어든(R. F. Dearden)과 함께 합리적 자율성을 주장했던 화이트는 자신의 입장을 바꾸게 되었다. 초기에 합리성을 기반으로 한 자율성을 강조했던 그의 입장(White, 1973)은 나중에 욕구충족을 기반으로 한 자율성의 강조(White, 1982, 1990)로, 그리고 더 나아가 잘삶을 위한 수단으로서 자율성을 강조하는 입장(White, 1990, 1995)으로 변화를 보였다. 화이트의 이런 입장 변화를 제대로 이해하기 위해서는 그의 교육목적론에서 중요한 위치를 차지하고 있는 잘삶의 개념을 먼저 파악한 후, 잘삶과 자율성의 관계를 밝혀볼 필요가 있다.

잘삶은 보는 관점에 따라 다양한 모습을 갖는다. 잘삶관은 일반적으로 객관주의, 쾌락주의, 욕구이론으로 구분된다(김희봉, 2001a). 객관주의에서는 인간의 삶과 관련된 '객관적인' 필요가 충족되고 객관적 선이 성취되는 삶을 잘삶으로 본다. 쾌락주의에서는 자신의 고통을 최소화하고 쾌락을 극대화하는 삶을 잘삶으로 본다. 욕구이론에서는 개인이 갖게 될 욕구를 충족하고 사는 삶을 잘삶이라고 본다.

이 중에서 화이트는 욕구이론을 토대로 한 잘삶관을 옹호한다. 그는 잘삶이 합리성의 성취에 있다기보다 욕구의 충족에 있다고 본다. 좀 더 정확히 말하면 잘삶은 자신의 검증된 욕구(informed desires)의 충족을 의미한다고 본다. '검증된 욕구'는 일반적으로 욕구가 지니고 있는 임의성과 가변성을 보완하는 개념이다. 검증된 욕구는 실제적 욕구(actual desires)에 대해서 그것이 '확실한 경험적 정보에 기초하고 논리적 오류가 없는가'를 검증한 후에 갖게 된 욕구를 말한다(White, 1990: 28).

그런데 화이트는 잘삶에 대한 자신의 관점을 '반성 후 욕구충족(post-reflective desire-satisfaction)'(White, 1982)에서 '검증된 욕구충족(informed desire-satisfaction)'(White, 1990, 1995)으로 발전시켜 왔다. 전자는 자율성을 기반으로 하는 사회에서 가능한 잘삶의 개념이라면 후자는 자율적이지 않은 사회까지 포괄하는 일반적 의미의 잘삶 개념이다. 자율성이 포괄적으로 인정되는 자유주의 사회에서는 자신의 욕구를 스스로 반성하고 충족할 수 있는 가능성이 열려 있을 뿐만 아니라 그것이 고무되는 사회이기 때문에 자율적인 삶이 곧 잘삶의 성취를 의미한다. 그러나 자율성을 지지하지 않는 소수 민족공동체나 종교공동체, 전통지향 사회 등에서 사는 사람들은 자율적이지 못한 삶을 통해서도 잘삶이 가능할 것이다. 잘삶의 외연은 자율성보다 더 포괄적인 일반적인 개념이다. 이렇게 볼 때 화이트의 교육목적론에서는 '자율성을 위한 교육'이 자연스럽게 '잘삶의 증진을 위한 교육'으로 그 강조점이 옮겨가고 있음을 알 수 있다.

잘삶을 욕구와 연관 지어 설명하는 그의 관점은 합리적 자율성과는 다른 차원의 자율성을 강조하게 된다. 즉, 욕구의 검증과 그것을 충족시키기 위한 대안 선택 등에서 실제적인 자율성이 필요함을 그는 강조한다. 유재봉(2001: 152-153)은 욕구 모델의 자율성이 자율성을 설명하는 폭이 넓다는 점과 자유 민주사회에 보다 더 부합되는 개념이라는 점에서 장점을 지니고 있다고 본다. 물론 욕구 모델의 자율성이 합리성을 전적으로 배제하는 것은 아니다. 욕구를 '검증'하는 단계에서 객관적이고 경험적인 정보를 중시한다거나 논리적 오류가 없는지를 검토한다는 것은 다소간 합리성을 기반으로 하는 활동이다. 그러므로 화이트의 '검증된 욕구' 속에는 합리성의 요소가 이미 들어 있다. 이런 그의 입장에 대해서 합리적 모델을 벗어나려고 하지만 결국 그 안에 머물고 만다는 지적을 할 수 있지만, 이와 달리 본다면 합리적 모델의 한계를 욕구 충족 모델을 통해 보완하고 있다고 말할 수 있다. 즉, 화이트의 자율성 개념은 자율성을 합리적 시각에서만 보려는 좁은 시각에서 탈피하고 있고, 자유 민주주의의 맥락에 부합된 자율성관을 제시한다는 점에서 더욱 설득력이 있다고 볼 수 있다.

(2) 욕구와 자율성

전술한 바와 같이 자율성은 원래 이성, 합리성을 강조하는 맥락에서 부각되었다. 특히 자유교육적 전통에서는 디어든(이지헌, 2000; Dearden, 1972)과 화이트(1973)에 의해 이러한 관점이 주도되었다. 디어든은 '삶의 중요한 영역'에 대한 '이성적 성찰'이 '관련된 준거'에 따라서 행해지는 것을 자율성이라고 보았다. 특히 이성적 성찰은 그의 자율성을 이해하는 데 핵심이 된다. 자율성은 사고와 행동을 결정하는 '자기 자신의 마음의 활동'을 중심으로 정의되고 있다. 여기서 디어든이 생각하는 마음의 활동은 추론, 반성, 판단, 선택, 결정, 계획 등 지적 혹은 합리적 활동을 기반으로 한다. '자기 자신의 마음의 활동'을 해석함에 있어서, '자기 자신의 활동'을 강조해서 해석할 경우와 '마음'을 강조해서 해석할 경우 그 의미는 상당히 달라진다. 전자와 같은 해석은 실존주의자들처럼 '자신에 의해 이루어진 선택'이라는 의미의 본래성을 강조한다. 이와 반면, 디어든은 합리주의자로서 후자의 입장을 따르고 있다(유재봉, 2001: 148; 이지헌, 2000: 80). 즉, 디어든에게 있어서 자율성은 합리성의 맥락에서 파악된다.

그렇다면 욕구충족적 자율성을 강조하는 화이트는 어떤 자율성관을 보이는가? 우선 화이트가 주장하는 자율성은 개인적인 '욕구'에 기반을 두고 있다. 전술한 바와 같이 그가 사용하는 용어에 약간의 변화가 있긴 하지만 — 반성 후 욕구(White, 1982)에서 검증된 욕구(White, 1990)로 — 여전히 자율성과 관련하여 '욕구'가 부각되고 있음을 알 수 있다. '반성 후 욕구'란 자신의 많은 욕구 중에서 반성과 숙고를 거친 다음에 갖게 되는 욕구를 말한다. 그 과정에서 각 주체들은 필연적으로 '선택'의 과정을 거치게 되고 이는 곧 자율성과 관련된다. '반성 후 욕구'를 갖게 된 사람은 자신의 자율성을 기반으로 삼아 욕구에 대해 반성하게 되고, 반성한 다음에 선택을 하게 되는데 이 과정에서 다시 한번 자율성이 발휘되는 것이다. 즉, 욕구에 대한 '반성'과 '선택'의 과정에서 자율성은 핵심 역할을 하게 된다. 한편, '검증된 욕구'에서는 욕구에 대한 올바른 경험적 정보와 논리적 정합성을 강조한다. 아이들은 욕구를 검증하는 과정에서 욕구의 구조를 파악하게 되고 가능하면 포괄적 욕구(global desires)나 상위 욕구를 충족하는 것이 잘삶에 도움이 된다는 것을 배운다. 특히 욕구 간에 갈등이 있을 때 어떤 욕구를 선택하는 것이 잘삶에 도움이 될 수 있는지를 검증하게 된다. 이런 과정에서 무엇보다 강조되는 것은 자율성이다. 즉, 욕구에 대한 '검증'과 '선택'의 과정에서 자율성은 핵심적 역할을 하게 된다.

자유주의의 체제적 특성과 연관 지어 자율성을 교육목적으로 옹호한 화이트의 입장은 욕구 충족적 잘삶관에도 잘 반영되어 있다. 합리성 중심의 자율성은 보편적 자율성을 추구하면서 '탈맥락적' 특성을 보이지만 욕구 충족 중심의 자율성은 자유주의적 사회 체제에 보다 더 부합된 자율성이라는 점에서 '맥락적' 특성을 보이고 있다(유재봉, 2001: 153). 욕구 충족이 자율성의 중요한 근거가 된다는 화이트의 입장은 한편으로는 합리적 자율성을 넘어서고 있고, 또 다른 한편으로는 욕구와 관련된 새로운 논의를 촉발시키고 있다.

3 자율성 교육

1) 욕구의 생성과 갈등 해결

(1) 욕구의 갈등과 자율성 교육

무엇보다도 화이트의 자율성 교육론의 장점은 교육적 관점에서 자율성 논의를 이끌어 가고 있다는 점이다. 이는 자율성에 관한 논의가 자칫 공허한 개념적 차원에 그치지 않도록 상당한 도움을 줄 수 있다.

화이트의 이론에 따르면, 자율성은 일차적으로 인간의 욕구의 충족에 기반을 두고 있으며, 개인의 자율성의 가치는 오직 개인의 잘삶과의 연관 속에서만, 그리고 자유 민주주의 체제 내에서만 의미를 가질 수 있다. 욕구충족적 잘삶의 관점에서는 교육의 역할이 개인의 중요한 욕구의 충족을 돕는 것이다. 여기서 생기는 난점은 개인마다 다르게 형성된 욕구를 어떻게 충족시켜 줄 것인가 하는 문제다. 그것은 교육의 실제에서 결코 쉽지 않은 문제다. 화이트는 욕구와 관련된 교육의 일반적 과제 및 역할을 다음과 같이 언급하고 있다.

> 교육의 첫째 과제는 이전에 갖고 있지 않았던 욕구를 최소한 문화적인 형태로 갖게 하는 일이다. (중략) 교육의 둘째 과제는 인간에게 생기는 욕구들을 조직화하고, 그리고 욕구들에 위계적 구조를 부여하고, 욕구들 간의 갈등을 해결하는 것을 돕는 일이다. 또한 우리의 내면에 생성, 형성되는 욕구가 있는데, 그런 욕구들은 상위수준의 욕구가 된다. 여기에 교육의 또 다른 역할이 들어 있다. 이는 단순한 욕구가 아니라 검증된 욕구를 가리킨다(White, 1990: 31).

자율적인 개인의 잘삶을 돕는 교육의 역할은 새로운 욕구의 생성, 욕구의 조직화 · 구조화 · 갈등해결, 검증된 욕구의 생성을 돕는 것 등으로 요약할 수 있다. 이 중에서도 특히 욕구 간의 갈등해결은 자율성 교육과 더욱 밀접하게 연관된다. 자율성의 함양은 욕구 간의 갈등 상황에서 그 갈등을 해결해 가는 가운데서 이루어진다. 인간은 자신의 욕구 위계 속에서 겪는 내적 갈등과, 타인의 욕구와의 외적 갈등에 봉착하게 된다. 욕구의 갈등 상황에서 현재의 강한 욕구에만 충실한 것이 아니라 장기적 안목에서 보다 중요하고 상위에 있는 욕구를 추구할 수 있도록 돕는 교육적 역할은 중요하다.

이때 유의할 점은 아이들이 어려서부터 자율적일 수는 없다는 점이다. 처음에는 갈등을 어떻게 해결해야 할지 모르기 때문에 부모나 어른들을 모방함으로써 해결 방법을 배우기도 하고, 지식이나 이해의 발달과 함께 해결 방법을 터득하기도 할 것이다. 아이들은 성장해 가면서 많은 욕구를 갖게 되고 이러한 욕구들 간에 갈등을 경험하게 된다. 이 갈등을 자율적으로 해결해 갈 수 있도록 도와주는 것이 중요한 교육적 과업일 것이다. 확고한 성향이 형성되어 있을 때는 이것이 갈등 해결의 기반이 될 수 있기 때문에 확고한 성향의 함양은 갈등 해결에서 매우 중요하다. 또한 어린아이일수록 부모나 교사들이 갈등을 해결해 가는 모습을 모방하기 쉽다. 즉, 부모나 교사의 자율성이 아이들의 자율성에 많은 영향을 미치게 된다. 물론 경우에 따라서는 어떤 문제를 아이들 스스로 해결하도록 맡겨 주는 것이 아이들의 자율성을 증진시키는 데 도움이 될 수 있다.

(2) 인생계획 및 자아인식과 자율성

자율적인 사람은 자신의 인생을 잘 설계해서 살아가는 사람이라고 생각한다. 자율적 인간이 된다는 것은 자기지도(self-direct), 자기지배(self-government)의 의미를 갖기 때문에, 전통을 무작정 따르거나 강요, 기만, 조종 등을 받지 않고 또한 목적 없이 표류하지 않고 자신의 삶이 나아갈 주요 방향을 선택하는 것을 의미한다. 자율적인 사람이 자신의 인생을 스스로 주체적으로 설계한다는 것은 자율성의 핵심적인 특징이다. 여기서 한 가지 유의할 점은 인생계획이 지나치게 경직되면 오히려 자율성에 장애가 될 수 있다는 점이다(White, 1990:

88). 사람이 인생을 살아가면서 '무엇'인가를 계획하고 그 계획에 따라 살아가려는 노력하는 것은 고무적인 일이다. 그러나 너무 일찍부터 인생계획을 철저하고 확고하게 세워야 한다고 강조하는 것은 경직화를 초래하게 되고 자칫 자율성을 퇴색시키기 쉽다. 만약 잘삶이 인간의 중요한 욕구의 전반적인 충족을 내포하는 것이라면, 너무 치밀한 인생 설계에서는 이런 욕구들 중 많은 부분을 충족하지 못한 채 오히려 좌절감을 맛보기 쉽다.

자율성 교육에서는 아이들이 자신의 미래를 스스로 설계할 수 있도록 도와주는 것이 중요하다. 자율성은 타인에 의해 결정된 목적의 영향을 받는 것이 아니라 자신이 스스로 설정한 목적을 추구하는 성향을 의미하기 때문에 자율성은 필히 인생설계를 함의한다. 학생들이 비록 어리지만 자신의 인생에 대해 구체적인 계획을 세워 봄으로써 자율성은 증진된다. 자신의 미래를 구체적으로 설계해 보고, 부모나 교사의 도움을 받아 수정도 해 가면서 스스로 인생설계를 하다 보면 이윽고 자율성을 증진시키는 길을 가게 된다. 우리 교육이 학생들의 잘삶 및 자율성을 증진시키는 방향으로 실질적 진로교육을 강화하는 일이 절실하게 요구된다.

자율성은 자아인식(self-knowledge)을 포함한다고 볼 수 있다(White, 1990: 89). 자아인식의 결핍은 잘삶에 해로울 수 있다. 잘못된 신념을 갖게 되거나 자기기만을 하게 되는 상황이란 곧 자아인식의 결핍을 의미한다. 자아인식의 결핍으로 인해, 자신이 생각지 못했던 결과에 직면하는 경우가 있다. 가령, 일류대학을 졸업하면 돈을 많이 벌 수 있을 것이라는 잘못된 신념 때문에 일류 대학에 진학은 했지만 대학을 졸업한다 해서 많은 돈을 쉽게 벌 수 있는 것은 아니라는 사실을 나중에 알게 되었다거나, 돈을 많이 벌게 되었지만 다른 사람들이 자신을 존경해 주지 않는 사실을 나중에 알게 되면, 그 학생의 잘삶은 훼손될 것이다. 이 때문에 학생들이 잘못된 신념에 빠져 있지는 않은지를 확인시킬 필요가 있다.

잘못된 신념뿐만 아니라 자기기만(self-deception)에 빠져도 자아인식이 결핍될 수 있다. 예를 들어, 어떤 학생이 자신은 머리가 좋아서 평소에 공부를 하지 않고 놀더라도 시험 때 벼락공부를 하면 좋은 성적을 낼 수 있다고 생각한다. 처음에는 공부하기 싫은 마음을 스스로 위안하기 위해 이런 생각을 가졌는데 나중에는 정말로 그렇게 될 수 있는 것처럼 착각할 수 있다. 평소에 열심히 놀다가 시험 기간이 되어 벼락공부를 해 보지만 한계를 느낄 수 있다. 자기기만이 자아인식의 결핍을 가져온 것이다.

자율성을 고무하는 교육에서는 올바른 자아인식을 형성하도록 돕는 것이 매우 중요한 과업이 된다. 자아인식을 획득할 수 있는 길은 다양하다. 갈등 상황에서 모종의 '결정'을 자신이 해 나갈 때, 자아인식의 기회는 많아진다. 또한 이와 같은 결정 과정뿐만 아니라 생활 속에서 나타나는 자신의 감정 변화를 잘 읽는 것도 자아인식에 도움이 된다. 최근 들어 자주 화를 낸다면 그 이유가 무엇인지, 무슨 일을 할 때면 왜 수치심과 두려움에 싸여 자신감을 잃는지를 숙고하다 보면 이 감정의 이면에 숨어 있는 다양한 근원들을 발견할 수 있을 것이다. 이런 과정은 곧 자아인식을 돕는 길이 된다. 자아인식이 여러 원천을 통해 가능하다면 그리고 자아인식이 자율성의 필수요소로서 교육적으로 중요한 것이라면, 자신의 행위와 경험에 대한 성찰뿐만 아니라 문학, 철학, 대화, 인간관계 등도 자아인식의 증진을 위해서 중요한 역할을 할 수 있는 것들이다(White, 1990: 91).

2) 자율성 기반으로서의 성향

(1) 기본적 성향의 함양

자율성을 위한 교육은 학생들에게 모든 외적 영향력을 최소화하고 자신의 합리적 판단, 선택 능력을 길러 주는 것으로 생각하기 쉽다. 그러나 자율성은 부모나 교사가 아무 영향력도 행사하지 않고 방치한다 해서 길러지는 것은 아니다. 자율성을 발휘하는 사람은 실제 삶의 맥락에서 구체적인 선택을 할 뿐만 아니라 자율적으로 행하고자 하는 성향(disposition)을 지닌 사람이다. 그러므로 자율성 교육은 자율성의 기반이 되는 '성향'을 확고하게 길러 주는 일에서부터 시작되어야 한다. 화이트는 성향 함양의 중요성을 다음과 같이 언급하고 있다.

> 자율성은 확고하고 안정되게 획득된 성향에 기초해야 한다. 성향들이 서로 강화될수록 그만큼 더 좋다. 교육자들은 이 기초를 쌓는 일에 확신을 가지고 임할 필요가 있으며, 그들이 미리 생각해 놓은 틀에 따라 아이들을 불법적으로 정형화시킨다는 생각 때문에 움츠러들지 않아도 된다(White, 1990: 76).

이와 같은 화이트의 입장을 보면, 그가 자율성을 옹호하는 것이 아니라 오히려 거부하는 입장에 있는 것이 아닌가 하고 오해받을 정도로 '성향'을 매우 강조하고 있음을 알 수 있다. 교육을 통해 자율성의 기반이 되는 '성향'을 확고하게 함양시키지 않는다면 자율성 논의는 공허한 이론에 머물 가능성이 크다고 그는 생각한다. 즉, 화이트는 자율성이 아무 기반이 없이 발휘되기란 어렵다는 점을 분명히 지적한다.

'성향을 함양시킨다'는 것은 아이들이 모종의 인간적 자질을 가진 인간으로 성장해 가도록 돕는 것을 의미한다. 즉, 즐거움을 사랑하고, 주변 사람들에 대해 친숙한 애착을 느끼고, 그리 가깝지 않은 사람들에게도 다소 약하지만 일반적인 이타심을 발휘하고, 개인적 프로젝트에 헌신하며, 공동의 목적을 추구하기 위해 타인들과 함께 일하고 즐기는 성향을 가진 인간으로 키우는 것이다(White, 1990: 77).

합리적 자율성을 지나치게 강조하는 입장은 이런 성향까지도 비판적 반성의 대상으로 삼으려는 경향이 있다. 우리는 그 대표적인 사례를 급진적 선택자들(radical choosers)(White, 1990: 72)에게서 찾아볼 수 있다. 자율성의 위상을 극단적으로 강조하는 급진적 선택자들은 교육적 관점에서 볼 때 두 가지 문제점을 안고 있다. 첫째, 소극적 자유를 지나치게 강조하면서 성향 및 인격 교육까지도 부인할 수 있다. 둘째, 급진적 선택의 옹호자들이 상정하는 개인의 모습은 성장이 끝난 성숙한 성인을 가리킬 수 있다는 점이다.

급진적 선택자들은 자율성 개념에서 소극적 자유를 지나치게 강조하는 측면이 있다. 이러한 교육관에서는 개인은 자신이 원하는 대로 자신(self)을 만들어 간다고 생각한다. 이는 자유주의가 지니고 있는 '선택하는 자아'에 대한 급진적 해석에서 나오는 주장이라고 볼 수 있다. 그런데 만일 자신이 무엇이 될 것인가를 전적으로 학생 자신이 결정할 수 있다고 본다면, 그 학생은 고정된 성향들을 전혀 갖지 못할 수 있다. 왜냐하면 고정된 성향들은 자아를 미리 제한할 것이며, 자아가 어떤 범위 안에 계속 머물러 있도록 의무화하는 것으로 보기 때문이다. 그렇기 때문에 급진적 선택자들의 자율성관에서는 인격 자체까지도 또 다른 형태의 구속으로 보게 된다. 이는 모든 교육을 회의적 시각에서 보도록 만들어 버린다.

사실 성향이라는 것은 우리의 삶의 받침대와 같은 것들이다. 사람들은 모종의 덕을 소유하고 있으며 타인들, 우리의 프로젝트, 더 원대한 명분 등에 대해 애착을 갖고 살아간다. 우리들은 사람들과 사건들에 대해 모종의 반응을 보이고 일정한 태도를 갖는다. 급진적 선택자들은 이런 점들을 어떻게 생각할 것인가? 이들은 학생들에게 어떤 성향이 너무 확고하게 자리 잡는 것을 경계할 것이다. 그러나 급진적 자율성의 옹호자들이 추구하는 자아관에 문제가 있을 수 있다. 그것은 선택하는 자아에 집착한 나머지 자기 부인 및 자기 파괴를 초래할 수 있다. 이런 자아관은 그리 매력 있는 삶의 이상은 못 된다. 급진적 자율성을 가진 학생은 다른 모든 성향들을 부인하거나 의심하면서, 비판적 성향에만 지나치게 집착하는 비정상적 모습을 보일 것이다.

여기서 난점은 학생들에게 '성향을 함양시키는 교육'이 그리 쉽지 않다는 데 있다. 다만 우리에게 다소 도움이 될 만한 분명한 사실은 나이가 어릴수록 새로운 성향을 함양하는 데 유리하다는 점이다. 그렇기 때문에 성향의 함양에 있어서 조기교육 및 가정교육의 역할은 매우 중요하다.

(2) 조기교육 및 가정교육과 자율성

자율성은 무에서 발휘되는 것이 아니다. 자신의 마음 내키는 대로 하는 임의성이 자율성은 아닐 것이다. 자율성이 발휘되기 위해서는 그 기반이 될 수 있는 확고한 성향이 길러져야 한다. 이러한 성향의 함양은 무엇보다도 조기교육 때부터 강조될 필요가 있다. 조기교육은 교육기관을 통해서만 이루어지는 것이 아니다. 오히려 부모의 교육적 역할이 더 중요한 영향을 미친다. 아이들이 확고한 성향을 체득해 가도록 때로는 모범을 통해서, 때로는 대화를 통해서, 때로는 훈계를 통해서 조기교육을 하는 것은 자율성의 기반을 갖춰 주는 일이다. 사실, 아이들은 모방(modeling)을 통해서 많은 것을 배우기 때문에 어른들, 특히 부모와 교사들의 역할이 매우 중요하다. 우리 사회구성원들의 희박한 질서 의식, 세계적인 교통사고 사망률, 각종 비리와 부정, 지나친 유흥 · 퇴폐 문화의 성행 등을 목도하면서 우리는 우리 사회가 아직 '기본'이 덜 갖추어졌다고 한탄하게 된다. 이 기본은 달리 말하면 '확고한 성향'을 의미할 것이다. 사회구성원들이 갖추고 있어야 할 기본적 성향이 아직 갖추어지지 못한 사회는 그 질적 수준이 낮을 수밖에 없다. 그러한 사회구성원들에게는 자율성이 주어진다 하더라도 방종에 가까운 결과를 보이기 쉽다. 확고한 성향을 체득한 개인들은 그것을 기반으로 진정한 의미의 자율성을 발휘하게 된다.

사실, 우리의 조기교육은 아직 완전한 공교육화가 실현되지 못한 이유도 있겠지만, 그 방향이 다소 불분명한 것이 사실이다. 그러다 보니 본래의 목적과 과업은 망각한 채 시류에 편승하기 쉽다. 하지만 조기교육의 목적은 분명하게 인식될 필요가 있다. 아이들이 살아가는 데 필요한 사람됨의 틀을 확고하게 함양시켜 주는 것이 조기교육의 가장 중요한 목적이다. 즉, 아이들에게 조기교육을 통해 확고한 이타적 성향을 함양시켜 주는 것은 그들의 개인적 잘삶을 증진시켜 줄 일이다. 너무 일찍 주지교과를 가지고 지식교육에 매달리다 보면, 기본적인 사람됨의 틀을 형성할 시기를 놓치기 쉽다. 어쩌면 우리 사회가 겪는 도덕적 해이 현상은 이와 같은 조기교육을 제대로 하지 못한 대가일 수 있다. 조기교육에 대한 정책적 변화와 함께 교육자들 — 유아교육기관의 교사들뿐만 아니라 부모들을 포함해서 — 의 관점의 변화가 절실히 요구된다고 할 수 있다.

자율성을 위한 교육에서 부모의 역할은 매우 중요하다. 어린 아이들은 부모를 모방한다. 취학연령이 되기 전에 인간의 기본 성향은 어느 정도 형성되기 때문에 조기교육을 통해 그것을 확고히 형성시켜야 한다. 이 과정에서 중요한 것이 부모의 역할이다. 화이트는 부모의 역할을 이렇게 강조한다.

> 부모들은 자녀들이 욕구를 파악할 수 있도록 도와주어야 될 뿐만 아니라 또한 욕구들 간의 갈등이 어떻게 해결될 수 있는지를 보여 주어야 한다. 어린아이일수록 갈등을 어떻게 해결해야 하는지를 잘 이해하지 못할 것이다. 여기서도 갈등의 해결은 반드시 공적인 것에서 사적인 것으로 진행되기 마련이다. 아이들은 먼저 문화 속에서 이런 상황들이 정상적으로 어떻게 해결되는가를 학습해야 하고 그다음에 그러한 상황을 스스로 해결할 수 있게 된다(White, 1990: 79).

4 논의 및 결론

이 장에서 우리는 화이트의 자율성 교육론을 살펴보았다. 그는 자유주의 국가의 교육목적으로 자율성을 적극 옹호하고 있으며, 약한 자율성이 아닌 '강한 자율성'을 주장하고 있다. 그의 자율성은 합리성보다는 욕구충족이라는 기반 위에서 중시되고 있다. 교육목적의 보다 큰 그림으로서 개인의 잘삶을 강조하며, 잘삶의 한 가지 방안으로서 자율성을 논의한다. 이 점에서 그는 합리주의 관점의 자율성 옹호론자들과 구별된다. 또한 그는 자율성의 기반으로서 확고한 '성향'을 함양시키는 것이 중요하며, 조기교육과 가정교육을 통해 어려서부터 성향을 확고하게 길러주는 것이 자율성 교육의 출발점이라는 점을 강조한다.

이러한 화이트의 자율성 교육론의 논점과 교육적 의의를 명확히 할 필요가 있다. 먼저, 유재봉(2001)이 화이트의 자유교육론에 대해 비판했던 내용을 중심으로 살펴 본 후, 화이트의 이론이 갖는 의의 및 교육적 시사점을 살펴보고자 한다.

유재봉은 합리주의 모델의 자율성에 대해 세 가지로 비판한다(유재봉, 2001: 154-155). 그에 의하면 첫째, 어떤 것을 아는 것이 자율적 행위나 사고를 보장해 주지 못한다. 둘째, 자율성은 합리적 반성을 중시하기 때문에 어떤 일에 헌신하는 일과는 상충될 수 있다. 셋째, 합리주의 모델의 자율성은 감정, 정서, 욕구 등과 같은 정의적 영역을 포괄하지 못한다.

유재봉은 합리주의 모델의 한계를 지적할 뿐 그 대안 모색이나 새로운 논의는 시도하지 않는다. 그는 전반적으로 교육목적으로서 자율성에 대해 비판적인 입장(유재봉, 2001, 2002)을 취하고 있다. 또 그는 화이트의 자율성을 욕구만족 모델이라 하여 합리주의 모델과 구분하고 있다. 그러나 그것이 합리주의 모델의 한계를 상당 부분 극복하고 있다는 점에 대해서 그는 주목하지 않는다. 다만 욕구만족 모델이 합리주의 모델보다는 두 가지 점에서, 즉 자율성을 설명하는 폭이 넓다는 점, 자유 민주주의 사회의 맥락에 부합된다는 점에서 더 설득력이 있다고 지적할 뿐이다(유재봉, 2001: 152-153).

그런데 필자가 보기에 화이트의 자율성은 합리주의 모델의 한계를 상당 부분 극복 · 보완하고 있다. 첫째, 자율성에서 지식의 역할을 강조하는 합리적 자율성에 대해서 유재봉이 비판할 때 그는 '지행의 괴리'를 기반으로 한다. 그런데 이는 오히려 '자율성을 위한 교육'의 입지를 좁힐 뿐만 아니라 문제의 본질을 잘못 볼 수 있다고 생각된다. 지행의 괴리는 의지박약, 논리적 모순 등 수많은 사항들 때문에 생길 수 있는 것이므로 이 점보다는 오히려 합리적 자율성이 '지식'을 지나치게 강조하고 있는 점을 더 부각시켜서 비판하는 것이 더 설득력이 있을 것이다. 또한 화이트는 자율성이 지식만이 아니라 다양한 능력, 성향, 덕목 등을 함께 요구한다는 것을 강조하고 있으며(White, 1990: 27), 이 점에서 그는 합리주의 모델을 상당 부분 보완하고 있다.

둘째, 화이트는 합리적 반성을 중시하면서도 합리주의 모델이 지닌 한계인 헌신과 애착의 결여 문제를 급진적 자율성의 비판, '성향'의 함양 등을 통해 극복하고 있다(White, 1990: 77). 급진적 자율성의 옹호자들이 소극적 자유를 지나치게 강조하는 것은 비현실적인 주장임을 화이트는 논증한다. 그는 모든 교육이나 자신의 인격적 성향까지도 부인하려는 것은 설득력이 없는 주장이라고 본다. 오히려 어려서부터 바르게 형성된 성향은 자율성의 기반이 될 수 있다고 그는 강조한다. 그 성향은 사람이 지녀야 할 기본적인 자질이다. 특히 화이트가 제시하고 있는 이타적 성향(White, 1990: 70)은 다른 사람들과 공유하는 일차적 목적일 수 있음을 우리는 주목해야 한다.

셋째, 합리주의 모델이 자율성을 인지적 특성하고만 연관시킴으로써 자율성의 폭을 지나치게 좁게 만들어 버린 점을 화이트는 자신의 '욕구 충족적' 자율성 개념에서 극복하고 있다. 자율성은 합리성의 성취과정에서 발휘된다기보다 욕구의 충족 과정에서 실질적으로 발휘되며 거기에는 지식과 이해, 다양한 능력, 성향 등이 포함될 수밖에 없다.

이와 같이 화이트의 자율성은 기존의 합리적 자율성을 상당 부분 보완 · 극복하고 있다는 점에서 매우 의미가 있다. 하지만 화이트의 이론이 비판받는 부분도 있다. 유재봉은 두 가지로 욕구 모델의 자율성을 비판한다(유재봉, 2001: 156). 첫째, 욕구의 주관성과 임의성을 감안할 때 욕구만족을 합리적 선택의 기준으로 보는 것은 무리라는 비판이 있다. 둘째, 자율성의 원천인 욕구가 모두 반드시 바람직하거나 도덕적이지는 않다는 비판이다. 이 비판들이 어느 정도 일리는 있지만, 화이트의 이론에 대해 그가 놓치고 있는 부분도 있다. 첫째 비판과 관련하여, '검증된 욕구'의 강조는 욕구의 주관성과 임의성을 가능한 한 배제하려는 것이다. 물론 '욕구'보다 '검증'에 강조점을 두다 보면 객관성을 강조하는 결과를 초래하기 쉽다는 비판이 제기될 수 있을 것이다. 그럼에도 욕구의 주관성, 임의성, 가변성을 제거하려는 그의 노력은 인정받을 수 있을 것이다. 둘째 비판과 관련하여, 화이트는 욕구의 동기를 자기 이익과 타인의 이익으로 분리하는 '분리주의'를 경계한다. 오히려 공유된 이익 · 목적을 중시하는 도덕교육을 통해 이기적 욕구 충족의 문제를 극복하는 교육적 노력을 그는 매우 강조하고 있다. 이에 대한 논의는 6장에서 이루어질 것이다.

필자가 보기에 화이트의 자율성 개념에서 가장 쟁점 중의 하나는 그의 강한 자율성이 어느 정도 정당화될 수 있을 것인가 하는 문제이다. 화이트는 약한 자율성보다 강한 자율성을 더 옹호하고 있음을 앞에서 살펴보았다. 그가 옹호하고 있는 강한 자율성이 과연 교육목적으로 적절한 것인가? 특히 공교육 및 보통교육의 과정에서 그것이 타당한가? 교육이란 결국 사회적 활동이고 그 사회의 문화적 유산을 매개로 한다고 보았을 때, 그 사회의 기본 틀까지 회의하는 강한 자율성을 길러 주는 것이 공교육의 정신에는 위배될 수 있을 것이다. 이런 입장을 갖는 학자들은 오히려 약한 자율성을 옹호하게 된다. 윈치(C. Winch)는 이와 같은 약한 자율성을 '최소 의미의 자율성(minimal sense of autonomy)'이라 부른다(Winch, 1999). 윈치의 입장에서 보면, 강한 자율성을 길러주는 교육이 논리적으로는 가능하지만, 실제에서는 공교육 체제가 갖는 책무성을 고려하지 않을 수 없다는 것이다. 민주사회에서 학생들의 자율성을 증진시키는 교육이 아무리 고무된다 하더라도, 그때의 자율성이 교육재정을 지원하고 교육체제가 가능하게 해 주는 사회제도나 기구들까지 비판의 대상으로 삼는 것을 용납하기는 어려울 것이라고 말할 수 있다. 건전하고 자기 체제에 확신을 갖고 있는 민주사회에서는 강한 자율성을 교육목적으로 삼는 것이 상당히 꺼려지는 일일 것이라고 본다(Winch, 1999: 81-82). 물론 이에 대해 화이트는 다음과 같이 응답한다.

우선 화이트는 강한 자율성을 잘못 이해할 수 있다는 점을 지적한다(White, 1999: 190-191). 강한 자율성이라 해서 행위자가 선택한 모든 목적이 가능하다는 것은 아닌데, 그렇게 오해할 수 있다는 것이다. 윈치는 강한 자율성이 사립학교에서는 교육목적으로 가능할 수 있다고 본다. 왜냐하면, 국가나 지방자치단체로부터 직접 재정지원을 받지 않는 사립학교에서는 그 사회 자체의 기반이 되는 가치나 상징들에 대해서 적의를 갖는 것이 허용될 수 있다고 본다. 물론 그렇다 하더라도 다른 시민들의 권리를 침해하는 일까지 허용되는 것은 아니라고 본다. 하지만 화이트는 그것이 실제적으로 가능할 것인가를 의문시한다. 오히려 강한 자율성을 당연하게 수용하는 것이 더 낫다고 본다. 강한 자율성은 기본적인 사회적 가치와 상징들에 대한 비판적 반성을 함의한다. 물론, 그 대상을 무너뜨리고자 하는 의도가 없이 그것에 대한 비판적 반성을 하는 것이 가능하다. 마치 정치철학자가 악의 없이 자유민주주의의 문제점을 지적하고 그것의 타당성을 검토하는 것을 생각해 보면 이해가 갈 일이다. 화이트 입장에서 볼 때 사립이든 국공립이든지, 모든 교육체제가 '강한 자율성'을 고무시켜서는 안 될 이유가 없는 것이다. 욕구 충족의 관점에서 볼 때, 강한 자율성과 약한 자율성 중 어떤 것이 더 욕구 충족에 유리할 것인가? 얼핏 생각하면 전자보다 후자를 갖는 것이 욕구 충족, 즉 잘삶에 더 유리할 것 같다. 예를 들어, 음악가가 되고 싶은 어떤 사람이 있다고 하자. 이 사람이 약한 의미의 자율성을 지닌 사람이라면 자신의 목적을 스스로 선택하고 그 목적에 제약이 되는 것들을 제거하고자 하는 욕구, 예컨대 충분하지 못한 생활필수품들을 확보하고자 하는 욕구, 건강관리를 잘해서 연습에 차질을 빚지 않으려는 욕구, 훌륭한 연주를 위해 열심히 연습하고자 하는 욕구 등을 충족하면 그것으로 이 사람의 잘삶은 가능할 것이다. 하지만 강한 의미의 자율성을 지닌 사람이라면 이 정도의 자율성에 머무르지 않는다. 자신이 음악을 하는 일과 관련된 제약뿐만 아니라 자신이 살아가고 있는 사회의 구조, 틀, 제도까지도 비판적 반성의 대상이 된다. 가령, 자신이 살고 있는 사회가 독재사회인 경우에 이 독재 체제를 종식시키고자 하는 욕구를 갖게 된다. 이러한 욕구는 음악가가 되는 자신의 목적과 무관해 보이기도 하고 또 쉽게 충족되기는 어려워 보이는 욕구이기 때문에, 이런 욕구를 배태시킨 강한 자율성은 약한 자율성보다 욕구충족, 즉 잘삶에 오히려 도움이 안 된다고 볼 수 있는 것이다.

이 문제는 잘삶의 폭을 어떻게 볼 것인가에 따라 다르게 생각할 수도 있다. 잘삶을 매우 좁은 개인주의적 방식에서 이해한다면, 약한 자율성을 갖는 정도로 충분하다. 이런 입장에서는 타인에 대한 관심, 사회에 대한 관심이 우선 배제된다. 하지만 우리들의 삶은 사회 속에서 영위되고 있으며 타인과 공유하는 목적들을 갖기 마련이다(White, 1990: 62). 따라서 잘삶의 폭을 지나치게 협소하게 설정하면, 이는 현실적이지도 않고 우리의 삶의 많은 부분을 포착하기 어려울 것이다. 잘삶의 폭을 포괄적으로 본다면, 강한 자율성이 더 옹호된다. 자신의 목적과 자기이익에 못지않게 타인과 사회에 대한 관심도 중요한 영역이 된다. 포괄적 의미의 잘삶에서는 약한 자율성보다 강한 자율성이 더 중시된다.

우리 학교문화의 전반적인 풍토는 자율성을 중시하기보다는 아직도 획일적인 지시와 통제에 젖어 있는 것이 사실이다. 여기에는 뿌리 깊은 군사문화, 관료주의의 영향도 있을 것이고, 자유주의적 가치보다는 전통적 가치가 더 영향력을 발휘하는 현실적 이유도 있을 것이다. 더 나아가 우리나라의 입시제도는 자율성 교육에 결정적인 악영향을 미쳐 왔다고 볼 수 있다. 이와 같은 현실 때문에 지금까지 우리의 자율성 교육은 미흡한 부분이 많았지만, 사회도 아이들도 자율성을 요구하는 쪽으로 변해 가고 있다. 이런 시점에 화이트의 자율성 교육론이 욕구 충족적 관점에서 자율성의 폭을 넓게 보고, 조기교육과 가정교육을 통해 자율성의 기반인 성향의 함양을 강조하며, 적극적인 비판적 반성을 고무하는 '강한 자율성'을 옹호하고 있는 점은 우리 교육에도 중요한 시사점을 주고 있다고 생각된다.

제 4 장

잘삶을 위한 교육적 자아관

1 서론

해방 이후 우리 사회 전반에 개인주의적 가치가 빠르게 확산되어 왔고 교육 현장도 예외는 아니다. 학교 안에서 이제는 학급 공동체, 학교 공동체라는 말이 학생 각자에게 그리 강한 설득력을 갖지 못하는 시대가 되었다. 최근에는 입시위주 교육이 낳은 병리현상이기도 하겠지만, 요즘 학생들은 무엇이든지 '우리' 모두 함께 잘하자는 공동체의식보다 옆 친구까지도 나의 경쟁 대상으로 인식하면서 어떻게든 그들보다 '내'가 앞서야 된다는 철저한 개인주의적 사고가 그들의 의식 저변에 강력하게 자리 잡고 있다. 이런 상황 속에서 교사들도 예전만큼 학생들에 대한 열정이 뜨겁지는 못하다. 학생과 교사의 관계도 개인주의적 경향이 강해져 간다. 개인주의 문화가 팽배할수록, 학생들의 학교생활 전반에 일일이 개입하던 교사들이 이제는 스스로 과연 이런 일들을 계속해야 하는가, 지나친 간섭이나 월권은 아닌가, 학생의 인권침해 시비에 휘말리는 것은 아닌가 하는 고민을 하면서 소극적인 입장으로 바뀔 수밖에 없다. 학교 안에 확산되고 있는 개인주의적 문화가 바람직한 것인가에 대한 논란의 여지는 있겠지만, 전체적인 사회의 흐름이 개인주의 방향으로 가고 있음은 부인할 수 없을 것이다. 개인주의적 가치가 일반화되어 가고 있는 현실에서 교육은 어떤 인간상을 교육목적으로 추구해야 할 것인가?

개인을 부각시키는 사회 · 정치 철학은 자유주의다. 자유주의는 개인주의(individualism)를 그 철학적 기반으로 하고 있다. 자유주의는 무엇보다도 개인의 우선성과 가치를 중시한다. 자유주의는 사회, 국가, 공동체보다는 '개인'에 우선성을 두고 있다. 개인이 일차적이고 여타의 것들은 이차적이다. 개인의 존엄성, 자율성, 권리, 프라이버시 등이 중요한 가치로 다루어진다(조지형, 1998: 207). 자유주의는 이상적 인간상으로 자율적 인간을 상정한다. 자율성은 삶의 주요 선택과 목적 결정에 있어서 타인이나 사회적 전통을 맹목적으로 따르는 것이 아니라 개인 자신이 직접 선택하고 결정하는 것을 의미한다. 자율성은 신념과 개인에 있어서 내적 · 외적 제약조건으로부터 자유로워지는 것을 말한다. 무지, 잘못된 신념, 나태 등이 자율성의 내적 제약조건이라면 사회적 전통, 관습, 정치적 압제 등은 외적 제약조건이다. 이런 제약조건들로부터 벗어나 자기 자신의 신념과 행동에 대해 스스로 전적인 책임을 지는 합리적이고 자율적인 모습이 자유주의의 이상적 인간상이다.

자율적 인간은 많은 철학자들이 이상적 인간상으로 추구하고 있다. 타율과 외적 권위에 대한 맹종은 인간의 진정한 존재 가치를 무너뜨리기 쉽기 때문에 늘 경계 대상이 된다. 타율이 아닌 자율에 의한 선택과 행위는 그 자체로 의미를 지니게 된다. 그럼에도 자유주의자들이 상정하는 자율적 인간이란 현실 속의 실제적 인간이 아니라 추상적이고 초월적 인간상이라는 비판이 제기되었다. 주로 공동체주의자들이 이러한 비판적 논의를 이끌어 왔다. 공동체주의자들은 '소속적' 혹은 '연고적' 자아를 강조한다. 이들은 자유주의의 초월적인 '소속되지 않은 자아'를 비판하면서 '소속적 자아'가 오히려 현실적인 설득력을 지닌다고 주장한다. 그러나 공동체주의적 자아도 공동체와의 두터운 연고성으로 인해 비판적 거리를 상실하기 쉽다는 문제를 안고 있다. 우리 사회의 수많은 병리 현상은 잘못된 연고주의와 밀접한 연관을 갖고 있다(황경식, 1995: 173).

이런 정황은 교육적 인간상에 대한 연구의 필요성을 제기한다. 이 장에서는 자율적 자아관이 지닌 한계를 밝히고 그 대안을 모색하되, 기존의 공동체주의적 관점이 아닌 '교육적 관점'에서 접근하고자 한다. 자율적 자아관에 대한 비판은 공동체주의자들에 의해 활발하게 개진되었다. 필자의 관심은 그 논쟁을 넘어 교육적 관점의 자아관을 탐색하는 것이다. 자율적 자아관이 설령 정당성을 지닌다 하더라도 자율성에 관한 논의 자체로만 그친다면 그 내용은 정치철학적 논의에 머무를 뿐 교육학적 시사점을 주지 못할 것이다. 교육적 고려 없이 정치철학의 자율성 논의가 교육학에 그대로 유입될 때 교육의 역할과 기능은 그만큼 축소되기 마련이다. 자율적 자아관을 강력히 지지하는 사람들은 교육조차도 자율성의 제약 요소로 볼 개연성이 있어서 실제적인 교육에 비판적이기 쉽다. 또한 자율적 자아관은 이미 성장한 성숙한 성인을 염두에 둔 자아관이기 때문에 교육 현실과는 동떨어지는 측면이 있다. 이를 보완하고 극복하기 위한 대안인 '교육적 자아관'을 탐색하는 과정에서 교육의 대상인 학생들의 자아는 아직 '성장 과정'에 있는 미완의 자아이고 '복합적 자아'라는 점이 강조된다. 또한 이런 대안적 자아관에 따라 어떤 교육적 노력이 이루어져야 할 것인가를 간략히 모색해 볼 것이다.

2 자율적 자아관에 대한 비판적 검토

1) 자율적 자아관

자율적인 개인은 자신의 주요 목적들을 전통, 종교, 그리고 타인의 지배에 맡기기보다는 스스로 선택하는 사람이다. 자율성이 강한 개인일수록 자신의 삶이 자신이 선택하지 않은 다른 요인에 의해 결정되는 부분이 적어진다고 볼 수 있다. 자율성을 위협하는 요인들이 최소화되면 될수록 자율성은 그만큼 더 커진다. 자율성을 위협하는 요인들로는 사회적 구속들(social constraints)과 자연적 구속들(natural constraints)이 있다. 가령, 전통, 종교, 타인의 지배 등은 모두 사회적 구속들이다. 육체적인 본능, 약물, 모종의 육체적 결함들 또는 어떤 원초적 감정 등은 자연적 구속들이다. 자율성을 신봉하는 자유주의자들은 그러한 사회적 또는 자연적 구속들을 가능한 한 감소시키려고 노력할 것이다. 그들은 '자신'이 스스로 살아갈 방식을 형성해 가야 한다는 것을 이상으로 추구한다.

자유주의에서는 개인을 집단 속에 매몰되어 있는 똑같은 존재가 아니라 집단 및 타인과 구별되는 각자 '다름'의 존재로 파악한다. 자유주의에서는 인간에게 중요하고 가치 있는 것은 그 개인 속에 내재해 있는 것이지, 사회가 부여한 것이나 사회제도 속에서 그가 행하는 역할이나 기능에 의존하는 것은 아니라고 본다. 인간은 일차적으로 개별적이고 독자적이며 원자적인 개인임을 강조한다. 개인의 목표는 자신의 사적 목적을 성취하는 것이고 타인과의 관계는 도구적, 수단적이며 개인으로서의 본질적 특성은 사회적 요구에 우선하는 개인적 권리의 소유자이고, 인간은 이러한 개인으로써 사회를 구성하게 된다고 본다.

자유주의적 자아관은 무엇보다도 개인의 자율성을 강조하는 추상적 자아관이다(김선구, 1999: 40). 자율적 자아관을 체계적으로 제시한 대표적인 사람은 칸트다. 칸트에 의하면 자아가 자율적이기 위해서는 무엇보다도 경험의 세계를 초월한 의지적 존재여야만 한다. 자연적 정념에 매몰되어 버린 자아는 감각의 세계에 속하게 되고, 그 행동은 자연의 법칙이나 인과적 규정에 의해 결정되어 버린다. 이와 같은 자아는 자신의 선의지에 따르기보다는 외적인 자연 법칙을 따르게 되므로 그 행위는 타율적이 되고 만다. 이와 달리 경험의 세계를 초월한 자아는 자율적이다. 이 자아는 초경험적 세계에 속하고 자연 법칙의 지배를 받는 정념에 독립하여 존재한다. 이처럼 자아가 자율적이기 위해서는 자신의 의지에 따라 목적을 선택할 수 있어야 한다. 이런 자아야말로 자율적인 자아다. 이에 따르면 개인은 감각적 욕망이나 정념을 초월하여 자신의 의지에 따라 목적을 선택하게 된다. 이처럼 칸트에 의해 그 어떤 자연적 제약에도 얽매이지 않는 '초월적 자아'의 개념이 정립되었다.

롤즈(J. Rawls)는 자율적 선택자라는 칸트의 인간관을 수용하면서도 '초월적 자아' 개념이 합리적인 경험주의 맥락에서 설명되어야 한다고 보았다. 롤즈는 자신의 '정의론'을 입론하는 과정에서 '원초적 입장(original position)'을 상정하고 여기에 참여하는 개인을 자율적 선택자로 가정하였다. 롤즈는 개인을 소유의 주체로 보고 있다. 개인, 즉 자아는 목적의 소유자다. 자아는 초월적 위치에서 목적을 소유하면서도 목적과 완전히 결합되지 않는다. 자아가 목적에 대해서 소유관계를 상실하게 되는 경우라도 그것을 소유했던 자아만은 여전히 존재한다. 여기서 자아의 존재론적 우선성이 강조된다. 자아가 소유하고 있는 것은 '나의 것'이지 '나 자신'은 아니다. 롤즈의 자아는 '선택'에 의해서 목적과 관계를 맺게 된다. 달리 말해, 인간은 자신의 '의지'에 따라서 목적을 선택하고 그것을 소유하게 된다. 인간은 어느 것에도 얽매이지 않고 아무 것에도 제약을 받지 않으면서 언제나 특정 상황으로부터 한발 물러선 초월적 위치에서 어떤 목적을 추구할 것인가를 탐색하고 선택하게 된다. 그러므로 개인 자신에 의해서 수정될 수 없는 목적은 없다.

존재의 논리 관계로 볼 때 개인의 자율성은 개인의 '자아가 목적에 우선'할 때 보장된다(Rawls, 1971: 560). 자아는 목적에 우선해 존재하면서 목적을 검토하고 선택하게 된다. 자아가 목적을 선택하기 위해서는 목적과 너무 멀어져 있어도 안 되지만, 목적에 매몰되어서도 안 된다. 개인이 목적과 일정한 간격을 유지하지 않고 목적에 완전히 매몰된다면 그는 철저하게 수동적인 '상황적 주체'가 되어 버리고, 너무 멀리 떨어져 있으면 추상적인 '탈구체적 주체'가 될 것이다.

자율적 자아관을 좀 더 명확히 이해하기 위해 '개인'이 갖는 속성을 약간 다른 측면에서 살펴볼 필요가 있다. 일상적인 의미에서 개인은 공적인 영역과 구별되는 사적인 영역에 속한다. 개인은 불특정 다수 집단인 국가, 사회, 공동체 등과 대립되는 개별자를 지칭한다. 물론 그 개별자인 개인도 이미 어떤 집단에 속해 있다. 개인은 집단의 구성원이면서 동시에 집단과 구별되는 측면이 있고, 집단 속에 있으면서도 개인으로 존재하는 이중성을 지니고 있다. 그렇기 때문에 개인의 속성을 명확히 밝히는 일은 그만큼 힘든 일이기도 하다. 그렇다면 개인은 어떤 양식으로 존재하는가? 개인은 다음과 같은 네 가지 독특한 양식으로 존재한다(박순영, 2003: 34-36).

첫째, '다름(차이)'의 양식이다. 무엇보다 개인은 다른 개인과 구별된다. 개인에게는 보편적 인간이나 집단으로 환원되지 않는 고유한 측면을 가지고 있다. 그 고유성은 개인을 다른 개인과 구별하게 해준다. 둘째, '마주 섬(대립)'의 양식이다. 개인은 집단이나 공동체에 속해 있지만 부단히 거기에 대립해 있는 고유성으로 존재한다. 개인은 자기 스스로를 집단과 구별하면서 집단의 포섭 강요에 대립하고 있다. 셋째, '남아 있음(잔여)'의 양식이다. 개인의 고유성은 개인 자체의 내면에 존재한다. 인간의 내면은 그 깊이를 무엇으로도 측량할 수 없으며, 아무리 퍼내어도 다함이 없는 심연을 갖는 것이 특징이다. 그 깊이는 개념과 언어로도 완전하게 파악할 수 없고 보편적 과학으로도 접근할 수 없는 부분이 있다. 넷째, '맺음(관계)'의 양식이다. 인간은 개인으로서 홀로 있는 존재가 아니라 관계 속에 존재한다. 어떤 방식으로 연결되어 있든 학생은 집단과 관계를 맺으며 존재한다. 그렇지만 맺음의 양식은 논리적인 필연성을 갖는 양식이 아니다.

개인을 지탱하는 네 가지 양식에서 '다름'과 '마주섬'의 양식은 개인의 필연적인 양식인 데 비하여, '남아 있음'과 '맺음'의 양식은 요청되는 양식이다. 즉, 개인의 고유성을 보존하고 이를 배려하는 것과 개인이 다른 개인과 관계 맺는 것은 요청되는 것이다(박순영, 2003: 36).

개인의 존재 양식을 참고해 볼 때, 개인의 고유성에 근거한 다름, 마주섬, 남아 있음 등의 세 가지 양식은 자율적 자아관과 밀접한 연관을 갖고 있음을 알 수 있다. 자유주의에서 인간을 개인으로서 강조하게 되는 것은 개인의 차별성, 고유성, 다름을 인정하기 때문이다. 자유주의에서 자율성을 강조하는 것은 늘 (타자에) 마주섬으로 인해 개인이 자신의 선택과 결정을 할 것을 강조하고 있다. 또한 개인의 프라이버시를 존중하는 것은 인간에게 개인의 영역으로 남아 있는 것을 인정하고 보호하기 위함이다. 그러나 마지막 '맺음'은 다른 세 가지 존재 양식에 비해 자유주의에서 비교적 소홀히 다루고 있음을 알 수 있다. 이는 자유주의가 개인들 간의 '관계 맺음'을 소홀히 다루는 결정적 한계를 지니고 있음을 보여 준다.

자유주의를 근간으로 발전해 온 현대 서구사회에서는 사회철학, 정치철학 및 교육철학 분야에서 자율성에 관한 논의가 활발하게 이루어져 왔다. 디어든(R. F. Dearden)은 자율성을 중요한 교육목적으로 보고 있다. 그에 따르면 인간 마음의 활동 주체는 개인의 자아이고 이 자아의 핵심은 합리적 반성 능력이다(이지헌, 2000: 80). 합리적 반성은 대상으로부터 '한발 물러나서' 평가하는 일이다. 한발 물러선다는 것은 거리를 둔다는 것, 즉 대상에 얽매이지 않고 벗어나서 자유롭게 평가한다는 뜻이다. 이때 반성하는 자아는 반성의 대상이 되는 삶의 여러 측면들과 구별되고 선행하여 존재하는 주체를 의미한다. 만약 모든 것들이 합리적 반성의 대상이 될 수 있다고 본다면 '반성적 자아'로부터 떼어 내지 못할 것은 없을 것이다. 반성적 개인은 그가 진실로 애착을 갖거나, 헌신하거나, 신봉하거나, 참여하거나, 기획하는 일 등으로부터 일단 구분되고 떨어질 수 있다. 결국 합리적 반성의 주체로부터 떼어 낼 수 있는 것들을 모두 떼어 내 버린다면 결국 개인에게는 '순수한 합리적 자아'라고 말할 수 있는 것만 남게 될 것이다. 이러한 자율적 자아의 모습이 과연 현실에서 존재할 수 있는 자아상인가에 관한 논란이 제기될 수밖에 없을 것이다.

2) 자율적 자아관의 한계

자율적 자아관은 공동체주의자들에 의해 많은 비판에 직면하게 되었다. 공동체주의자들이 보기에 자유주의자들은 개인의 자율성, 선택. 자유와 권리를 강조하는 반면, 인간의 사회적 성격, 공동체의 가치와 역사적 맥락을 소홀히 다루는 경향이 있다. 공동체주의자들이 자율적 자아관에 대해 비판하는 논지는 다음 몇 가지로 정리될 수 있다(김선구: 1999: 15-17, 유재봉, 2002: 99-104, 이지헌, 1997: 62-63).

첫째, 자아는 근본적으로 그 사회에 연고를 둘 수밖에 없다. 공동체주의자인 샌들(M. Sandel)은 롤즈의 '소속되지 않은 자아'를 비판하면서은 '소속적 자아'를 주장한다. 롤즈 등의 자유주의자는 개인이 '자율적인 목적 선택자'이고 '사회 이전에 개별적으로 존재하는 주체'임을 주장한다. 샌들에 의하면, 이러한 자유주의 원리는 기본적으로 '개인주의적, 비사회적인 형이상학적 기초'에 뿌리를 두고 있다. 그러나 샌들이 보기에 개인의 자아는 사회적 맥락이 제공하는 목적에 의해서 구성되는 것이지, 그러한 목적에 선행하거나 그러한 목적을 떠나서 존재하는 것은 결코 아니다.

둘째, 자아는 지금까지의 서사적 이야기 속에 영향을 받을 수밖에 없다. 매킨타이어(A. C. MacIntyre)는 자아가 추상적이거나 시대와 사회에 소속되지 않은 무연고적인 것이 아니라 여러 사람들의 서사적 이야기가 누적된 전통의 산물임을 강조한다. 한 개인의 서사적인 이야기는 개인 자신의 삶의 역사를 살펴봄으로써 알 수 있고 이것은 결국 다른 사람의 서사적 이야기의 한 부분이 된다. 한 개인의 이야기는 다른 사람들의 삶의 이야기와 별개의 것이라기보다는 그 개인과 사회적 맥락을 공유하는 다른 사람의 이야기와 불가피하게 연결되어 있기 마련이다.

셋째, 인간의 능력은 탈사회적으로 발달할 수 없다. 테일러(C. Taylor)는 자유주의의 '원자적 자아관'을 비판하면서 자유로운 개인은 오직 특정 사회 혹은 문화 안에서만 그의 정체성을 유지할 수 있기 때문에, 개인은 사회 혹은 문화 전체를 조형하는 것에도 관심을 가져야 한다고 주장한다. 그에 의하면 개인은 사회의 일련의 실제를 통해서 자신의 정체성을 인식할 수 있으며 자율적인 개인에게도 이러한 사회적 환경이 필요한 것이다.

넷째, 인간은 타인에게 선을 분배하는 존재로 볼 수 있다. 월처(M. Walzer)는 인간이 선을 생각하고 만들어 내며, 또 타인에게 선을 분배하는 것이 인간 사회의 특징이라고 주장한다. 그가 보기에 정의의 원리는 다원적인 형태를 지니게 된다. 다양한 사회적 선은 다양한 기관의 다양한 절차에 따라 다양한 근거로 배분되어야 한다. 이러한 차이가 나타나는 것은 사회적 선 그 자체의 역사적, 문화적 특수성에서 비롯되는 이해의 다양성 때문이다. 개인은 그가 처한 특수한 역사 문화적 상황에 따라 사회적 선을 상이하게 이해할 수 있으며, 다양한 사회적 선이 다양한 근거에 따라 분배될 수 있음을 수용하게 될 것이다.

요컨대 자율적 자아관은 탈맥락적, 추상적, 초월적 자아관으로 인간의 연고성, 사회성, 서사성, 역사성을 소홀히 다루고 있음을 알 수 있다. 자유주의적 자아관에 대한 공동체주의자들의 이와 같은 비판은 자유주의자들이 자신의 아이디어를 부분적으로 수정하도록 하는 계기가 되기도 하였다(Mulhall & Swift, 1992: 167).

자유주의와 공동체주의의 자아관 논쟁은 결국 '개인의 자아가 탈맥락적, 탈사회적으로 형성될 수 있는가?'라는 문제로 요약될 수 있을 것이다. 개인이 타인과의 만남을 통해 자신의 주체를 형성하지 않는다면 그것은 '홀로주체성'에 불과하며 이는 진정한 주체인 '서로주체성'과는 구분된다고 김상봉(2004)은 주장한다. 이를 그는 다음과 같이 설명하고 있다.

> 만약 인간의 주체성이 홀로주체성 속에서 발생할 수 있다면 내가 고립된 자기관계 속에서 나 자신을 반성적으로 돌이켜 생각함을 통해 주체인 나로서 존재할 수 있어야만 할 것이다. 그러나 누가 이 말을 믿을 수 있겠는가? 내가 나를 반성적으로 의식한다는 것은 단지 내가 나를 내 마음 속의 비인격적인 거울에 비추어 본다는 것을 의미하지 않는다. 우리들 인간에게 반성은 절대적 자기관계가 아니라 타자적 관계, 곧 타인과의 만남을 통해서만 발생한다. 유한한 주체에겐 언제나 타자적 관계가 자기관계의 선험론적 근거인 것이다(김상봉, 2004: 151).

이처럼 개인이 고립된 자기관계가 아니라 타인과의 관계 속에서 '우리'가 될 때에만 주체적 개인이 될 수 있다는 것을 그는 서로주체성으로 부르고 있다. 여기서 우리는 자율적 자아관이 서로주체성보다는 홀로주체성에 치우침으로써 현 실태에 이르지 못하는 자아관임을 확인할 수 있다.

여기서 필자가 주목하고자 하는 점은 자율적 자아관이 치명적인 교육적 한계를 보이고 있는 점이다. 자율적 자아관 자체에 대한 논란은 앞서 개괄하였듯이 정치철학 영역에서 자유주의와 공동체주의 간에 이미 활발하게 이루어져 왔다. 그러나 필자의 관심은 교육이다. 자율적 자아관을 수용했을 때 어떤 교육적 문제가 있을 수 있는가를 검토해 볼 필요가 있다. 우리가 자유주의 사회구조 속에 살면서 그 핵심 가치인 자율성을 전적으로 부인하기는 어렵다. 자율성은 그 자체로 상당한 의미가 있다. 우리를 속박하고 있는 자연적, 사회적 구속으로부터 탈피하여 자유를 행사할 수 있는 자유인을 기르려는 노력은 한편으로는 바람직하지만, 그것을 너무 지나치게 추구하는 급진적 관점은 경계할 필요가 있다. 가령, 자율성을 극단적으로 강조하는 급진적 선택 옹호자들(radical choosers)은 교육까지도 자율성의 구속 요인으로 보려는 경향이 있다(White, 1990: 75). 이들은 첫째로 자율성 개념 속에 들어 있는 소극적 자유를 지나치게 강조함으로써 성향의 함양이나 인격교육 등 교육적 노력을 비판적으로 바라본다. 둘째로 급진적 선택 옹호자들이 상정하는 개인의 자아상은 이미 성장이 끝난 성숙한 성인을 염두에 두고 있어서 교육의 역할을 전혀 염두에 두지 않은 자아관이기 때문에 교육적 맥락에서는 비현실적인 자아관일 수밖에 없다. 이를 좀 더 자세히 검토해 볼 필요가 있다.

먼저, 급진적 선택 옹호자들은 자율성의 개념에서 소극적 자유를 지나치게 강조하는 경향이 있다. 주지하는 바와 같이, 벌린(I. Berlin)은 자유를 소극적 자유와 적극적 자유로 구분하였다. 소극적 자유는 자유의 행사에 방해가 되는 내적 · 외적 제약조건들로부터의 자유이고, 적극적 자유는 자신이 행하고자 하는 것을 실제로 행사할 수 있는 자유다. 자율성은 적극적 자유의 개념과 밀접한 연관이 있음에도 불구하고 급진적 선택 옹호자들은 소극적 자유의 개념을 과도하게 강조하고 있다. 소극적 자유는 그 자체로서의 의미를 갖는 것이라기보다는 적극적 자유를 위해 필요한 것이다. 즉, 소극적 자유는 적극적 자유에서 파생된 개념이라고 볼 수 있다. 그러므로 다양한 종류의 간섭— 개인이나 제도에 의한 강압 혹은 조종 — 으로부터의 자유를 지키려는 것은 그 자체로 정당한 것이라기보다 자기결정이라는 적극적 자유로부터 그 가치가 파생되는 것이다.

소극적 자유를 강조하는 자아관에서는 누구의 간섭도 배제한 자신의 선택만을 중시하기 때문에 자기 자신을 스스로 원하는 대로 만들어 갈 수 있다고 생각한다. 이는 자유주의가 지니고 있는 '선택하는 자아'에 대한 급진적 해석에서 나오는 주장일 것이다. 만약 무엇이 될 것인가를 전적으로 자아가 결정한다면, 그 사람은 고정된 성향들을 아예 갖기 어려울 것이다. 왜냐하면 고정된 성향들이 있다면 그것이 자아를 미리 제한할 것이며, 자아가 어떤 범위 안에 계속 머무르도록 강요할 것이기 때문이다. 그러므로 급진적 선택 옹호자들은 인격 자체까지도 하나의 외적인 구속으로 보게 된다.

그러나 개인의 성향들은 개인 삶의 받침대와 같은 것들이다. 가령, 개인들은 모종의 덕을 소유하게 되고 타인들에 대해, 그리고 주변 사람들과 함께 공유하는 일과 보다 원대한 명분 등에 대해 애착을 갖는 성향들을 가지고 살아간다. 개인은 사람들과 사건들에 대해 어떤 반응을 보이고 일정한 태도를 갖게 된다. 급진적 선택을 옹호하는 자율성론자들은 이런 점들을 달갑지 않게 생각할 것이다. 이들은 학생들에게 어떤 성향이 너무 확고하게 자리 잡는 일을 경계할 것이다. 그러나 화이트(J. White)는 이런 급진적 자율성의 옹호자들이 추구하는 "자아관은 자아창조(self-creation)라는 이름으로 포장된, 의도적인 자기 파괴의 일종일 수 있다."(White, 1995: 75)라고 비판한다. 이런 자아관이 추구하는 바는 오직 선택과 비판만 중시하는 삶의 이상이 되기 쉽다.

다음으로, 교육적 관점에서 볼 때 급진적 선택 옹호자들이 상정하고 있는 성숙한 개인에 어떠한 문제가 있는지 살펴보자. 급진적 선택 옹호자들의 논의 대상은 대개 성숙한 인간을 염두에 두고 있다. 자유 혹은 자율성을 주제로 다루는 대부분의 문학작품이나 철학에서 논의되는 대상들은 대개 성인들이다. 그들이 어떻게 해서 현재의 모습이 되었는지, 또 그들이 어떤 교육을 받았는지는 그들의 관심사가 아니다. 따라서 그들이 생각하는 교육은 최대한 자율성을 존중하고 옹호하는 방향이 되어야 한다고 주장할 것이다. 앞에서 지적한 바와 같이 급진적 자율성을 옹호하는 관점은 특정한 성향을 함양시키는 인격교육 자체에 대해서 회의적이다. 왜냐하면 학생들을 가르치고 있는 교육자들이 애호하는 덕목, 태도 및 다른 성향들을 학생들에게 소유하도록 조형되어서는 안 된다고 보기 때문이다.

급진적 선택을 옹호하는 입장에서는 학생들의 적절한 선택에 방해되는 것들 중에 무지, 잘못된 믿음, 혼란된 사고 등이 많기 때문에 이를 방지하거나 해소할 수 있는 교육으로 지식을 강조하는 경향이 있다. 만약 인격교육이 또 다른 구속의 한 형태라고 해서 배제되어야 한다면, 학생들은 아무런 인간적 성향이나 자질도 갖추지 못한 채 단지 다양한 종류의 지식과 이해만을 갖고 자라게 된다. 지식이 인격이라는 그릇에 담기지 않을 때 지식은 제 가치를 발휘하기 어려울 것이다. 지식은 강조하면서 아이들에게 함양되어야 할 성향을 전적으로 배제하려는 것은 그 자체가 한계를 지니고 있다. 왜냐하면 지적 활동조차도 모종의 지적 덕목들을 수반하기 때문이다. 가령, 자연과학을 가르치는 교사는 과학지식뿐만 아니라 학생들이 증거를 공정하게 여길 줄 알게 하고, 자기들의 아이디어에 대해 남들이 도전하는 것을 진지하게 수용할 줄 알게 하고, 난해한 자료를 다루는 데 끈기를 키워나가게 하기를 바라는 것이다.

요컨대, 자율적 자아관은 탈맥락적 · 탈역사적 · 탈사회적이라는 개념적 한계를 지닐 뿐만 아니라 급진적 선택 옹호자들과 같은 반교육적 입장을 배태시킬 개연성이 큰 한계를 지니고 있다. 그런데 이런 주장을 하고 있는 그들도 아마 현재의 자신에 이르게 한 모종의 교육을 받았을 것이다. 그것이 모두 부모나 교사의 도움 없이 이루어졌다거나, 성향이나 인격교육이 배제된 모습이었다고 단정하기 어려울 것이다.

3 교육적 관점의 자아관

1) 자아의 복합성

자율적 자아는 추상적 원리에 따라 움직이는 철저하게 초월적이고 초경험적인 선택자임을 강조한다. 추상적 자아는 그 무엇에도 걸림이 없는 무연고적 자아로서 자신의 선택을 통해 거의 모든 목적을 결정하게 된다. 이에 대한 공동체주의의 비판은 추상적 자아가 공허한 아이디어이고, 우리의 통상적인 인식과 어긋나며, 우리의 자아가 공통된 실제 속에 묻혀 있음을 간과하고 있다는 데 모아지고 있다(이지헌, 1997: 128). 그렇다면 공동체주의적 자아관은 문제가 없을 것인가? 자유주의적 자아가 지나친 추상성으로 인해 현실적 맥락을 상실하는 결함이 있다면, 공동체주의적 자아는 공동체와의 두터운 연고성으로 인해 비판적 거리를 상실하기 쉽다는 문제를 안고 있다. 우리 사회의 수많은 병리 현상은 잘못된 연고주의와 밀접한 연관을 갖고 있다(황경식, 1995: 173). 결국 자유주의건 공동체주의건 간에 한계를 가질 수밖에 없다.

이런 상황에서 교육철학의 고민은 깊어질 수밖에 없다. 자유주의건 공동체주의건 간에 정치철학에서 논의되고 있는 자아관을 그대로 수용하여 교육에 적용하는 데에는 상당한 무리가 있다. 가령, 자율적 자아관을 강력하게 옹호하는 철학자들은 모든 교육의 형태를 경계의 눈빛으로 볼 것이기 때문에 교육적 난점이 발생한다는 점을 앞에서 살펴본 바 있다. 그러므로 교육철학에서는 교육을 전제로 한 보완된(혹은 수정된) 자아관을 탐색하지 않으면 안 된다.

먼저 자유주의와 공동체주의 간의 자아관 논쟁을 지켜본 황경식(2001: 165-167)이 발달심리학에 기초한 인간 본성의 이해를 토대로 삼아 새롭게 구성한 자아관에 주목해 볼 필요가 있다. 새롭게 구성한 그의 자아관은 '복합적 자아관'이다. 그 내용은 두 부분으로 요약해 볼 수 있다. 첫 번째 부분은 자아발달에 관한 이론이다. 발달심리학은 인간이 질적으로 상이한 자아의 단계들을 통해 발달해 가고 있음을 보여 준다. 각 단계들은 타고난 인지적 · 언어적 구조를 반영하며 타고난 연속적인 구조의 전개와 더불어 각 자아 단계는 보다 포괄적인 자아에 의해 대체된다. 이때 상위의 자아는 더 새롭고 발전된 구조를 지니게 되면서도 그것을 가능케 한 그 이전 단계의 구조가 갖는 특성을 함께 포괄하고 있다. 각 단계는 그 이전의 구조가 갖는 특성을 보존하면서 이전 수준에서는 볼 수 없던 새로운 특성들을 추가한다는 의미에서 질적 도약의 속성을 지닌다. 그런 질적 도약이 이루어지면서도 각 단계의 구조는 그 이전 것을 복합적으로 간직하고 있다. 자아의 단계들은 그 이전에 형성된 구조들을 전개시키는 다양한 조건들에 의존하기 때문에 역사적이고 현실적이다. 발달심리학은 자아 발전이 자아의 다양한 단계들을 통해 진행되는 심리적 운동의 한 형태임을 보여 준다. 자아는 고정된 것이 아니라 질적 도약을 통해 발달해 가는 복합적인 실체다.

복합적 자아관의 두 번째 부분은 복합성의 다른 측면을 보여 준다. 복합적 개체론에 있어서 자아는 발달의 연속적 과정에 있어서 위계적 복합체일 뿐만 아니라 각 단계가 그 자체와 더불어 이전 단계의 선천적 구조를 반영한다는 의미에서도 하나의 복합체다. 개체성이 생겨나는 발달 수준, 즉 자율성으로 특성화되는 자아발달 수준에 있어서 자아는 또 다른 의미에 있어서 이중적 복합체라 할 수 있다. 이 경우 개인의 정체성은 개인적 자율성과 구성적 관계성이라는 양자에 의해 구성된다. 개인은 자립적 자아인 동시에 타인들과의 관계를 통해 구성되며 따라서 자아는 복합적 개체인 것이다.

결국 그는 인간의 자아가 집단 성원으로서의 자아와 추상적이고 자율적인 자아라는 이원적 구조를 갖는 중층적 복합체임을 강조하고 있다. 발달심리학자들은 이들 각 단계가 인간의 인지발달능력과 상관있는 것이며, 또한 집단 성원으로서 자아는 소멸되지 않고 자율적 자아 속에 보존되어 존속한다고 본다. 발달심리학자들의 설명을 기반으로 하는 복합적 자아관은 자유주의와 공동체주의 자아관의 특성을 적절히 조화시키고 있음을 알 수 있다.

한편, 교육과 관련된 좀 더 구체적인 맥락에서 개인은 어떤 과정을 통해 지식을 습득하고 인식의 지평을 넓혀 가는가를 살펴보면 자율적 자아관의 교육적 한계를 보다 명확히 파악할 수 있을 것이다. 자율적 자아관에서 상정하는 개인은 사고, 감정, 결정에 있어서 자아가 중심적인 위치에 있음을 강조한다. 설령 집단적 논의 과정을 거쳐 어떤 합의 사항을 도출한다 하더라도 개인은 자기 자신만의 감정과 생각을 직접 의식할 수 있을 뿐이다.

그러나 의식의 '내용'이 전적으로 개인에 의해서 만들어지는 것이라고 보기는 어렵다. 디어든은 교육목적으로서의 자율성을 논의하는 과정에서 자율성과 타율성의 차이는 절대적인 것이 아니라 정도의 문제라는 점을 지적하고 있다(이지헌, 2000: 77). 이런 지적은 사고의 행위가 어느 정도는 개인의 마음 활동 이외의 다른 요인에 의해서 결정되어짐을 암시적으로 보여 주고 있다.

보다 근본적인 측면에서 볼 때, 인식의 수준에서 학생들은 실제 생활에 반영되고 있는 복잡한 신념체계와 지향성의 영향을 받게 된다. 이것은 학생들의 일상 언어와 일상적 삶 속에 구체화 되어 있다. 이점을 버거(P. L. Berger)와 러크만(T. Luckmann)은 다음과 같이 지적하고 있다.

> 일상생활이라는 현실은 이미 객관화된 듯이 보인다. 즉, 내가 현장에 나타나기 이전에 이미 대상으로 지정된 것들의 순서에 따라 이루어진 것 같다. 일상생활에서 사용되는 언어는 내게 필요한 객관화를 끊임없이 제공하고 순서를 정한다. 그리고 그 순서 속에서 객관화는 의미가 통하며, 또한 일상생활이 내게 의미를 갖게 된다(정진곤, 김규환 공역, 1997: 285).

이들은 여러 가지 형태의 대상 인식에 있어서 인간의 개념적 틀이 문화적으로 상대적임을 강조한다. 개인이 세계를 인지하고 이해하게 되는 것은 이러한 상대적인 개념적 틀을 통해서라고 본다. 어떤 대상을 이해하는 방식이 순수하게 개인적인 현상이라고 보기 어려운 것은 집단적인 삶의 양식에 깊이 뿌리박고 있기 때문이다. 집단적인 삶의 양식에 기초한 이러한 인식 방식은 불가피하게 학생의 인식적 삶에 영향을 미친다. 특정 방식으로 세계를 바라보면서 성장해 온 학생이 스스로 본 세계에 대해 심각하게 의문을 제기하거나 다른 방식을 통해서 세계를 보는 법을 배우고자 하는 것은 거의 생각하기 힘든 일이다.

일반적으로 인간의 내면적 이해는 행위 주체의 완전히 사적인 작용을 통해서 이루어지기는 어렵다(White, 1990: 78). 아이들이 획득한 개념들은 공적인 개념 틀에 속한 것이며 그 개념들의 적용 기준은 상호 간에 합의된 내용이다. 그 개념들을 어떻게 사용해야 되는가는 이미 숙련되게 사용하고 있는 다른 사람들과의 상호작용을 통하여 학습된다.

이렇게 볼 때 학생이 문화적인 영향과 그 한계로부터 완전히 자유로운 상태에서 독자적으로 사고하고 행동할 수 있다고 생각하는 것은 무리일 것이다. 이는 초월적 자아, 소속되지 않은 자아, 선택하는 자아를 강조하는 자율적 자아관이 교육적 맥락에서 볼 때 상당히 공허한 주장이 될 수 있음을 보여 준다.

2) 형성과정에 있는 자아

자유주의적 자아관은 초월적 자아, 선택하는 자아, 소속되지 않은 자아를 상정하지만 이는 비현실적 측면이 강함을 지적하였다. 더구나 우리의 교육적 관심 대상인 아이들의 자아는 고정된 것이 아니라 형성되어 가는 과정에 있다. 그러므로 자아가 형성되는 '과정'을 보다 면밀히 이해한다면 성장이 끝난 상태로서의 자아만을 가지고 논하는 자유주의적 자아관의 한계를 보다 효과적으로 극복할 수 있을 것이다. 여기서는 개인성이 사회적 맥락 속에서 역동적으로 구성된다는 조나단(R. Jonathan)의 견해에 주목해 보고자 한다.

자율적 자아관에서 강조되는 '개별성(individuality)'과 '자유로운 행위(free agency)'는 사실상 자신의 '사회적 맥락'에 기반을 두고 있다고 볼 수 있다(Jonathan, 1997: 161). 먼저, 자율적인 사람은 자유로운 행위를 할 수 있는 사람이다. 개인들이 자유를 행사하는 과정을 생각해 보면 자유를 행사하기 위한 전제조건이 있고, 또 자유의 행사로 인해 모종의 결과가 초래됨을 알 수 있다.

우선, 자유를 행사한 결과는 자기 자신뿐만 아니라 타인에게도 영향을 주게 된다. 자기 지향적 선택이라고 할지라도 그것을 선택한 사람은 아주 사소한 선택을 제외하고는 자신의 미래에 그리고 타인과의 관계에 영향을 미치게 된다. 이렇게 보면 자유의 행사 결과는 두 가지 측면에서 타인 지향적이다. 하나는 타인의 자유에 대해 직접적 영향을 주는 측면, 다른 하나는 자기 자신뿐만 아니라 타인에게도 유용한 '수정된 미래의 선택지'에 대해 간접적인 영향을 주는 측면이 있다.

다음으로, 자유를 행사하기 위한 전제조건으로는 자아의 내적인 측면과 외적인 측면이 있다. 자유로운 행위는 선택지들 가운데서 선택할 수 있는 가능성을 요구한다. 자유를 행사할 수 있는 대상들은 실제로 행위자의 밖에 존재할 것이다. 그런데 자유의 실제 대상들인 가치, 신념, 사회적 구조와 유산 등은 행위자에 의해서 인식될 수 있거나 생각될 수 있는 것이어야 한다. 이렇게 보면, 자유의 대상은 부분적으로 그 '자유로운' 주체에 의해 인식되어 내부에 자리 잡은 내적인 것이라고 할 수 있다. 그런데 자유로운 행위의 전제조건은 원칙적으로 주체의 외부에, 그리고 동시에 내부에 있다는 것만으로는 아직 충분하지 않다. 왜냐하면 그 주체는 실제로 자유로울 뿐만 아니라 효과적인 행위를 할 수 있어야 하기 때문이다. 즉, 자유로운 가운데 현존하는 선택지를 확보하거나 혹은 원하는 새로운 선택지를 만들거나 확보하는 일을 효과적으로 할 수 있어야 하기 때문이다. 따라서 실제적으로 효과적인 행위에는 행위자에게 내적인 어떤 특징과 외적인 특징이 모두 요청된다.

자유로운 행위를 위해 개인적으로 필요한 조건들이 있다. 이를 위해서 우리는 행위자의 내적 과정을 살펴볼 뿐만 아니라 내적 · 외적 역동성 — 개인적인 것과 사회적인 것 간의 상호작용 — 이 자율성의 성향, 그 성향을 표현하는 능력, 그리고 선호를 어떻게 만들어 내는가를 분석해야 한다. 우리가 우선 발견할 수 있는 내용은 학생이 자율적인 성향을 갖는 것은 그 자체가 역동성의 산물이라는 것이다. 학생은 발달 과정에서 여러 경로를 통해 자율성을 키운다. 또한 학생은 자율성이 자신의 삶에서 가치 있는 것이란 사실, 타인의 요구와 관련지어 자율성의 범위에 관한 권리와 기대를 배운다.

자율적인 개인은 어린 아이 때부터 저절로 발달되는 것은 아니다. 학생들이 고유한 특성을 가지고 상호작용하는 적절한 조건에 따라 개별적인 결과가 상당히 다양해진다. 그 조건들은 처음에는 학생에게 완전히 외적인 것이다. 발달이 계속되면서 그 조건들은 외적인 조건과 내적인 요소들 간의 역동적인 상호작용에 의해 구성된다. 여기서 내적인 요소 그 자체도 과거의 유사한 역동적인 상호작용의 결과다.

개인이 자유로운 행위자가 되기 위해서는 삶의 대안적 목적이나 그 목적의 적절한 수단에 관한 지식과 이해가 요구된다. 발달 과정에 놓여 있는 학생은 처음부터 그런 앎을 갖기가 쉽지 않다. 단지 그것들을 획득할 수 있는 능력을 가지고 있을 뿐이다. 그런 앎은 발달이 진행되는 과정에서 세 가지 원천의 학습을 통해 획득된다. 그 세 가지 원천은 타인들과의 개인적인 관계, 물질적 · 사회적 환경이 전해주는 교훈, 그리고 개인의 발달을 지도하는 사회의 제도적 장치 등이다(Jonathan, 1997: 163). 자유주의 교육철학자들은 사회의 제도적 장치가 어떻게 개인의 자율성에 공헌할 수 있는가를 오랫동안 모색해 왔다(이지헌, 2000: 74). 교육이론이 사회정치철학의 전제를 수용하는 과정에서 아무 평가나 반성 없이 그대로 그것을 수용하기는 어렵다. 다시 말해서 자유롭게 사고하고, 선택하고, 행동하는 자율적 능력은 부인할 수 없는 개인적 특성이라고 받아들일지라도, 그것은 사회적 요인과 '개인 고유'의 요소 안에 있는 역동적인 상호작용의 결과라는 점을 결코 놓쳐서는 안 될 것이다. 여기서 상호작용 그 자체는 사회적 맥락에서 일어나는 것이기 때문에, 모든 학생의 '자유를 위한 능력'은 다양한 측면에서 사회적 선행조건을 필요로 하는 것이라고 볼 수 있다.

이와 같은 분석은 자유주의적 자아관의 한계를 다시 한번 확인시켜 준다. 자유주의적 자아관에서는 사회적 영향이 학생에게 도움이 되기도 하고 좌절을 주기도 하는 개별성을 전제로 하고 있다. 그러나 좀 더 엄밀하게 표현하면 개별성의 발달에 있어서 학생과 사회 간의 역동적 상호작용은 변증법적인 과정을 거치게 된다. 이것은 처음에는 외적인 것이 이미 내적인 것에 의해 매개의 과정을 거쳐 점차 내재화되어 간다. 학생의 자아에서 '고유한' 것은 어떤 신비스런 본성을 지칭하는 것이 아니라 현재 실제로 고유한 특성을 가진 '다름'을 가리킨다. 또 학생의 자아는 고유한 것을 추구하고 모든 종류의 경험을 통해 학습할 수 있는 능력을 지닌 자아이기 때문에 외적인 것에 의해 변화되는 자아다. 교육학적 관점에서 우리가 주목해야 할 점은 바로 실존하는 학생의 자아 그리고 그 개별성의 실체다. 그러므로 학생의 자아는 사회적으로 타인과 상호작용을 하는 학생 자신의 외적인 것에 근거를 둔 사회적 산물이라는 것을 인정하는 것으로는 충분치 못하다. 학생을 타인과 구별시켜 주는 개별성은 내적인 것과 '계속적으로 피드백되는' 외적인 것 간의 상호작용의 결과라는 의미에서 사회적 산물인 것이다. 조나단은 이것을 '강한 의미의 개별성'이라고 주장한다(Jonathan, 1997: 164).

강한 의미의 개별성은 자유주의자들이 염려하는 것처럼 사회적 '구조'의 힘이 커서 개인적 행위의 범위가 그것의 주변에 머무를 수밖에 없는 상황이 되면 개별성이 '소멸'되거나 '증발'되어 버리는 것은 아니다. 그렇다고 강한 의미의 개별성은 어느 시점의 발달된 모습에 '고정된' 것도 아니다. 학생은 삶의 모든 주어진 조건에서 자기 자신의 특성에 의해 구성된 그런 존재인 것이다. 학생 각자는 모든 주어진 조건 속에서 자신의 목적과 수단에 기여하는 선호를 갖게 된다.

자율적 자아관을 교육적 관점에서 극복하기 위한 또 다른 길은 성숙한 성인이 아닌, 양육 과정에 있는 학생들의 자아에 주목하는 것이다. 성인을 염두에 둔 자율성은 앞에서 언급한 급진적 선택 옹호자의 모습으로 나타날 수 있다. 급진적 선택 옹호자의 관점은 교육조차도 자율성의 제약이 될 수 있다고 보기 때문에 대부분의 교육에 회의적인 경계의 눈길을 보낸다. 이 관점에서는 자율성을 자유주의의 핵심 가치로 중시하면서도 그것을 길러 주기 위한 실제적인 교육에는 소극적이거나 회의적인 입장을 보이는 모순을 가지고 있다. 이를 극복하는 방안으로 화이트는 실제적인 자율성 함양 교육에 관한 주장을 하고 있다(White, 1990: 77). 급진적 선택 옹호자들과는 달리 화이트는 확고한 성향이 자율성의 기반이라고 주장한다. 자율성은 모든 것으로부터 초월한 추상적 자아의 선택에 의해서 발휘되는 것이 아니라 그 기반이 되는 성향의 토대 위에서 제대로 발휘될 수 있다고 본다. 이는 추상적 자아관에 가해지는 공허한 자아라는 비판에 대한 보완일 수 있다.

자율성은 자신의 욕구 선택과 밀접하게 연관되기 때문에 자율성 교육은 복합적으로 관련된 학생들의 수많은 욕구 함양에 뿌리를 내려야만 한다(White, 1990: 77). 올바른 욕구를 형성시켜 주는 것이 자율성 교육의 한 측면이라는 시각에서 보면, 조기교육의 과제는 아동들을 모종의 인간적 자질을 가진 존재로 형성시키는 것이다.

이런 점에서 자율성은 확실하게 획득된 성향에 기초해야 한다. 성향들이 서로 강화될수록 그만큼 더 좋은 자율성의 토대가 마련되었다고 볼 수 있다. 아이들이 성장하면서 자율성 행사 과정에서 느끼게 되는 갈등의 극복은 성향이 확고하게 함양되어 있을수록 쉬워질 것이다. 아이들이 처음에는 욕구갈등에 대해서 그리고 욕구갈등을 다루는 법에 대해서 부모나 교사들로부터 배우게 된다. 결코 혼자 스스로 터득한 것은 아니다. 아이들이 갖게 되는 욕구가 많아질수록 갈등도 많아질 것이다. 어린아이일수록 갈등을 어떻게 해결해야 되는가를 잘 이해하지 못할 것이다. 여기서 갈등의 해결은 대개 공적인 것에서 사적인 것으로 진행되기 마련이다. 아이들은 먼저 문화 속에서 이런 갈등 상황들이 어떻게 해결되는가를 부모나 교사를 통해 학습하게 될 것이고 그다음에 그러한 상황을 스스로 해결할 수 있게 된다.

아이들이 내적 갈등과 그 해결에 집중하는 일에 있어서 부모와 교사 그리고 아이들은 다양한 방식으로 상호 협력한다. 초기 단계에서는 갈등 해결의 아이디어가 부모나 교사로부터 나와야 할 것이다. 아직 아동은 이에 대한 충분한 이해력을 가지고 있지 않기 때문이다. 이런 과정을 거쳐 형성되는 아이들의 자아는 자율적이지만 탈맥락적이지 않고, 소속적이고 연고적 성격을 지니지만 결코 자율적 비판의 끈을 놓지 않는 진정한 의미의 자율적 자아일 것이다.

4 결 론

이 장은 자율성을 중시하는 자유주의적 자아관이 교육적 관점에서 볼 때 상당한 한계를 지니고 있다는 문제의식에서 출발하였다. 자유주의적 자아관에 관한 논의는 대개 정치철학적 논의로서 교육적 관심보다는 사회 · 정치적 관심에서 시작되었기 때문에 그것이 교육이론으로 곧바로 수용되다보면 무리가 있기 마련이다. 이것을 극복하면서 교육적 관점의 대안을 탐색하기 위한 것이 이 장의 목적이었다.

이를 위해 먼저 자유주의적 자아관의 내용을 밝혀 보았다. 자유주의적 자아관은 '개인'에 초점을 맞추고 있다. 자유주의적 자아관은 초월적 자아, 추상적 자아, 선택하는 자아, 소속되지 않은 자아 등으로 설명된다. 목적에 우선하여 존재하는 자아를 강조하면서 선택할 수 있는 능력을 부각시키는 자율적 자아가 자유주의의 대표적인 자아관임을 확인하였다. 이런 자아관이 갖는 한계가 있다. 공동체주의에서 제기하는 개념적 한계와 교육 실제에서 제기될 수 있는 교육적 한계가 있다. 필자가 특히 주목하는 점은 자유주의의 자율적 자아관에 관한 논의가 설령 설득력을 지닌다 하더라도 자율성에 관한 논의 자체에 그치고 만다면 그 내용은 교육학적 시사점을 주지 못하고 정치철학적 논의 수준을 벗어나지 못한다는 점이다. 교육적 고려 없이 정치철학의 자율성 논의가 교육학에 그대로 유입될 때 나타날 수 있는 문제점이 '급진적 선택 옹호자'에 대한 비판을 통해 제시되었다.

자율적 자아관이 갖는 한계를 극복하기 위한 대안을 탐색하는 과정에서 먼저 자아의 복합성을 조명하였다. 발달심리학에서 설명하는 자아의 한 측면은 발달 단계에서 상위 단계가 하위 단계를 기반으로 하여 질적으로 도약하는 복합적 특성을 가지며, 다른 한 측면은 개인적 자율성과 구성적 관계성이라는 양자에 의해 자아가 구성되는 중층적 복합체라는 점이다. 이와 함께 문화 상대적인 개념 틀의 영향을 받는 자아의 개념도 검토하였다. 무엇보다도 필자는 우리가 교육해야 할 대상인 학생들이 '형성과정'에 있는 자아의 소유자임을 강조하였다. 대안적인 자아관으로, 개별성은 사회적 맥락 속에서 역동적으로 구성되어 가고 있음을 조나단의 논의를 통해 강조하였고, 대안적 관점의 자아관에 기초하여 어떤 교육적 노력이 필요할 것인가를 화이트의 자율성 교육론을 중심으로 논의하였다.

우리 사회의 구성원리가 자유주의임을 감안할 때, 자유주의적 자아관은 교육에서 추구해야 할 인간상일 것이다. 그런데 이 연구에서 지적한대로 자율성 중심의 자유주의적 자아관은 여러 가지 한계를 드러내고 있다. 새롭게 탐색한 대안적 자아관은 개인의 우선성을 강조하는 자유주의를 넘어 개인과 사회의 역동적 상호작용 속에서 형성되어 가고 있는 '과정적 자아'이고, 발달단계를 거쳐 성장하는 '복합적 자아'다. 이는 자아 형성에 있어서 개인과 사회 중 어느 한편이 일방적인 우선성이나 주도성을 갖는 것이 아니라는 입장이다. 그것들 간의 변증법적인 상호작용을 통해 새로운 차원의 자아로 형성되어 갈 수 있는 가능성을 열어 놓은 관점인 것이다. 대안적 자아관에서는 학생 개인의 선택과 자율성이 중시되면서도 그것들의 토대가 되는 사회성, 기본적 성향 등의 중요성이 함께 부각된다. 학생은 초월적 상태에서 그 어떤 것에도 걸림이 없는 완전한 선택을 할 수 있는 것도 아니고, 단순히 사회의 영향 속에서 수동적으로 조형되는 것도 아니다. 양자 간의 역동적인 상호작용 속에서 학생의 개별성이 형성되어 가는 것이다. 또한 성숙한 자아가 아닌 성장 과정의 자아에 초점을 맞추게 됨으로써 교육의 역할 범위는 한층 넓어진다. 자율성을 함양하기 위한 교육이 학생들의 선택 가능성만 강조하는 방임적 교육 수준에 머무는 것이 아니라 자율성의 기반이 되는 다양한 성향 및 욕구들을 잘 형성할 수 있도록 돕는 적극적인 교육이 가능할 수 있음을 알 수 있다. 점차 학생들의 선택권과 개별성이 부각되면서 교사들의 교육적 역할에 대해 회의적인 시각이 나타날 수 있는 오늘의 우리 교육 현장에 이와 같은 대안적 자아관에 기초한 교육론은 의미 있는 시사점을 줄 수 있을 것이다.

제 2 부

잘삶을 위한 교육

제 5 장

잘삶을 위한 지식교육

1 서론

학교교육에서 '지식'은 핵심적인 교육 내용이다. 동서양을 막론하고 지식은 교육의 중심에 있어 왔다. 물론, 루소 이후 낭만주의의 영향, 듀이(J. Dewey)와 진보주의의 영향, 그리고 최근의 인본주의 영향을 받은 대안학교 운동 등은 교육에서 지식의 위상을 재고하게 만들었지만, 여전히 지식교육은 학교 활동의 핵심을 차지하고 있는 것이 사실이다. 한편, 학교교육과정에서는 지적이고 이론적인 교과들이 다른 교과들에 비해 더 중시되는 경향이 있다. 우리나라 교육과정에서도 국어, 영어, 수학, 과학 등의 교과들이 다른 교과들에 비해 더 중시되고 있는 현실은 이런 경향을 말해 준다.

왜 학교교육은 지식 중심이 될 수밖에 없고, 왜 이런 지적인 교과들을 다른 교과들보다 더 중시하게 되었는가? 좀 더 근원적인 질문으로, 우리는 왜 지식교육을 하는가? 그리고 지식교육을 할 때, 어떤 지식을 가르쳐야 하는가? 이런 질문들에 대해 피터스(R. Peters)와 허스트(P. Hirst)[1]를 위시한 현대 자유교육론자들은 다양한 지식의 형식에 입문함으로써 합리적인 마음의 개발이 가능하고, 마음이 발달됨으로써 좋은 삶이 가능하기 때문이라고 설명한다.

이러한 입장에 의문이 제기될 수 있다. 좋은 삶은 반드시 합리성에 기반을 두어야 하는 것인가? 좋은 삶과 관련된 지식은 이른바 지식의 형식에서 주로 논의되는 이론적이고 지적인 지식뿐인가? 그렇지 않을 것이다. 좋은 삶(the good life)은 이성, 합리성만을 가지고는 설명할 수 없는 포괄적이고 복잡한 개념일 것이고, 좋은 삶과 관련된 지식 또한 이론적 지식 외에도 다양한 지식 — 예컨대, 실제적 지식, 실용적 지식 — 이 있을 것이다. 이런 한계 때문에 자유교육론의 내부에서도 관점의 변화가 일어나고 있다. 그 변화를 주도하는 대표적인 예가 허스트와 화이트(J. White)다. 허스트는 '사회적 실제(social practices)' 화이트는 '개인적 잘삶(personal well-being)'이란 개념을 통해 현대 자유교육 이론을 상당 부분 수정해 가고 있다. 허스트의 최근 입장에 대한 내용은 유재봉(1999, 2000, 2001)에 의해 국내에 비교적 상세히 소개된 바 있지만, 화이트에 관한 본격적인 논의는 거의 안 되어 있는 실정이다.

이 글에서는 합리성 중심의 좋은 삶과 그것을 추구하는 지식교육

1) 허스트는 후기에 와서 자신의 아이디어를 상당 부분 수정하고 있지만(유재봉, 2000; Hirst, 1998, 1999, 참고), 이 글에서는 지식의 가치를 내재적으로 중시하는 관점을 비판적으로 거론하고자 하는 본 연구의 목적에 필요하기 때문에 그의 수정하기 이전의 아이디어를 중심으로 논의한다.

이 갖는 한계를 교육목적론 차원에서 지적해 보고, 그 대안의 하나로서 화이트의 교육론에 대해 논의하고자 한다. 화이트(1990, 1995)의 교육론에서는 합리성뿐만 아니라 욕구를 중시하는 좋은 삶의 개념이 제시되고 있으며, 지식교육의 목적도 여기에 맞춰져야 함을 강조한다. 또한 교육에서 지식 자체보다 논리적으로 우선하는 윤리적 가치에 관한 논의가 선행되어야 함을 강조한다. 화이트의 교육론을 이해하기 위해 그의 '지식관'과 '잘삶관'을 중심으로 논의하고자 한다. 즉, 지식교육을 왜 해야 하고, 지식교육을 할 때 무엇을 고려해야 하는가에 대한 화이트의 입장을 밝혀 보려고 한다.

먼저, 그의 지식관을 논의할 것이다. 교육에서 다루는 '지식은 윤리적 가치에서 도출되어야 한다.'는 그의 주장이 무엇을 의미하는지, 그리고 가치를 기준으로 한 지식의 구분 — 구성적 지식과 도구적 지식 — 이 주는 교육적 의미가 무엇인지를 밝혀 볼 것이다. 이러한 지식관을 통해서 그의 교육적 관점이 피터스나 허스트와 어떻게 다른지가 비교적 명확히 드러날 것이다. 다음으로 논의할 내용은 화이트의 잘삶관이다. '잘삶'은 그의 교육목적론의 핵심 개념이다. 특히, 그가 견지하고 있는 '욕구 충족적인 잘삶'의 의미가 무엇인지를 밝혀 볼 것이고, 잘삶을 증진시키기 위한 교육의 과업이 무엇인지를 논의할 것이다. 화이트의 욕구 충족적 잘삶관을 통해서 우리는 '이성'을 중시하는 자유교육의 합리적 전통이 '욕구'를 강조하는 방향으로 변화되고 있음을 확인할 수 있을 것이다. 이러한 화이트의 교육론은 우리의 (지식)교육의 방향, 학교교육과정 구성, 교육목적 논의 등에 상당한 시사점을 줄 것이다.

2 지식 중심 교육관의 한계와 그 대안

우리는 교육에서 왜 지식을 중시하는가?라는 물음에 대해 지식이 '마음의 발달'을 가능하게 해 주며 합리성을 길러 주기 때문이라는 답도 있을 것이고, 지식이 '자율성'을 길러 주는 중요한 토대가 된다는 답도 있을 것이다. 화이트의 최근 입장(1990, 1995, 2000)은 지식이 학생들의 '개인적 잘삶(personal well-being)'을 증진시킬 수 있다는 점에서 가치 있다고 본다. 즉, '교육내용으로 다루어지는 지식은 윤리적 가치에서 도출되고, 지식교육을 통해 학생들이 윤리적 가치를 바라는(desire) 성향을 갖게 되며, 이 욕구가 충족될 때 잘 살아가게 된다.'고 보는 것이 화이트가 이전의 자유교육론자들과 구분되는 점이다. 교육에서 지식의 문제를 소홀히 다룰 수는 없지만, 그것에 '접근하는 방식'이 중요하다고 화이트는 주장한다(White, 1990: 106). 즉, 교육에서 지식을 바라보는 '관점'이 달라져야 함을 강조하는 것이다.

화이트는 지식 중심의 교육 전통을 이끌어 온 피터스와 허스트가 이성 혹은 합리성만을 강조함으로써 다양한 '가치'의 문제는 논의하지 않은 채 '지식'과 '교육'을 관련짓고 있음을 비판한다.[2] 피터스는 교육이 지식 그 자체의 획득, 사실들을 조직하고 있는 기본적인 원리에 대한 이해, 상호 관련 속에서 알고 이해하는 다양한 면들을 깨닫게

2) 주지하다시피 피터스는 교육이 가치함축적인 과업임을 강조하고 있다. 따라서 피터스의 교육관이 가치를 배제한다고 단정 지을 수는 없다. 그러나 피터스는 합리성, 내재적 가치 등을 강조하는 데에 그치고 만다. 여기서 교육을 통해 학생들에게 길러 줄 필요가 있는 다양한 '윤리적 가치들'에 관한 논의에 도달하지 못했다는 비판이 가능할 것이다.

해 주는 '인지적' 관점의 획득 등과 본질적으로 관련되어야 한다고 본다. 피터스는 합리적 인간에게 중요한 관조적 활동을 강조하면서 모든 교육의 역할을 합리성, 비판적 판단 능력의 함양과 결부시킨다. 이는 교육이 추구해야 할 윤리적 가치는 생략한 채 지식과 교육의 관련성만을 언급하고 있으며, 대학 수준의 고등정신기능을 다루는 교육을 염두에 둔 것이라고 화이트는 지적한다(1990: 107-109).

허스트(1974)는 교육이 마음의 발달을 지향하는 신중하고 목적 있는 활동이 되어야 하므로 필수적으로 가치의 숙고를 포함하는 것이라고 보았다. 그러나 허스트는 그 가치의 근거를 인간이 성취한 지식의 형식에서 찾고 있다. 이로써 허스트는 피터스와는 달리 화이트는 "교육과 가치의 관련성을 규명해 보려 했지만 지식으로 결론지음으로써 논의의 결말이 설득력을 잃고 말았다."(White, 1990: 110-111)고 화이트는 비판한다.

교육목적론적인 관점에서 볼 때, 피터스와 허스트의 지식교육관은 화이트가 강조하는 '윤리적 가치'를 소홀히 다루고 있다는 점에서 몇 가지 한계를 드러내고 있다. 첫째, 이들의 관점은 자칫 '목적 없는 지식교육'이 되기 쉽다. 물론 이들의 교육관에 함의된 내재적 목적론은 별도의 교육 목적을 필요로 하는 것이 아니라 지식의 내재적 가치가 바로 교육의 목적이 된다고 주장할 수 있다. 우리가 내재적 목적을 수용한다 하더라도 교육에서 도구적 목적 혹은 실용적인 목적이 전혀 불필요한 것은 아니다. 또한 양자가 반드시 상충되는 것만도 아니다.[3] 그런데 학교 교육이 의도적인 교육인 한, 추구하는 혹은 달성하

3) 일반적으로 내재적 목적과 도구적 목적은 서로 상충되는 상대적 개념이라고 이해되어 왔지만, 그렇지 않다는 견해도 있다. 예컨대, 리드(A. Reid)는 내재적 가치와 도구적 가치가 반드시 상충되는 대립적인 가치가 아니라는 주장을

려는 목적이 있게 마련이다. 여기서 무엇이 교육목적이 되어야 하는가는, '우리의 삶에서 어떤 가치를 추구해야 하는가?'라는 윤리학적 관심사와 관련된다. 따라서 화이트의 주장처럼, 지식은 윤리적 가치에서 도출된다고 보는 것이 자연스럽고 논리적이라고 생각된다.

둘째, 피터스나 허스트의 관점에서는 이론적 지식 혹은 지적인 지식(intellectual knowledge)의 중요성이 강조됨으로써 '실제적 지식 혹은 실용적 지식은 경시'되기 쉽다. 이런 경향은 지나치게 협소한 지식관이다(Reid, 1998: 322). 지식이 합리적인 마음의 발달을 가능하게 하기 때문에 그 자체로 정당화된다고 할 때의 지식은 필연적으로 합리성 혹은 진리 추구 등과 관련된 지적인 지식을 말한다. 그러나 교육의 본질을 지적인 지식과 관련지어 합리성 추구로만 보거나 비판적인 판단력과 관련된 것으로만 보는 것은 대학 수준에서는 충분한 설득력을 갖지만, 초 · 중등학교 교사, 유치원 교사, 학부모들에게는 다소 먼 이야기로 들린다. 우리가 학교 교육에서 가르쳐야 할 지식은 지적인 지식 외에도 다양한 지식의 종류들이 있다는 사실을 부인할 수 없다.

셋째, 이들의 관점은 '너무 협소한 마음의 개념'을 갖고 있다(신차

한다(Reid, 1998). 왜냐하면, ① 내재적(intrinsic) 가치와 외재적(extrinsic) 가치, ② 도구적(instrumental) 가치와 궁극적(final) 가치를 구분하여 볼 필요가 있다는 것이다. ①은 우리가 어떤 것의 '무엇'을 가치 있게 여기는지, 그것을 가치 있게 하는 것은 무엇인지에 초점을 맞춘, 가치의 원천 혹은 위치(the source or location of value)를 다룬다. 반면에 ②는 우리가 어떤 것을 '왜' 그리고 '어떻게' 가치 있게 여기는지를 다룬다. 리드가 보기에, 이런 새로운 틀에서 보면, 교육의 내재적 가치와 도구적 가치가 서로 상충되는 것만은 아니다. 즉, 교육의 내재적인 가치를 인정하는 것과 교육이 제공하는 '실질적인' 가치라고 볼 수 있는 우리의 '이익'과 '목표' 등에 대한 관심을 갖는 것이 서로 상충되지 않는다는 주장을 하고 있다(Reid, 1998: 320).

균, 1989: 121; Yoo, 1999: 20). 피터스와 허스트는 마음의 발달을 도모해 주는 것이 교육의 과업이라고 보면서, 마음의 발달은 합리성 혹은 지식의 추구를 통해서만 가능하다고 본다. 이는 합리적인 마음의 발달만을 염두에 두고 있는 관점이다. 이에 대한 대안으로 '마음의 발달'보다 더 포괄적 개념인 '개인의 발달(personal development)'이란 개념이 제시되기도 한다(Reid, 1998: 321). 개인의 발달이 신체적, 정서적, 심미적, 사회적 발달 등을 포괄하는 넓은 개념이라고 한다면, 이를 위해서 지식과 이해만으로는 불충분하고 그 이외의 다른 것들도 교육에서 중요하게 다루어져야 한다.

넷째, 윤리적 가치보다는 지식을 중시하는 교육으로 치우치게 된 배경에는 자유주의 특유의 '가치중립성(neutrality)이 강조'되었기 때문이라고 볼 수 있다(White, 1990: 117). 교육에서 특정 가치를 다루는 것은 중립성 위반의 소지가 있으며 필연적으로 주입이라는 위험성을 초래할 수 있기 때문에, 가치보다는 지식에 치중하는 편이 논란을 피할 수 있다고 보았을 것이다. 그러나 우리는 지식교육이 학생들이 잘 살아가도록 하는 것과 관련된다는 점을 부인할 수 없다. 그렇다면 학생들이 잘 살아가도록 돕기 위해서는 학생들이 자신의 욕구를 확대하고 조직화하도록 도울 뿐 아니라 그들이 자신의 욕구 대상들에 관한 지식을 획득하는 것까지 도와줄 필요가 있다(White, 1990: 106). 바꾸어 말해서, 가치중립성이란 명분 아래 교육에서 지식만 다룰 것이 아니라, 분명하게 가르쳐야 할 윤리적 가치를 드러내고 이것이 아이들의 욕구체계와 밀접하게 관련을 맺을 수 있도록 해 주는 지식교육이 바람직할 것이다.

지식의 획득은 모든 교육의 불가피한 부분이다. 그러나 보다 의미 있는 그리고 살아 있는 지식교육이 되기 위해서는 지식과 교육의 출발점이 되는 '가치들'이 보다 분명하게 밝혀질 필요가 있다. 화이트의 관점에 따르면, 학교 교육과정을 만드는 가장 합리적인 방안은 '학생들에게 어떤 가치를 습득하게 할 것인가'와 관련된 교육목적에서 시작하고, 그런 후에 이 목적이 가장 잘 실현될 수 있는 방안 — 그 한 가지 예로 특정 지식 — 을 찾는 일이다. 목적 달성의 방안으로 채택된 지식은 곧 목적론적인 정당성을 갖는 것이다. 물론 가치 실현이라는 목적을 위해서 '지식의 획득'만이 그 하위 목표가 된다거나 가장 중요한 하위 목표라고 볼 이유는 없다. 왜냐하면 덕(virtue), 태도(attitude), 다양한 성향들(dispositions)도 지식만큼 중요하기 때문이다(White, 1990: 114).

화이트가 피터스와 허스트를 비판하면서 대안으로 내세우고 있는 지식교육론은 어떤 것인가? 요약해서 말하자면, 윤리적 가치에서 지식이 도출되고 그렇게 도출된 지식이 교육내용이 된다는 의미에서 가치, 지식, 그리고 교육이 상호 밀접하게 관련된 지식교육론이다. 다시 말해, 윤리적 가치가 교육목적이 되고, 그 목적을 달성하기 위해 그와 관련된 지식이 선택되고, 선택된 내용으로 교육과정을 구성하여 교육한다는 논리적 관계가 강조되는 것이다.[4] 여기서 피터스와 허스트의 관점은 화이트가 염두에 두고 있는 논리적 관계와 대조된다. 즉, 그들은 지식 그 자체를 정당화함으로써 교육과 내재적으로(intrinsic) 관련짓고자 하거나, 혹은 지식에서 어떤 가치를 도출함으로

4) 이러한 화이트의 지식교육론은 교육과정이론의 타일러(Tyler) 모형을 연상시킨다. 그러나 타일러 모형이 교육과정 '개발'에 초점을 두고 교육의 過程을 논리적으로 밝히는 데 치중한 반면, 화이트의 지식교육론은 보다 근원적인 '철학'의 문제로서, '왜 지식교육을 해야 하고 그 지식의 정당성은 어디에서 찾을 수 있는가'를 논의하고 있다는 점에서 양자는 분명한 차이가 있다고 볼 수 있다.

써 교육과 내면적으로(internal) 관련짓는 입장을 보이고 있다. 이 내용을 다음 〈표 5-1〉과 같이 정리해 볼 수 있다.

〈표 5-1〉 지식교육론의 비교

피터스, 허스트	화이트
지식 → 교육, 또는 [지식 → 가치] → 교육	가치 → 지식 → 교육

피터스나 허스트의 관점에서는 '지식' 자체가 지식교육의 출발점이 된다. 지식은 인류 문화유산의 정수일 뿐만 아니라 합리적 사고를 가능하게 해 줄 수 있기 때문에 가치 있다고 본다. 그러나 화이트의 관점에 따르는 지식교육은 학생들에게 길러 주고자 하는 '사람됨의 가치' 즉 '윤리적 가치'에서 출발한다. 사실, 지식교육의 의미는 학생들이 잘 살아가도록 도와주는 데서 찾을 수 있다. 여기서 '잘 살아간다'는 것을 지식하고만 관련시키는 것은 지나치게 단순한 생각이다.

잘 살아가기 위해서는 많은 것들이 요구된다. 우선, 복지, 사회의 기본도덕(moral framework) 등과 같은 기본적 필요가 제공되어야 할 것이고, 때로는 수많은 도덕적 숙고도 필요할 것이며, 또 개인들이 갖는 다양한 욕구들이 충족되어야 잘 살아간다고 말할 수 있을 것이다(White, 1990: 18). 특히, 인간이 잘 살아가는 것은 수많은 '윤리적 가치'의 실현과 관련된다. 따라서 피터스나 허스트의 합리적 관점은 오직 지식의 획득만을 '잘삶'의 유일한 측면으로 보려고 한다는 점에서 한계를 드러낸다. 이 한계를 극복하는 대안으로 화이트가 제시하는 지식은 인간이 실현하고자 하는 윤리적 가치들에서 도출되는 지식이어야 한다는 것이다. 여기서 그의 지식관은 피터스나 허스트의 지식관과는 성격이 다름이 드러난다. 무엇보다도 잘 살아가는 것과 관련된, 즉 삶을 풍요롭게 하고 의미 있게 하는 삶에 밀착된 지식의 성격이 강조된다.

그렇다면 화이트가 지식교육의 출발점으로 강조하고 있는 '윤리적 가치(ethical values)'는 무엇을 말하고 있으며, 거기에서 도출된 지식이란 구체적으로 어떤 형태일 것인가? 다음에서 이 문제들을 다루고자 한다.

3 지식과 윤리적 가치

지식과 가치, 그리고 교육의 관계를 다루는 입장을 '지식 중심의 관점'과 '가치중심의 관점'으로 구분해 볼 수 있다. 전자는 지식 자체의 내재적 가치를 인정하면서, 인간이 지식을 어떻게 인식하고 그 과정에 어떤 차이점이 있는가에 주목한다. 이 관점에서는 교육에서 중요하게 추구되어야 할 다양한 가치보다는 내재적 가치를 갖는 '지식'의 중요성을 부각시킨다. 필자는 이러한 관점을 '지식 중심의 관점'으로 부르기로 한다. 이와 달리, 후자는 어떤 '가치'에서 어떤 지식이 도출될 수 있으며, 그 지식을 가르침으로써 어떤 목표(가치)에 도달할 수 있는가에 주목한다. 이러한 관점에서는 지식보다는 가치가 우선성을 갖는다. 이를 '가치중심의 관점'으로 부르기로 한다.

먼저, 지식 중심의 관점을 갖고 있는 대표적인 학자는 허스트라고 볼 수 있다. 허스트는 '지식의 형식'을 통해 자신의 교육이론을 더욱 발전시켜 왔다. 허스트는 지식의 각 형식에 존재하는 특징적인 중심 개념, 중심 개념과 다른 개념들이 서로 결합하여 이루는 독특한 논리적 구조, 각 형식의 특징적인 진리준거로만 검증 가능한 독특한 표현 등을 기준으로 지식의 형식을 구분한다(Hirst, 1974: 85-89). 이러한 기준을 적용하여 모든 지식을 7개 내지 8개의 형식으로 구분한다. 허스트의 지식의 형식은 모든 지식을 포괄한다는 특징이 있으며, 이 지식의 형식들은 삶의 형식에서 축적된 것으로 인류 문화유산의 정수가 된다. 인간은 지식의 형식에 입문함으로써 합리적인 마음의 발달이 가능하다고 보았기 때문에 지식의 형식들은 교육과정 구성의 기반이 된다. 허스트의 공헌은 교육과정을 구성하는 가장 핵심적인 요소가 '지식'이라는 점을 체계적으로 논의했다는 점일 것이다. 이러한 허스트의 입장은 지식을 교육과정의 내용 차원에서 다루고 있으며, 이는 교육을 통해 어떤 가치를 함양시킬 것인가라는 목적론적인 문제보다 '지식'의 중요성이나 정당화 문제에 더 강조점을 둔 지식 중심의 교육관으로 볼 수 있다. 지식 그 자체의 내재적 가치를 부각시키는 허스트의 논의는 지식의 차원보다 더 우선하는 가치의 차원을 충분히 논의하지 않는 한계를 드러낸다.

그렇다면 '가치중심의 관점'에서는 지식을 어떻게 파악하는가? 이 관점에서는 지식을 목적과의 관계, 즉 윤리적 가치들과의 관계 속에서 파악한다. 무엇보다도 '가치'가 지식의 출발점으로 부각된다. 교육을 통해 학생들에게 길러 주고자 하는 '윤리적 가치'에 관한 논의가 우선되어야 하고, 그 윤리적 가치로부터 모종의 지식이 도출되는 것이다. 이런 관점을 갖는 대표적인 학자는 화이트다(White, 1990: ch. 7). 화이트가 언급하는 윤리적 가치란 우리가 교육을 통해 학생들에게 길러 주고자 하는 '기본적인 가치로서 사람됨의 성향'을 말한다(White, 1990: 119). 교육에서 '추구하는 인간상'에 대해 우리가 완전히 합의하기가 어렵고, 학생들에게 어떤 가치를 길러 주고자 할 때 강요나 주입의 우려가 있기는 하지만, 그렇다고 해서 아예 추구하는 인간상이 없어도 된다거나 길러 주고자 하는 가치가 없어도 된다고 말할 수는 없을 것이다. 즉, 논란의 여지가 있겠지만, 아이들에게 길러 주어야 한다고 일반적으로 동의할 수 있는 '사람됨의 가치'가 있을 것이다. 그 일례로, 화이트는 다음과 같은 가치들을 제시하고 있다.

1. 음식, 섹스, 운동 등을 통해 느낄 수 있는 육체적 쾌락 혹은 평안
2. 친밀한 인간 관계
3. 자신에게 고통스럽거나 해가 되는 것을 방지하기
4. 상해를 당하지 않기나 표현의 자유와 같은 보편적 권리 그리고 특정 역할과 관련된 특수한 권리 등 나 자신의 그리고 타인들의 도덕적 권리의 보호
5. 자신이 속한 집단을 초월하여 전 인류에까지 확대되는 광범한 이타심
6. 자기 자신의 개인적인 프로젝트 추구
7. 공유된 목적(shared goals)을 위한 타인들과의 협동
8. 용기, 절제, 인내, 실천적인 지혜와 같은 덕목들
9. 정합적인 가치 구조 속에서 하위수준의 가치들을 조정하는 것
10. 개인적 자율성

(White, 1990: 121, 번호는 연구자가 추가함)

이러한 '윤리적 가치들'에 대해 두 가지 의문을 가질 수 있다. 하나는 이 목록들이 모든 윤리적 가치들을 망라한 포괄적인 것인가 하는

것이고, 다른 하나는 이런 윤리적 가치들을 어떻게 정당화할 수 있을 것인가 하는 것이다. 우선, 윤리적 가치를 밝히는 일은 그리 간단한 작업이 아니다. 관점에 따라서 중시하는 가치가 매우 달라질 수 있기 때문에 교육목적 속에 함의될 윤리적 가치를 '완벽하게' 묘사하기란 거의 불가능한 일이다. 결국, 화이트의 윤리적 가치들은 많은 가치들 중에서 선정되어 구성된 내용이라는 한계를 갖는다. 화이트가 이러한 가치들을 선정한 분명한 기준을 밝히고 있지는 않지만, 학생들의 '잘삶'을 염두에 둔 가치들임을 엿볼 수 있다. 화이트와 같이 욕구 충족적 관점에서 '잘삶'을 설명할 때, 어떤 가치들을 중시해야 하는지를 이해할 수 있게 해 준다. 그러므로 완벽하지는 못하더라도 화이트가 제시한 내용과 같이 시도적인 작업은 가능할 것이다. 화이트 자신도 이러한 윤리적 가치들이 완벽한 내용이라고는 생각하지 않으며, 다만 이러한 윤리적 가치가 교육내용으로써 지식을 논의하는 출발점이 되어야 한다고 주장한다.

다음으로, 이러한 윤리적 가치들을 어떻게 정당화할 수 있을 것인가 라는 의문이 제기될 수 있다.[5] 여기서 필자는 윤리적 가치들의

---

5) 화이트는 자신이 제시한 '윤리적 가치들'에 대해 엄밀한 정당화를 시도하지 않는다. 오히려 다원주의 사회에서 엄밀한 정당화가 이루어질 수 있는 확고부동한 근거를 가진 가치란 존재하기 어렵다고 생각한다(White, 1990: 33). 다만, 모든 교육자들이 대체로 동의할 수 있는 인간됨의 가치가 무엇인가를 탐색해 낸 것이 '윤리적 가치들'이라고 볼 수 있다. 또 이는 학생들의 '잘삶'을 증진시킬 수 있는 가치들임을 엿볼 수 있다. 이러한 가치들은 아마도 영국 사회의 공리주의적 전통에서 친숙하게 제기될 수 있었던 가치들이라고 볼 수 있다. 물론, 우리 사회에 친숙한 가치들을 탐색해 보는 것이 가능할 것이고(그 한 예로, 송복, 1999, 참고), 그것이 반드시 필요한 일이기도 할 것이다. 이렇게 보면, 그의 '윤리적 가치'가 엄밀하게 정당화된 보편적 가치들이라고 보기는 어려울 것이다. 이 사실은 우리 교육에서 추구해야 할 '윤리적 가치들'

'정당화'에 일차적 관심이 있지는 않다. 그보다는 교육에서 가르쳐야 할 지식의 근거로서 이러한 윤리적 가치들에 관한 논의가 선행되어야 한다는 목적론적인 주장에 관심이 있다. 달리 말해, 화이트가 제시한 윤리적 가치에 대해 포괄성 여부, 정당화 가능성 여부라는 문제제기가 있을 수 있지만, 그보다는 지금까지 지식차원에 머물렀던 교육목적 논의를 지식보다 우선성이 있는 가치차원으로 확대했다는 점에 주목할 필요가 있다고 생각한다. 그동안 실증주의, 분석철학 등의 영향으로 교육목적론에서 학생들에게 길러 주어야 할 가치 문제에 대한 직접적 논의를 꺼리는 경향이 있었는데, 화이트의 관점은 이러한 경향을 극복할 수 있는 하나의 대안이란 점에서 높이 평가할 수 있을 것이다.

화이트는 윤리적 가치와 지식이 연결되는 방식에 따라 구성적 지식(constitutive knowledge)과 도구적 지식(instrumental knowledge)을 구분한다. "우리를 지도하는 가치들이 전제된 지식은 '구성적' 지식이다. '도구적' 지식은 가치가 전제되어 있는 것이 아니라 가치를 실현하는 데 유용한 지식이다."(White, 1990: 120) '구성적' 지식이란 가치들이 전제된 지식이기 때문에 우리의 삶을 진지하고 가치 있게 영위해 가는 데 핵심이 되는 지식들을 말한다. 다시 말해서, 우리들이 삶 가운데서 추구하는 다양한 가치들(선)과 직접 관련된 또는 그 가치들을 전제한 지식을 의미한다. 예컨대, 학생들이 자유민주주의 '제도'에 대해 배우는 것은 도구적 지식이지만, 자유민주주의의 기본 가치인 자유와 평등이라는 '가치'에 대해 배우는 것은 구성적 지식이다.

지식은 다양한 방식으로 윤리적 가치들과 관련된다. 어떤 가치를

에 관한 진지한 논의가 필요하며, 그 논의의 참조 틀로서 화이트의 '윤리적 가치들'이 활용될 수 있을 것이다.

획득한다는 것은 모종의 지식의 소유를 전제로 한다. 예를 들어, x라는 가치를 갖게 되는 것은 x에 대한 검증된 욕구(informed desires)를 갖게 되는 것이며, 검증된 욕구를 갖게 되었다는 것은 곧 그 욕구와 관련된 지식을 갖고 있음을 의미한다. 가령, 타인들과 함께 일하는 것을 가치 있게 여기기 위해서는 공유하는(shared) 목적이 어떤 것인지를 알고 있어야 될 것이다. 물론 다른 종류의 지식들 — 가령, 인간이 좋아하는 것은 무엇인지, 공유된 활동이 우리 문화와 잘 부합되는지에 관한 지식들 — 도 있어야 한다. 이와 같이 우리를 지도하는 가치들이 전제되어 있는 지식이 바로 구성적 지식이다. 구성적 지식은 삶의 의미를 따져 보고 가치를 판단하는 일에서 중요한 교육적 의미를 갖는다.

이와 달리 '도구적' 지식은 가치의 소유가 전제되어 있는 것이 아니라 가치를 실현하는 데 실제적으로 유용한 지식이다. 내가 즐거운 식사를 하고 싶다고 가정해 보자. 가령, 식당과 메뉴를 아는 것은 유용할 것이다. 이는 유용한 것이지만 필수적인 것은 아니다. 식당과 메뉴를 알지 못해도 즐거운 식사를 할 수 있는 다른 방안이 있을 수 있기 때문에 그것이 필수적인 것은 아니다. 이러한 지식은 도구적 지식이다.

도구적 지식도 밀착된(attached) 것과 유리된(unattached) 것으로 구분된다(White, 1990: 120). '밀착된 도구적' 지식은 개인의 욕구 구조에 포함되어 있는 가치들과 관련된 지식이다. 이것은 자신의 욕구와 도구적으로 '밀착된' 지식이기 때문에 자신의 삶에 실질적으로 유용하기도 하고 의미도 있다. 이와 달리 '유리된 도구적' 지식은 개인의 욕구 구조에 포함되어 있는 가치들과 관련되지 않은 것이다. 이것은 자신의 현재 욕구와 무관한 지식이기 때문에 객관적으로는 의미가 있을 수 있으나 주관적인 차원에서는 아직 특별한 의미가 없는 것이다. 예를 들어, 학교에서 세계지리를 배우는 학생들 가운데 언젠가 세계 일주 여행을 꼭 해야겠다는 강한 '욕구'를 갖고 있는 학생이 있다면, 그 시간에 배우고 있는 지식이 그에게는 실질적으로 유용한 '밀착된 도구적' 지식이 될 것이다. 그러나 여행을 좋아하지도 않고 더구나 세계 여행에는 전혀 관심이 없는 학생에게는 그 수업내용이 주관적 차원에서 아무 의미 없는 '유리된 도구적' 지식이 될 것이다.

교육에서 길러 주고자 하는 윤리적 가치들을 탐색한 뒤, 이러한 가치들로부터 구성적 지식과 도구적 지식을 도출해 내는 것이 타당하다는 화이트의 주장을 보다 명확히 이해하기 위해서 그가 제시하고 있는 가치를 자세히 검토해 보자. 화이트가 언급한 윤리적 가치들 중에서 '광범한 이타심'(White, 1990: 124-125)이 있다. 교육자들은 아이들이 자기 자신만을 생각하는 이기적인 인간으로 성장하기를 바라지 않는다. 가령, 북한의 아이들은 굶어 죽어 가는데 아무 감정도 못 느끼는 그런 아이들이 되기를 바라지는 않는다. 우리들은 우리의 아이들이 자신과 가족 이외의 사람들에 대해서도 관심을 갖고 배려할 줄 아는 이타적인 인간으로 자라기를 바란다. '광범한 이타심'은 내 자신이나 내 주변 사람들이 잘 살아가는 것뿐만 아니라 인근 지역 주민들, 더 넓게는 전 국민, 전 인류, 더 나아가 다음 세대가 잘 살아가는 것에 대해서도 관심을 갖는 것을 말한다. 이 이타심은 구체적으로 모든 사람들이 기본적 필요(basic needs)를 제대로 충족시키고 있는지를 알아보려는 노력으로 나타날 것이다. 기본적 필요란 대체로 다음과 같은 내용을 포함할 것이다.

1. 건강하게 생물학적 기능을 제대로 수행하는 데 필요한 것
2. 자유와 시간
3. 교육
4. 광범한 선택지의 활용가능성
5. 최소한의 수입
6. 민주정부와 민주적인 제도
7. 교제
8. 경제적 안정
9. 자기 존중과 사회적 인정
10. 행운

(White, 1990: 124)

이와 같은 기본적 필요는 우리가 이타심을 가질 때 실질적으로 관심을 기울여야 할 내용이다. 이타적인 삶을 살기 위해 타인들의 기본적 필요에 대한 관심 외에 몇 가지 내용이 요구된다(White, 1990: 124-125). 첫째, 내 자신과 가깝지 않은 사람들 — 가령, 식량난을 겪고 있는 북한 혹은 에티오피아 사람들 — 에 대해 어느 정도의 이해가 필요하다. 이 점은 내가 살고 있는 지역, 국가, 그리고 다른 나라에 대한 인문지리학의 지식을 요청한다. 둘째, 화이트가 제시하고 있는 것과 같은 일반인의 기본적인 필요가 개인의 '잘삶'과 어떻게 관련되는 것인가를 이해할 필요가 있다. 셋째, 기본적 필요들에 대해 가장 신경써 주어야 할 사람들이 어느 집단이고 어떤 지역에 있는지에 대해서 알려 줄 지식이 요구된다. 이런 내용들을 파악하기 위해서 인문지리학의 지식이 강조된다. 이 지식들은 '광범한 이타심'이라는 가치를 갖는 데에 필수적인 지식이기 때문에 '구성적 지식'이다.

'광범한 이타심'이라는 가치와 '밀착된 도구적 지식'은 어떤 것인가? 어려움을 겪고 있는 사람들에게 이러한 필요를 충족시켜 주기 위해서 개인이 할 수 있는 일이 무엇이고, 정치제도가 할 수 있는 일이 무엇이며, 비정부 기구와 같은 기구들이 할 수 있는 일이 무엇인지를 이해할 필요가 있다. 또 기본적 필요들이 충족될 수 있는, 일반적인 그리고 (지역과 문화에 따라) 특수한, 주요 방안들에 대해 이해할 필요가 있다. 가령, 생물학적인 필요와 관련하여 그 나라의 농업, 의류산업, 건설 산업 등은 어떤 상태에 있는지, 그리고 상수도 시설과 환경오염 방지 정책은 어떻게 되어 있는지, 보건, 연료 산업 등은 얼마나 발달되어 있는지 등을 아는 것은 '밀착된 도구적 지식'에 해당된다.

이상에서 우리는 화이트의 지식교육관이 '윤리적 가치' 중심으로 이루어져 있음을 알 수 있다. 즉, 교육에서 중시되어야 할 의미 있는 지식이란 윤리적 가치에서 도출된 것이며, 윤리적 가치와의 관련성에 따라 구성적 지식과 도구적 지식으로 구분된다. 화이트는 인식론적 근거보다는 가치론적인 근거에서 교육내용으로서 지식의 정당성을 찾고자 한다. 지식 그 자체보다는 윤리적 가치의 우선성을 주장하고 있는 것이다. 또한 그가 윤리적 가치를 기준으로 삼아 구성적 지식과 도구적 지식으로 구분하는 것은 교육목적론 차원의 지식 구분임을 알 수 있다.

화이트의 관점은 우리에게 두 가지 중요한 교육적 시사점을 주고 있다. 첫째, 학교 교육과정을 구성하는 지식은 분명한 교육목적(윤리적 가치)에서 도출되어야 한다는 점이다. 그런데 화이트 자신도 영국 국가교육과정을 비판하면서 지적하고 있는 바(Bramall & White, 2000: 15-18; White, 1990: 13), 교육과정으로 채택된 교과들이 어떤 이유 때문에 채택되었는지 그 이유를 파악하기가 어렵고, 또 일부 교과들—

가령, 중핵 교과 — 은 왜 특별히 더 중시되는지 그 이유가 분명하게 밝혀지지 않고 있다. 이는 우리나라의 경우에도 마찬가지다. 좀 과장되게 표현하면 목적이 명시되거나 목적과의 긴밀한 연관성이 제시되지 않은 채 무작정 어떤 교과를 가르치자는 빈약한 논리밖에 찾을 수 없다. 화이트가 강조하고 있는 윤리적 가치의 우선성은 이 문제점을 극복할 수 있는 하나의 아이디어가 될 수 있다. 둘째, 윤리적 가치에서 도출된 지식이 학생들의 '욕구'와 결부될 때 비로소 학생들의 '잘삶'을 증진시키고 의미 있는 지식교육이 될 수 있음을 시사해 주고 있다. 화이트가 지식교육을 통해 추구하고자 하는 바는 학생들의 '잘삶'을 증진시키는 것이다. 학생들이 잘 살아갈 수 있도록 돕는다는 것은 그들이 자신의 욕구를 잘 형성, 검증하고 이를 충족시키며 살아갈 수 있도록 돕는 것을 의미한다. 즉, 윤리적 가치가 지식교육을 통해 학생들의 욕구체계 안으로 들어와 마침내 성향으로 자리 잡을 수 있도록 해 줌과 동시에 그 욕구를 잘 충족할 수 있도록 돕는 것이 곧 잘삶을 증진시킬 수 있는 교육일 것이다.

지금까지 윤리적 가치에서 지식이 도출되어야 한다는 측면을 고찰하였다. 이제, 윤리적 가치를 강조할 때 이를 포괄하는 가치인 잘삶의 의미를 이해할 필요가 있다. 다음에서 화이트의 잘삶관과 그 교육적 관련성을 논의할 것이다.

4 잘삶의 의미와 교육

교육은 본질적으로 인간이 잘 살아가도록 돕는 일과 관련된다. 지식을 가르치는 이유도 따지고 보면 우리가 잘 살아가는 데 도움이 된다는 믿음 때문일 것이다. 화이트는 교육이 궁극적으로 지향해야 할 방향은 학생들을 잘 살아가도록 돕는 일이라고 본다. 잘 살아간다는 것은 자신이 바라는 바가 이루어지고 충족되는 삶을 산다는 것을 의미한다. 즉, 바람직한 욕구가 충족될 때 잘 살아가는 것이다. 교육의 출발은 윤리적 가치이며, 여기서 도출된 지식이 교육내용으로 가르쳐져야 한다. 그 결과 학생들의 욕구 속에 윤리적 가치가 스며들어 자신의 성향으로 굳어지고, 그러한 욕구를 충족시킴으로써 더욱 잘 살아가게 된다.

잘 살아간다는 것은 매우 복잡한 문제다. 어원적으로 볼 때, '잘삶'은 '잘 지내고, 잘 하는 상태(the condition of faring or doing well)'를 의미한다(Sumner, 1996: 1). 따라서 잘삶은 '개인들의 삶'과 밀접하게 관련된 것으로, 잘 있음, 잘됨, 이익, 좋음 등과 비슷한 의미를 갖고 있다. 이렇게 볼 때, 잘삶은 단순히 교육의 문제가 아닌 인간의 전반적인 삶의 문제, 곧 철학의 문제라고 볼 수 있다.

최근의 윤리학에서는 잘삶의 의미를 체계적으로 탐구한다(Bond, 1996; Crisp & Hooker (Eds.), 2000; Griffin, 1986; Sumner, 1996). 잘삶의 의미에 관한 윤리학이론은 크게 두 계열로 구분된다. 하나는 객관주의적 이론이고 다른 하나는 주관주의적 이론이다. 객관주의에서는 '잘삶'이 삶의 주체와는 관련이 없는 객관적인 선(good)의 성취에 있다고 본다. 한편, 주관주의에서는 주체와 관련시키는 차원에서 잘삶을 설명한다. 주관주의도 두 가지로 구분할 수 있다. 첫째는, 삶의 주체가 쾌락 등을 느끼는 마음의 상태(state of mind)를 잘삶으로 본다. 둘째는, 사태(state of affairs) 혹은 세계의 상태(state of the world)에 대해서 삶의 주체가 갖게 되는 소원이나 욕구가 충족되는 삶을 잘삶으로 본다. 전자는 쾌락주의의 입장이고 후자는 욕구이론의 입장을 가리킨다. 이에 따라, '잘 사는 삶이 어떤 것인가'를 설명하는 대표적인 윤리학이론을 객관주의(objectivism), 쾌락주의(hedonism), 욕구이론(desire theory) 등 세 가지로 구분할 수 있다(김희봉, 2001a; 이지헌, 1998; Griffin, 1986; Kagan, 1992; Parfit, 1984; Sumner, 1996). 다시 말하면, 객관주의에서는 인간의 삶과 관련된 '객관적인' 필요가 충족되고 '객관적' 선이 성취되는 삶이 잘삶이 될 수 있다고 본다. 쾌락주의에서는 자신의 고통을 최소화시키고 쾌락을 극대화시키는 삶을 잘 사는 삶이라고 본다. 그리고 욕구이론에서는 개인이 갖게 될 욕구를 충족시키고 사는 삶을 잘 사는 삶이라고 본다.

이 중에서 화이트(1990, 1995)는 욕구이론의 입장을 취한다. 인간은 존재론적으로 볼 때, 여러 가지 면에서 결핍된 존재인 동시에 의식을 가진 존재로서, 자신에게 결핍된 점을 의식하고 그것을 채우기 위한 모종의 욕구 혹은 욕망을 갖기 마련이다(박완규, 1998: 65). 이러한 욕구가 충족될 때 우리는 만족과 행복을 느낀다. 곧 자신이 잘 살아가고 있다고 생각한다. 우리는 아무리 좋은 것이라도 자신이 원하지 않는 것은 하지 않거나 하지 않으려는 경향이 있다. 따라서 우리가 현재 실제로 원하고 있는 바, 즉 실제적인 욕구 혹은 선호를 충족하고 살 때 우리는 잘 살아간다고 볼 수 있다. 우리가 살아가면서 무엇인가를 바라고 원한다는 것은 지극히 자연스러운 일이며 그 자체가 결코 나쁜 것은 아니다.

그런데 사람들은 욕구나 욕망에 대해 부정적인 시각을 많이 갖고 있다. 이는 욕망이 갖는 무한 충족의 속성 때문일 것이다. 욕망은 그것이 충족될 때까지 멈추지 않는다. 이런 속성 때문에 욕망은 규제의 대상이기도 하다(황경식, 1998: 27). 인간의 몸의 유한성, 재화의 유한

성으로 인해 욕망은 필연적으로 규제를 받을 수밖에 없다. 여기서 욕망 그 자체를 나쁘게 생각하는 부정적 시각이 생기기 쉽다. 이는 분명히 잘못된 시각이다. 욕망이나 욕구는 우리 자신의 삶의 표현이고 살아 있다는 증거이기도 하다. 따라서 우리는 교육에서 욕구를 다룰 때, 부정적인 시각만을 가질 필요는 없다. 그러나 유의해야 될 사항이 있다. 그것은 모든 실제적인 욕구의 충족이 반드시 잘삶을 보장하는 것은 아니라는 점이다.

우리가 갖고 있는 실제적 욕구가 충족되는 것을 잘삶으로 보는 것이 설득력이 있지만 문제점이 없는 것도 아니다. 우리가 갖고 있는 모든 욕구가 잘삶에 반드시 도움이 되는 것은 아니다. 차라리 없었다면 더 좋을 그런 욕구도 있다. 예를 들어, 건강이 좋지 않아 반드시 금연을 해야 되는 상황임에도 불구하고 여전히 강한 흡연 욕구를 버리지 못하는 사람이 있다. 그것이 충족될 때, 그것은 잘삶에 기여하기보다는 오히려 이를 훼손하는 욕구가 될 것이다. 실제적 욕구(actual desires)란 어떤 제한도 가해지지 않은, 그리고 아직 걸러지지 않은 순수한 욕구이기 때문에 이와 같은 한계를 갖는다. 따라서 잘삶을 욕구 충족으로 이해할 때, 그 욕구는 실제적 욕구라기보다는 합리적인, 성찰된, 혹은 검증된 욕구여야 한다고 주장할 수 있다(Griffin, 1986; Sumner, 1996; White, 1982, 1990, 1995).

잘삶을 실제적 욕구가 아닌 검증된 욕구(informed desires)[6]의 충족

---

6) informed desires를 김정래(1997)는 '인지된 욕구'로, 유재봉(2001)은 '정보가 제공된 욕구'로 옮기고 있다. 필자는 화이트가 설명하는 바와 같이, '객관적 정보에 기초하고 논리적 오류가 없다.'는 의미와 비교적 가까운 말이 '검증'이라 생각되어 '검증된 욕구'로 옮긴다. 여기서 '검증된 욕구'와 '객관적 가치' 간의 차이를 다음과 같이 밝힐 수 있다. 검증된 욕구란 욕구의 '주체'가 바라는 것을 의미한다. 물론 개인이 바란다고 해서 다 가치 있는 것은 아닐 수

으로 보는 입장은 실제적 욕구의 한계를 지적한다. 실제적 욕구는 대략 다음과 같은 세 가지 한계를 갖고 있다(Griffin, 1986, 12-13). 첫째, 충분한 정보가 결핍된 욕구일 수 있다. 가장 강한 욕구도 잘못된 사실에 근거를 두고 생길 수 있다. 예컨대, 우리가 몸의 어떤 부분이 별로 좋지 않을 때, 간단한 약을 복용하면 치료될 것인데도 심각하게 느끼고 수술을 해야 된다고 생각할 수 있다. 그것은 잘못된 지식 혹은 정보를 갖고 있기 때문일 것이다. 둘째, 실제적 욕구는 논리적인 오류를 범할 수 있다. 우리가 특정 목표를 달성하기 위해 수단을 강구하는 실천적 추론의 과정에서 때로는 혼란과 부적절성, 그리고 논리적 오류에 빠질 수 있다. 예컨대, 금연이라는 목표를 정해 놓고서도 그 목표와 모순되게 흡연을 하고 싶은 실제적 욕구가 계속 생겨날 수 있다. 이러한 논리적 오류는 대상에 대해 충분하고 정확한 개념을 갖고 있지 못하기 때문이거나 의지가 약해서 생긴 것이다. 셋째, 실제적 욕구에는 욕구의 구조에 대한 통찰이나 명확한 개념이 결여될 수 있다. 모든 정보가 좋은 것은 아니다. 다른 사람이 나를 어떻게 생각하고 있는가에 관한 정보는 나로 하여금 쓸데없는 일에 신경을 쓰게 할 것이다. 경우에 따라 우리는 굳이 알기보다는 모른 채로 지내기를 원한다. 여기서 우리가 갖고 있는 욕구에는 일련의 구조가 있다는 점이 명확히 드러난다.

이와 같은 '실제적 욕구'의 한계를 보완하기 위한 방안이 '검증된

있기 때문에 검증 절차를 거쳐야 할 필요가 있다. 이러한 검증 절차를 거쳐서 욕구의 주체가 원하게 되는 것이 '검증된 욕구'다. 검증된 욕구에서 '검증'을 강조하다 보면 원래의 의도와는 달리 자칫 객관적 가치를 강조하는 결과를 초래할 수 있을 것이다(Reid, 1998). 결국, 검증된 욕구란 아이디어에는 관련된 '주체의 욕구'와 '합리성'을 조화시키려는 의미가 담겨 있다. 이와는 달리, 객관적 가치는 특정 개인이나 주체와는 무관하게 가치 있는 것을 의미한다.

욕구'라는 아이디어다. 검증된 욕구란 '욕구 대상에 대한 객관적이고 경험적인 정보에 근거하고 논리적 오류가 없는 욕구'를 말한다(White, 1990: 28). 그렇다면 검증된 욕구는 어떤 점에서 실제적인 욕구와 다른 것인가? 그리고 검증된 욕구를 파악하기 위해서는 어떤 요소들에 주목할 것인가?

우선, 욕구가 '구조'를 갖고 있다는 점은 욕구의 속성을 파악하는 데 가장 중요한 사항이다(Griffin, 1986: 13; White, 1990: 30). 욕구는 하나의 차원이 아닌 여러 차원으로 구성되어 있다. 욕구에는 매우 지엽적인 욕구(local desires)도 있고, 상위 수준의 욕구(higher order desires)도 있으며, 총체적인 욕구(global desires)도 있다(Griffin, 1986: 13). 예컨대, 물을 마시고 싶은 욕구는 지엽적인 욕구일 것이고, 물질적 소비를 원하는 욕구로부터 다소 거리를 두고자 하는 욕구는 상위 수준의 욕구이며, 자율적인 삶을 살아가고자 하는 욕구는 총체적인 욕구라고 볼 수 있다. 욕구의 구조적 측면은 '검증된' 욕구의 준거를 제공해준다.

욕구의 구조는 욕구가 갖는 '지향성(intentionality)' '가망성(prospectivity)'을 고려하여 파악해 볼 수 있다(Sumner, 1996: 124). 지향성과 관련하여 욕구의 위계적 구조를 파악할 수 있고, 가망성과 관련하여 욕구의 시간적 구조를 파악할 수 있다. 욕구란 항상 지향하는 대상이 있다. 이때 그 지향하는 대상과 관련하여 욕구의 위계가 형성된다. 지향하는 대상에 더 근접한 욕구일수록 상위 욕구가 되고 더 멀어진 욕구일수록 하위 욕구가 된다. 또 어떤 욕구를 1차적으로 가지고 있을 때, 그 욕구에 대한 2차적 욕구를 가질 수 있다. 가령, 우리는 단순히 생물학적인 차원의 욕구를 갖기도 하지만, 그 욕구를 절제하고 통제하는 욕구를 갖기도 한다. 우리는 생득적 욕구를 가지고 태어난다. 본능적 기제로는 그것들을 잘 조절할 수 없다. 이 점만 본다면 인간이 다른 하등동물들과 별로 다를 바 없다. 나중에 우리는 이러한 욕구들을 절제하려는 욕구를 갖게 된다. 이것은 욕구에 대한 욕구이기 때문에 2차적 욕구라고 볼 수 있다. 이러한 2차적 욕구는 인간을 인간답게 만드는 욕구이기도 하다(최용철 역, 1990: 141). 1차적 욕구는 생득적으로 갖는 욕구이기 때문에 다른 동물들이 갖는 욕구와 뚜렷이 구분되지 않지만, 2차적 욕구는 그 1차적 욕구에 대한 반성, 숙고, 평가를 할 수 있는 욕구이기 때문에 이 2차적 욕구를 소유하는 것은 인간됨의 고유한 특성이다.

위계 구조를 갖고 있는 욕구의 속성상 욕구 간에는 갈등이 있을 수 있다. 이러한 갈등 구조 속에서 어떤 욕구를 선택할 것인가는 잘삶과 관련된 매우 중요한 문제가 된다. 욕구들이 갈등할 때 잘삶에 도움이 되는 방안은 대체적으로 말해서, 하위 욕구보다는 상위 욕구가 충족될 때, 그리고 1차적 욕구보다는 2차적 욕구가 충족될 때일 것이다. 따라서 잘삶이란 욕구의 위계적 구조를 고려해야 한다. 상위 욕구의 충족은 그것들이 다른 욕구들을 조절하는 욕구이기 때문에 잘삶에 보다 더 중요하다. 즉, 개인적 잘삶이란 삶을 전체적으로 봤을 때, 자신의 가장 중요한 욕구를 충족시키는 데 있다(White, 1990: 30).

욕구의 지향성과 관련하여 욕구의 위계적인 구조를 생각해 볼 수 있다면, 욕구의 가망성과 관련하여 욕구의 시간적 구조를 생각해 볼 수 있다. 욕구의 속성상 그 대상은 항상 시간적으로 미래와 관련된 것이다. 과거와 관련된 것을 욕구의 대상으로 삼는다는 것은 논리적으로 모순이며, 현재와 관련된 것도 이미 욕구의 대상은 아니다. 욕구의 대상은 미래의 사태와 관련된 것이기 때문에, 욕구가 충족된 상태로 우리에게 가져다 줄 유익함에 대한 사전의 기대를 나타내는 것이다. 그러나 이 기대는 사후의 경험의 상태에 따라 실망을 가져올 수도 있다. 여기서 욕구의 사전 기대와 사후의 결과 사이의 간격을 좁혀 줄 수 있는 것이 바로 '가망성'에 대한 이해다. 사후의 결과까지 면밀히 고려하지 않고 사전의 기대에만 충실한 단기적 안목에서의 욕구는 가망성이 결핍된 욕구이며, 사후의 결과까지를 고려하여 장기적 안목에서 어떤 욕구를 갖게 되었을 때, 우리는 이를 가망성을 갖춘 욕구라고 말할 수 있다. 현재의 단기적 욕구보다는 장기적 안목에서 자신의 삶을 더 잘되게 해 줄 수 있는 욕구를 분별하는 가망성은 매우 중요한 교육적 시사점을 주고 있다. 예컨대, 학생들이 자신의 인생계획과 관련된 어떤 욕구를 갖게 되었을 때, 그 욕구가 전체적인 삶의 관점에서 형성된 것인지를 검토할 수 있도록 돕는 것은 중요한 욕구 교육의 과업이 된다.

위와 같은 논의를 통해 우리가 확인할 수 있는 것은 실제적 욕구보다 검증된 욕구충족이 잘삶을 더욱 증진시킨다는 점이다. 이런 맥락에서 화이트는 잘삶을 검증된 욕구의 충족으로 이해하며, 잘삶을 중요한 교육목적으로 제시한다(White, 1990, 1995, 1999, 2000). 화이트의 관점에서 볼 때, 교육목적은 잘삶을 증진시키는 것이고 잘삶은 검증된 욕구의 충족을 의미하기 때문에, 교육의 과업은 학생들이 욕구를 잘 형성하고, 검증하고, 충족할 수 있도록 도와주는 일이다. 화이트 자신은 교육의 과업의 일면을 다음과 같이 제시하고 있다.

> 첫째 과업은 학생들이 이전에 가지고 있지 않았던 욕구를 최소한 문화적 형식 안에서 갖게 해 주는 일이다. (중략) 둘째 과업은 학생들에게 생겨나는 욕구들을 조직하도록 하고,

욕구들에 대해서 위계 구조를 부여하며, 그리고 욕구들 간의 갈등을 해결하도록 돕는 일이다(White, 1990: 31).

욕구를 잘 형성하고, 검증하도록 돕는 일은 윤리적 가치에서 도출된 지식을 가르치는 목표가 된다. 학생들에게 교육을 통해 형성시켜 주고자 하는 욕구는 윤리적 가치에 기반을 둔 욕구라고 할 수 있다.7) 그의 견해가 이전의 자유교육론자들 — 예컨대, 피터스나 허스트 — 과 분명히 구분되는 점은 이성이 아닌 '욕구'를 교육목적론의 중심으로 끌어들이고 있다는 것이다.

이와 같은 화이트의 입장에 대해 논란이 있을 수 있다. 논란의 핵심은 욕구 중심의 주관주의적 가치관으로 인하여 객관주의적 가치가 교육에서 소홀히 다루어 질 수 있다는 것이다(김정래, 1997; Clayton, 1993; Marples, 1999; Reid, 1998). 그러나 화이트는 욕구중심의 주관주의적 입장을 고수한다(White, 1990: 32; 2000: 704). 화이트가 자신의 주장을 정당화하는 논리는 대략 두 가지로 요약된다. 첫째, 욕구와 가

7) 이 장에서 다루어진 윤리적 가치, 검증된 욕구, 그리고 지식의 관계는 별도의 방대한 논의를 요구한다. 우선 그 관계를 다음과 같이 간략히 요약할 수 있을 것이다. 교육목적으로서 큰 틀은 학생들의 개인적인 잘삶이다. 이때의 잘삶은 검증된 욕구의 충족으로 설명된다. 학생들에게 검증된 욕구를 형성하고 충족할 수 있도록 돕는 교육의 과정에서는 지식 자체의 내재적 가치보다는 검증된 욕구의 기반이 될 수 있는 윤리적 가치의 우선성이 강조된다. 즉, 윤리적 가치가 우선적으로 논의되어야 하고, 윤리적 가치에서 도출된 지식을 가르쳐야 한다고 본다. 여기서 검증된 욕구의 형성과 충족에 초점을 맞춘 지식교육을 강조하다 보면 자칫 '방법론적 논의'로 이해될 수 있는 측면도 있다. 그러나 필자는 화이트가 제시하고 있는 잘삶을 설명하는 틀, 그리고 지식보다는 윤리적 가치의 우선성을 강조하는 목적론적인 논의에 우선적인 관심이 있으며, 이러한 그의 논의들을 대부분 긍정적으로 수용하는 입장이다.

치 간의 관계를 설명하면서 삶의 주체의 욕구와 무관한 가치는 의미를 갖기가 힘들다는 것이다. 설사 어떤 가치들 — 가령, 자율성, 도덕성, 지성, 예술 등 — 이 객관적으로 가치 있다 하더라도, 본인이 그것들을 원하지 않는 것이라면 그것이 무슨 의미를 가질 수 있겠는가라고 화이트는 반문한다.

둘째, 객관주의자들이 주장하는 가치의 이면에는 모종의 형이상학적 기반이 있기 마련인데, 그것을 설득력 있게 밝히기가 어렵다고 화이트는 반박한다. 즉, 그런 가치가 어떤 식으로 존재하며, 그것들이 우리의 삶과 어떻게 관련될 수 있는지를 밝혀야 하는데 그것이 쉽지 않다는 것이다. 결국, '어떤 가치가 개인에게 의미를 갖기 위해서는 개인의 욕구와 관련성을 맺을 수 있을 때 비로소 가능하다.'는 것이 화이트의 일관된 입장이다.

그의 이런 입장에 대해, 이는 도덕적 무정부 상태를 조장할 위험이 있고(김정래, 1997: 16), 잘삶을 증진시키는 것은 어떤 면에서 우리의 욕구와 무관한 객관적인 것일 수 있으며(Reid, 1998: 324), 잘삶은 우리의 개인적인 삶에 형태와 목표를 제시해 주는 방향과 단순히 자기가 선택한 가치가 아닌 우리의 공통적인 인간성에 의해 결정되는 객관적 가치 그리고 우리가 진정으로 길러 주어야 될 가치 사이의 '조화'(Marples, 1999: 143)라는 비판들이 제기되고 있다. 이들의 비판의 요지는 객관주의적 가치를 교육에서 소홀히 할 수 없다는 점이다.

화이트가 취하고 있는 주관주의적 가치관에 논란의 여지는 있지만, 선(good) 혹은 가치와 관련하여 '개인' 혹은 '주체'의 중요성을 부각시켰다는 점은 그 나름대로 상당한 의미가 있다고 생각된다. 관련된 개인이 받아들이지 않는 가치에 의해서 밖으로부터 이끌어지는 삶이 있다면, 이것은 좋은, 가치 있는 삶이 될 수 없다. 자기 자신의 가치관에 따라서, 자신의 내면으로부터 이끌어 가는 삶이 되어야 비로소 '잘 사는' 삶이 될 수 있다(이지헌, 1997: 121-122). 특히 교육과 관련하여, 학생 혹은 학습자의 '욕구' 측면이 중시되어야 할 필요가 있음을 환기시키고 있다는 점에서, 그리고 학습자 중심 교육의 담론을 가능하게 하는 철학적 근거를 상당 부분 제공해 준다는 점에서 화이트의 관점은 우리 교육에 중대한 시사점을 줄 수 있다고 생각한다.

5 결론

지금까지 합리성 중심의 좋은 삶과 그것을 추구하는 지식교육이 갖는 한계를 교육목적론 차원에서 지적해 보고, 그 대안으로 화이트의 교육론을 지식관과 잘삶관을 중심으로 논의했다. 화이트는 지식교육의 중요성을 강조하기는 하지만, 지식 그 자체를 정당화하거나 합리성과의 관련성 속에서만 지식을 파악하려고 하지는 않는다. 가치중심의 교육목적론적인 관점에서 지식교육이 논의되어야 함을 주장하고 있다. 즉, 우리가 교육에서 목적으로 추구해야 할 윤리적 가치가 먼저 설정되어야 하고, 그 가치에서 도출된 지식이 교육과정으로 선택된 다음, 그 지식을 가르침으로써 윤리적 가치가 학생들의 욕구체계 안에 자리 잡는 일련의 논리적 관계가 잘 설정되어야 전반적인 교육의 과정이 원만하게 진행될 수 있음을 지적한다. 이렇게 윤리적 가치에 기반을 두고 형성된 학생들의 욕구가 충족될 때, 그들의 잘삶을 증진시키는 교육이 된다. 이러한 의미에서 화이트는 잘삶의 증진을 궁극적인 교육목적으로 보고 있으며, 이를 위해 지식 그 자체보다는 윤리적 가치의 논리적 우선성을 주장한다.

화이트의 입장은 지식이 교육목적과의 관계에서 정당화될 수 있다고 보기 때문에 지식에 관한 논의보다 교육목적에 관한 논의가 선행되어야 함을 환기시켜 준다. 다시 말하면, 교육과정 논의에서 교과에 관한 논의보다 교육목적에 관한 논의가 더 선행되어 진지하게 이루어져야 함을 시사하고 있다. 우리나라의 교육과정에서 교육목적에 관한 언급은 이른바 '추구하는 인간상'으로 간략히 소개되고 있다. 이는 한 나라의 국가 교육과정의 목적 진술로는 지나치게 간단할 뿐만 아니라 이것들을 포괄하는 가치가 무엇인지를 파악하기가 어렵다는 데에 문제점이 있다. 더구나 추구하는 인간상과 각 교과 목표가 어떻게 관련된 것인지에 대해 납득할 만한 설명은 찾아보기 힘들다. 앞으로 세심한 분석이 요구되지만 대체적으로 볼 때, 우리나라 교육과정에서 화이트가 제시하고 있는 일련의 논리적 관계(윤리적 가치 → 지식 → 교육)를 찾아보기가 쉽지는 않다. 이것이 교육목적과 교육내용 간의 괴리 및 지식교육의 방향 실종을 야기시키는 교육학적 원인이 아닐까 생각한다. 이렇게 볼 때, 화이트의 지식관은 '가치중심의 관점'에서 지식교육을 재검토해 볼 것을 요구한다는 점에서 중요한 의미가 있다.

화이트가 지식보다는 윤리적 가치의 우선성을 강조할 때, 이를 포괄하는 가치는 잘삶이다. 여기서 교육의 목적은 학생들의 개인적인 잘삶을 증진시키는 것이다. 잘삶을 이해하는 시각은 다양하지만, 화이트는 잘삶을 검증된 욕구의 충족으로 본다. 학생들이 자신의 검증된 욕구를 잘 생성하고, 구조화하고, 충족할 수 있도록 돕는 것이 중요한 교육의 과업으로 부각된다. 이렇게 볼 때 지식교육의 정당성은 학생들의 잘삶에 얼마나 기여할 수 있느냐에 달려 있다. 아무리 중요한 지식이라 하더라도 학생 본인이 그것을 중요하게 느끼고 원하지 않는 상태에서는 지식교육의 진정한 효과를 기대하기 어렵다. 따라서 지식교육을 하되 이와 같은 목적론적인 관점에서 접근하는 것이 중요하다. 우선, '윤리적 가치'에 관한 진지한 논의를 통해 우리 교육에서 추구해야 할 윤리적 가치에 대한 그림을 본격적으로 그려 가야 할 것이고, 거기에서 지식을 도출하여 교육내용으로 세분화하고, 또한 학생들의 잘삶의 욕구와 밀착된 지식교육이 될 수 있는 방안을 강구하는 것이 우리의 과제라 할 수 있을 것이다.

제 6 장

잘삶을 위한 도덕교육

1 서론

오늘날 우리 한국의 도덕적 상황은 매우 혼미한 양상을 보이고 있다. 전통사회의 공동체적 도덕성과 근대의 자유 개인주의적 도덕성이 혼재되어 있는 것이 현실이다. 가령, 우리는 개인주의에 바탕을 둔 자유와 자율을 주장하면서도 공동체적 유대를 구실로 하여 타인을 간섭하기도 한다. 우리는 서양인만큼 개인주의가 체질화되어 있지 못하고, 그렇다고 우리 조상들처럼 공동체의식이 공고하지도 못하다. 우리는 '나'만의 영역을 확보하고자 하면서도 '우리' 속에 있기를 열망하며, 다른 사람이 '우리'에 소속되지 않는 것을 비난하면서도 자신은 '나'만으로 남아 있으려는 이중성을 번번이 노출하고 있다. 이런 가운데 신세대로 갈수록 개인주의적 경향은 더 심해져 간다.

'나 자신'을 그리고 '나의 이익'을 가장 우선시하는 경향을 지닌 이들에게 다른 사람, 공동체에 관한 이야기는 그리 설득력을 발휘하지 못하는 것 같다. 자유 개인주의적 경향이 점점 강해지는 오늘의 청소년들에게 어떤 도덕교육이 필요한 것일까?

그동안 우리의 도덕교육은 '개인'의 욕구보다 사회, 민족, 혹은 국가 등 '공동체'의 요구에 치중되어 온 경향이 있다. 따라서 자신의 욕구를 잘 충족하고 자기 이익을 합리적으로 추구하는 타산성(prudentiality)에 관한 교육은 소홀하였다. 자기 이익의 추구는 이기주의로서 비난 혹은 배척의 대상이 되기 일쑤였고, 개인의 욕구 혹은 욕망은 늘 통제의 대상으로 여겨졌다. 그러면서 선공후사(先公後私)의 덕목이 항상 강조되어 왔다. 그러나 오늘날 자유주의 사회에서 타인 이익이나 공공선 때문에 자신의 욕구가 늘 좌절되고 자기 이익이 침해된다면 사람들은 결코 만족스러워하지 않을 것이다. 이런 현실에서, 자기 이익 추구보다 타인 혹은 공동체 이익을 항상 우선시하는 도덕교육의 관점은 '도덕'과 '현실'의 괴리를 증폭시키는 한계를 드러낸다. 이런 한계를 극복하기 위해서는 타산성에 관한 교육을 더욱 활성화시킬 필요가 있다. 즉, 아이들이 '자기 이익'을 합리적으로 추구하면서 아울러 '도덕성'을 벗어나지 않도록 돕는 '공동체주의적 자유주의' 쪽으로 우리의 도덕교육의 방향을 전환할 필요가 있다.

먼저, 자유주의에서의 좋은 삶(the good life)이란 어떻게 이해되는 것인가? 그것은 가능한 한 개인의 선호를 최대한으로 충족시켜 주는 삶이라고 말할 수 있다(White & White, 1986: 149-150). '선호'란 각 개인이 자신의 삶의 계획 속에서 위계화시킨 목적들을 의미한다. 이 목적들은 여러 가지 선택 대상에 대한 충분한 지식, 그리고 여러 가지 선택의 결과에 대한 충분한 지식을 기초로 삼아 숙고한 후에 선택한 것을 가리킨다. 그러나 '선호'의 충족은 도덕의 원리에 위배되지 않아야 한다. 여기서 우리는 자유주의 사상이 어떤 내용의 교육적 처방을 내릴 것인가를 짐작할 수 있다. 첫째, 삶의 계획에 필요한 지적 능력을 누구나 빠짐없이 갖추도록 교육해야 할 것이다. 둘째, 각 개인이 자신의 삶의 계획을 선택할 때 '도덕적 책임을 지닌 존재로서 행동하는 것에 어긋나지 않는' 삶의 계획을 추구하도록 도덕교육을 해야 될 것이다(이지헌, 김선구, 1997: 103-105; Keefer, 1996: 284).

그렇다면 자유주의 교육의 핵심은 학생들이 자신의 삶의 계획을 잘 수립하도록 돕는 일과 도덕적 책임감을 길러 주는 일로 요약된다. 전자는 학생 개인의 선과 관련된 것이고, 후자는 타인의 선과 관련된 것이다. 학생들이 자신의 선을 최대한 추구하는 일, 즉 '타산성[1]의 추구'는 타인의 선을 함께 고려하는 '도덕성의 발휘'와 충돌하게 된다. 자유개인주의 사회에서 자신을 위해서 사는 일과 타인을 위해 사는 일의 갈등을 일으킨다. 이로부터 자유주의 교육의 딜레마가 발생한다.

자유주의 교육의 딜레마를 어떻게 해소할 수 있으며, 그것이 잘 해

---

1) prudentiality는 타산성, 사려성, 신중함 등을 뜻한다. 그 원뜻은 '사리에 밝아 자신의 이익을 지혜롭게 잘 챙긴다.'는 의미를 갖고 있다. 고대의 덕 윤리학에서는 타산성이 실천적 지혜와 관련된 것으로 덕의 핵심 개념으로 인식되었으나, 근대 윤리학에서는 타산성과 도덕성(morality)을 엄격히 구분하여 전자는 자기 이익의 추구로 후자는 타인의 이익 배려로 취급하는 경향이 있다. 여기서는 근대적 개념을 따라 자기 이익의 추구를 타산성, 즉 이기주의와 가까운 개념으로, 그리고 타인의 이익 배려를 도덕성, 즉 이타주의와 비슷한 개념으로 쓰고 있다. 특히, 이 글에서 쓰고 있는 '도덕성'이란 용어는 이원론에서의 '이타주의'와 비슷한 개념이다. 화이트(J. White)는 '이타적(altruistic)'이란 용어를, 온건한 이타주의로서, 오히려 우리말의 도덕성에 가까운 용어로 사용한다(White, 1990: 61).

소된 도덕교육론의 특징은 무엇인가? 이 장에서는 우선 이 딜레마를 해소하려는 노력들을 비판적으로 논의한 후, 보다 효과적인 해소 방안을 모색해 보고 그것에 터한 도덕교육론을 탐색하고자 한다. 이와 관련하여, 화이트(J. White)의 도덕교육이론을 탐구할 필요성을 느끼게 된다. 왜냐하면, 그는 자유주의 교육의 딜레마 해소 방안을 설득력 있게 제시하고 있는 대표적인 학자 중의 한 사람이기 때문이다. 화이트는 자유주의적 잘삶관을 유지하면서 공동체주의적 요소를 긍정적으로 수용함으로써 자유주의가 처한 딜레마를 일원론적으로 해석하고 있다. 자기 이익과 타인 이익을 엄격히 구분하는 '이원론(dualism)'은 이 딜레마를 효과적으로 해소하지 못함을 지적한다. 이원론의 한계를 극복하기 위한 '일원론(monism)'은 '공유하는 목적 혹은 활동'을 부각시킴으로써 자기 이익과 타인 이익간의 통합성 혹은 공유성을 강조한다. 일원론에 기반을 둔 도덕교육론에서는 '이타적 성향'의 함양을 도덕교육 목표로 제시한다.

요컨대, 이 장에서는 자유주의 교육이 처한 딜레마를 효과적으로 해소할 수 있는 방안을 화이트의 이론을 중심으로 탐구해 보고, 여기에 기반을 둔 도덕교육론을 논의한 후, 우리 교육에 주는 시사점을 탐색하고자 한다.

2 타산성과 도덕성의 분리와 갈등

이원론에서 타산성과 도덕성은 분리되고 상충관계에 놓인다. 타산성과 도덕성 간의 긍정적 관계는 어떻게 설정될 수 있는가? 그리고 도덕성의 범위는 어디까지인가? 양자 간의 관계 설정에 대해서 갈등론과 조화론을 먼저 논의하고, 다음으로 도덕성의 범위에 대해 두 가지 관점, 즉 최대주의와 최소주의의 관점을 논의한다. 결국, 이원론에서는 자유주의 교육의 딜레마가 효과적으로 해소되지 않는다는 점이 지적될 것이다.

1) 타산성과 도덕성에 대한 이원론적 입장

자유주의 사회에서 추구하는 좋은 삶 혹은 잘삶이란 자신의 욕구 혹은 선호의 만족을 극대화하는 삶이라고 할 수 있다. 최근의 자유교육론자들은 이점을 다시 부각시키고 있다. 1960년대 이후 자유교육론을 주도해 온 허스트(P. Hirst)는 '이성 혹은 합리성' 중심의 좋은 삶을 추구해 왔으나, 최근에 자신의 아이디어를 바꾸고 있다(유재봉, 2000a, 2000b; Hirst, 1998, 1999a, 1999b). 즉, 그는 '지식의 형식'을 통한 '마음의 발달'이라는 아이디어를 버리고 '사회적 실제(social practice)'라는 개념을 중심으로 자신의 교육이론을 재정립하고 있다. 최근에 그가 제시하는 좋은 삶이란 "인간의 전반적인 욕구를 장기적인 안목에서 최대한 만족하는 삶"(Hirst, 1999b: 108)이다. 이와 비슷하게 화이트도 "잘삶이란 자신의 전체적인 삶에서 가장 중요한 욕구의 충족"(White, 1990: 30)이라고 본다. 이 욕구는 객관적인 정보를 근거로 해서 충분히 숙고한 '검증된 욕구(informed desire)'를 뜻한다. 요컨대, 허스트와 화이트는 좋은 삶 혹은 잘삶을 설명할 때, 이성이나 합리성보다는 '욕구' 혹은 '선호'를 매우 중시하고 있음을 알 수 있다.

여기서 우리는 자유주의의 '잘삶관'과 관련하여 한 가지 의문을 갖게 된다. 자신의 욕구를 최대한 만족하는 것이 잘 살아가는 길이라면,

그에 대한 도덕적인 제한을 어떤 근거에서 요구할 수 있는가? 욕구는 그 속성상 무한 충족을 추구하지만 유한한 제반 여건은 그것을 허용하지 않는다. 더구나 사회적 존재인 인간은 자신의 욕구를 충족하면서도 그것이 다른 사람들의 욕구충족에 피해를 주어서는 안 된다. 여기서 도덕적 제한은 개인적 잘삶의 '필요조건'에 근거하고 있다. 우리들이 각자 잘 살아가도록 하기 위해서는 적어도 어떤 요건들이 충족되어야 한다. 왜냐하면 기본적인 의식주마저 해결되지 못한 상황에서, 그리고 살인, 절도, 사기, 테러 등이 횡행하는 사회 속에서 개인적인 잘삶을 추구하기는 아주 어려운 일이기 때문이다. 이런 의미에서, '복지'와 '기본도덕(moral framework)'은 잘삶의 필요조건이다(White, 1990: 18). 여기서는 복지에 대한 논의는 접어 두고, 도덕교육과 관련된 기본도덕에 대해서만 논의하고자 한다.

잘삶의 필요조건으로서 한 사회의 기본도덕 혹은 도덕 틀이 갖추어지려면 도덕교육이 반드시 필요하다. 그런데 도덕교육의 초점은 아무래도 학생들의 욕구를 제한하고 타인의 이익을 배려하는 데 있기 때문에 이는 자신의 선호나 욕구를 최대한 충족하면서 사는 것이 좋은 삶이라는 자유주의 잘삶관과 상충되는 경향이 있어서 몇 가지 문제를 제기한다. 첫째, 자신의 욕구를 최대한 만족하며 살아가려고 하는 자유주의적 '잘삶관'과 타인의 선을 위해 자신의 욕구를 일정 부분 제한하고자 하는 '도덕적 요구'의 관계는 어떻게 설정될 것인가? 다시 말해서, 자신의 선 혹은 이익을 잘 추구하는 '타산성'과 타인의 이익을 고려해야 하는 '도덕성' 간의 관계를 어떻게 설정할 것인가? 둘째, 도덕성의 범위를 어떻게 설정하는가에 따라 타산성의 추구는 제한받게 될 것인데 과연 도덕성의 범위 혹은 한계를 어디까지 잡을 것인가?

먼저 타산성과 도덕성의 관계를 생각해 보자. 첫째, 양자가 갈등한다고 보는 갈등론의 입장이 있을 것이며, 둘째, 양자가 조화를 이룰 수 있다고 보는 조화론의 입장이 있을 것이다. 갈등론에서는 타산성과 도덕성이 본질적으로 갈등할 수밖에 없다고 본다. 즉, 타산성은 나의 이익과 관련된 것이고 도덕성은 타인의 이익과 관련된 것이기 때문에 서로 관련성이 전혀 없다는 것이다. 타인의 이익과 관련된 것이기 때문에 서로 관련성이 전혀 없다는 것이다. 타인의 이익은 나와 무관한 타인의 이익일 뿐이다. 갈등론에서 타산성과 도덕성은 필연적인 갈등 관계에 있는데, 그 갈등을 해결하려는 시도는 대략 세 가지 방향에서 이루어질 수 있을 것이다.

1. 자기 이익이 항상 도덕적 요구보다 우선해야 한다.
2. 도덕적 요구가 항상 자기 이익보다 우선해야 한다.
3. 어느 것도 항상 우선시되지 않아야 한다. 도덕적 욕구가 앞서야 할 때도 있고, 자기 이익이 앞서야 할 때도 있다 (White, 1990: 55).

여기서 1의 경우는 일반적으로 지지하기 어려울 것이다. 자기 이익을 위해서 살인, 절도, 사기 등을 서슴지 않는다면, 이는 어떤 식으로도 정당화하기 힘들다. 사회의 기본도덕을 지키는 것, 즉 도덕적 요구에 따르는 것은 내 자신의 잘삶뿐만 아니라 모두의 잘삶을 위한 필요조건이다. 이렇기 때문에 아무리 자유주의가 타산성을 중시한다 하더라도 타산성이 도덕성보다 항상 우선한다고 말하기는 어렵다.

그렇다면 2의 경우처럼 도덕적 요구가 늘 자기 이익보다 우선해야 하는가? 이 경우, 우리가 항상 도덕적이어야 할 이유를 설명하기 어렵다는 것이 문제가 된다. 인간의 행위 이유를 가장 설득력 있게 설명하는 방법 중의 하나는 그것을 욕구와 관련지어 설명하는 것이다. 즉, 어떤 행위를 하는 이유가 자신의 욕구 때문이라고 설명하면, 더 이상의 정당화를 요구하기 어렵게 된다. 만약 도덕성이 나에게 요구하는 바가 나의 이익과 상충될 때, 도덕성의 요구를 이행하고자 하는 '내적인 이유'[2]가 내게 없다고 한다면, 도덕적 이유는 나에게 중요한 것이 될 수 없다. 이와 달리 도덕적 요구가 늘 자기 이익보다 우선해야 한다는 주장을 옹호하기 위해서는 '외적인 이유'가 있다는 점을 밝힐 수 있을 것인데, 이와 관련된 확실한 논증을 아직은 찾아보기 어려울 뿐만 아니라(White, 1990: 56), 자유주의적 입장과 배치되기도 한다. 왜냐하면, 자유주의에서는 도덕성보다 자신의 이익, 욕구, 선호, 자유, 권리 등이 일차적으로 중시되기 때문이다.

그렇다면 도덕적 요구가 앞서야 할 때도 있고 자기 이익이 앞서야 할 때도 있다고 말할 수 있는가? 도덕적 요구가 '언제나' 우선시되어야 할 분명한 이유를 제시하지 못한 상태에서 그것이 반드시 우선해야 하는 경우들이 '가끔' 있다고 말하기도 어렵다. 결국 인간 행위가 반드시 도덕적 요구를 따라야 한다는 '외적인 이유'를 명확히 제시할 수 없다면, 자기 이익보다 도덕적 요구가 우선해야 한다는 점은 설득력 있게 논증되지 못한다.

여기서 갈등론자들은 딜레마에 빠질 수밖에 없다. 왜냐하면 도덕적 요구의 우선성을 주장하려면, 도덕적 요구들이 '욕구와 무관하게' 존재한다는 점을 해명해야 하는데 그것이 여의치 않고, 다른 한편으

---

2) 윌리엄스(B. Williams)는 행위를 설명하는 이유 중에서 욕구와 관련된 이유를 '내적인 이유(internal reason)'로, 욕구와 무관한 이유를 '외적인 이유(external reason)'로 부르고 있다(Williams, 1981: ch. 8).

로 모든 갈등을 자기 이익을 추구하는 방향으로 해결해야 하는 것도 지지받기가 어렵기 때문이다. 이 딜레마를 해결하기 위해 갈등론을 버리고 조화론으로 눈을 돌리게 된다.

조화론은 도덕성이 자기 이익의 필수요소가 된다는 점을 강조한다. 즉, '개념상' 개인의 잘삶 혹은 자기 이익 속에서는 도덕성이 포함된다는 뜻이다. 자기 이익을 포괄적 개념으로 이해하면 그 속에 도덕성을 포함시킬 수 있을 것이다(Griffin, 1986: 131-132). 대개 사람들은 자신의 이익을 협소한 관점에서 보려고 하지만, 어떤 사람들은 '타산적 가치'에 대해 폭넓은 생각을 가질 수 있다. 즉, 자신의 관심사를 자신이 실제로 현재 관심을 갖고 있는 것뿐만 아니라 관심을 가져야 하는 것 또는 마음에 두고 있는 일들을 충분히 숙고한 후에 관심을 갖게 될 것으로 확대해 볼 수 있다. 이 경우, 타산적 가치와 도덕적 가치를 분리시키기는 어렵다. 자신의 삶에서 타산적 가치로 파악되는 것과 도덕적 가치로 파악되는 것이 일치할 수 있을 것이다. 이렇게 볼 때, 만약 우리가 다른 사람의 삶의 가치를 포함한 일반적인 가치를 중시하거나 혹은 다른 사람에게 해를 끼치지 않는다면, 우리 자신은 좋은 삶을 영위할 수 있을 것이다(Griffin, 1986: 156).

이와 같이 자기 이익의 개념을 넓게 보면 그 속에는 도덕성이 포함되기 때문에, 타산성과 도덕성은 개념적으로 상충되지 않는다는 논증에 대해 개념적 정의로 해결하려는 것은 무리라고 화이트는 반박한다(White, 1990: 58). 즉, 도덕적 요구를 도외시하는 잘삶의 형태가 실제로 있을 수 있다. 예컨대, 오직 자신의 안락과 안전만이 중요하다는 식으로 잘삶을 협소하게 생각하는 사람들이 있을 수 있다. 또 막대한 재력과 권력을 가진 사람들은 도덕적 제약에 구속받지 않은 채, 무도덕적(amoral) 차원에서 살아가기도 할 것이다. 물론 이런 형태의 삶을 '진정한 의미'의 잘삶으로 보기는 어렵다는 지적도 있지만(Kim & Wringe, 1997: 69; Wringe, 1999: 289), 자유주의적 잘삶관, 즉 잘삶을 자신의 '검증된 욕구의 충족'(White, 1990: 30)으로 파악하는 관점에서 보면 이런 삶도 잘삶의 한 형태로 볼 수 있을 것이다. 따라서 개념적 정의를 통해 타산성과 도덕성의 조화를 설명하는 입장도 한계를 지니고 있음을 알 수 있다.

2) 도덕성의 범위에 대한 최소주의와 최대주의

일반적으로 볼 때, 과거 전통사회의 덕 윤리학은 '최대주의 도덕성'을 요구하는 반면, 근대 이후의 법칙 윤리학 혹은 의무 윤리학은 '최소주의 도덕성'을 요구한다고 말할 수 있다. 덕 중심의 도덕 담론이 가능했던 전통적인 공동체에서는 개인의 사람됨과 인격이 도덕의 관심사였기 때문에 '개인의 삶 전체'가 도덕과 연관된다고 말할 수 있다. 그러나 근대 이후 대면적 관계가 무너지고 파편화된 개인 중심의 산업사회에서 사람됨의 전체를 평가하는 도덕 담론은 설득력을 잃게 되었다. 그 대신, 다원적이고 복잡한 사회 속에서 구성원들이 모두 지켜야 할 '최소한'의 보편적 · 객관적 원리나 법칙 중심의 도덕 담론이 자리를 잡게 되는 경향을 보인다. 최근의 자유주의가 최소의 의무를 강조하는 것은 자연스러운 현상일 것이다. 그렇다고 최대주의가 도덕성을 강조하는 입장이 모두 사라진 것은 아니며, 두 입장이 혼재해 있는 것이 현실이다.

위와 같은 최대주의자(maximalist)의 관점과 최소주의자(minimalist)의 관점은 도덕성의 범위에 대해서 현격한 입장 차이를 보인다(White, 1990: 43-45). 최소주의 도덕성은 최소한의 도덕적 의무만을 요구하는 반면, 최대주의 도덕성은 의무 이상의 행위(supererogatory act)나 도덕적 권고 사항(those counseled by morality)까지도 요구한다. 최소주의 도덕성은 기본도덕 혹은 도덕적 틀을 의무나 금지, 예컨대 살인이나 절도에 대한 금지의 문제로 제한할 것을 주장하는 반면, 최대주의 도덕성은 더욱 적극적인 권고나 명령, 예컨대 가난한 사람을 도우라는 명령에까지 확대할 것을 주장한다. 최대주의 도덕성과 최소주의 도덕성은 '어려운 도덕'과 '쉬운 도덕'(송재범, 1997: 444)으로 혹은 '덕의 윤리'와 '의무의 윤리'(황경식, 1995: 623-658)와 같은 용어로 말할 수 있다.

최대주의자들은 도덕의 범주에 훌륭한 행위나 훌륭한 덕목들을 포함시킨다. 최대주의 도덕성을 몇 가지로 구분해 볼 수 있다(White, 1990: 43). 첫째, '공리주의적 형태'의 최대주의자들은 자신의 삶을 여러 가지 활동, 가령 기근 구제 활동, 환경보호 운동, 각종 비정부기구 활동 등에 투신한다. 이들은 도덕적 명분이나 사회적 대의를 위해서 자신의 삶을 헌신한다. 둘째, '종교적 형태'의 최대주의자들은 삶의 전 영역에서 도덕적 의무의 영향하에 살아간다. 이들의 도덕적 의무감은 특히 신의 명령에 대한 의무감으로서 강한 구속력을 갖는다. 언제, 어디서, 그리고 어떤 상황에서건 신 앞에서 경건한 삶을 살아야 한다는 종교적 요구에 따라 자신을 끊임없이 평가하기 때문에 철저하게 도덕으로 무장된 삶을 살아간다. 셋째, '칸트적인 형태'의 최대주의자들은 정언명법이 지배하는 도덕적 삶을 살고 있다. 이들은 도덕적 의무의 지배를 철저하게 받고 살아가는 엄격한 원칙주의자들이다.

최대주의 도덕성은 사회적 일탈 현상이 심각하고 도덕적 병리 현상이 위험 수위를 넘었다고 보는 사람들 사이에서 강조된다. 그런데 최대주의 도덕성에 기반을 둔 도덕교육론은 여러 측면에서 예기치 않은 부작용을 낳을 수 있다. 첫째, 사회의 변화를 고려하지 않은 도덕의 절대화는 오히려 도덕의 위기를 초래할 수 있다. 오늘의 사회는 과거처럼 전통지향의 공동체는 아니다. 이제는 개인의 자유와 권리가 중요시되고 획일성이 아닌 다원성이 강조되는 포스트모던적 사회이기도 하다. 이런 상황에서 전통과 도덕을 지나치게 강조하는 것은 '도덕적 엄숙주의'로의 회귀로서 도덕과 현실을 괴리시키는 이중적 도덕을 확대재생산할 위험이 있다(이진우, 2000: 107-124).

둘째, 학교교육의 지나친 도덕화(moralising)는 학생들의 개인적인 잘삶에 오히려 장애를 초래할 수 있다(White, 1997: 14). 예전과 비교할 때 오늘날 학생들의 도덕성이 상당히 약화되어 있고, 학교교육에서 도덕교육을 더욱 더 강화해야 된다는 주장이 뒤따르기도 한다. 그러나 최대한의 도덕적 의무의 강요가 해결책이 되기는 어렵다. 지나치게 엄격하고 과다한 의무나 규칙만을 강조하다 보면 '도덕적 경직성, 필요 이상의 죄책감' 등을 유발할 수 있다. 최대한의 의무나 규칙을 강조하는 것보다 '자신이 추구해야 할 인간상에 대한 비전을 심어주고 자신의 행복과 만족에 대한 광범한 시각을 갖도록 도와주는 것'이 오히려 바람직한 도덕교육의 방안일 수 있다.

셋째, 최대주의 도덕성은 '도덕적 영웅'을 기르려는 도덕교육관이므로 일반적인 목표로는 한계를 갖는다고 볼 수 있다(송재범, 1997: 442; 최병태, 1996: 16-17). 오늘날 도덕교육을 통해 기르고자 하는 인간상은 일상생활의 제약들을 과감하게 떨쳐 버리고 위대한 도덕적 행동의 모범을 보여 준 '도덕적 영웅들' 가령, 유관순 열사, 테레사 수녀 등이라고 말하기도 어렵다. 이와 같은 도덕적 인간상은 도덕적으로 탁월한 사람일지는 몰라도 '매력적인 인간상'은 아니며, 탁월한 도덕성에 도달하지 못한 다수에게 현실적으로 도덕적 열등감을 갖게 한다.

최대주의 도덕성은 오늘날 그 기반이 약해져 가고 있다. 산업사회 그리고 자유주의 사회에서는 개인주의 사상이 그 기반이 된다. 개인주의에서는 개인의 존엄성, 자율성, 프라이버시, 권리 등이 최대주의 도덕성보다 더 강조된다. 또 다원적인 산업 사회에서 잘삶에 대한 견해는 매우 다양해지고, 개인주의적 성향을 가진 사람들에게는 자기 자신의 잘삶이 가장 중요한 관심사가 된다. 따라서 최대주의 도덕성이 최소주의 도덕성으로 변해 가는 것은 현실적인 추세일 것이다.

최소주의 도덕성이란 어떤 것인가? 그것은 다른 사람들의 도덕적 권리를 존중해야 한다는 것과 필요한 경우 도움도 베풀어야 한다는 것을 자신의 도덕적 책임으로 받아들이지만, 그 이상으로 확대할 필요는 없다고 보는 입장이다. 이는 도덕적 의무만 잘 지키면 된다고 보는 견해, 그리고 도덕적 원리에 위배됨이 없는 사항은 모두 허용된다고 보는 견해 등으로 나타난다(송재범, 1997: 444; 황경식, 1995: 632-637).

최소주의 도덕성은 세 가지 유형으로 변질될 수 있다(White, 1990: 43-45). 첫째는 '도구적' 최소주의다. 이는 도구적인 이유에서 기본도덕을 따르는 것이다. 비도덕적 행위를 삼가는 것은 사회적 비난이나 법적인 처벌을 피하기 위해서일 뿐 다른 내적인 이유 때문에 그런 것은 아니다. 따라서 의무 차원에서 기본도덕을 지키지만, 자신에게 이익이 되는 경우가 들키지 않을 수만 있다면 기본도덕을 위반하려 할 것이다. 이런 사례는 현대인들에게서 쉽게 발견된다. 가령, 교통법규 위반, 탈세, 불법 주식거래, 부동산 투기 등에 죄의식은 거의 없어지고 오히려 들키지 않고 해낼 수만 있다면 노골적으로 그리고 어떤 면에서는 떳떳하게 이런 행동들을 하려는 현상이 점점 심해져 간다. 둘째는 '기만적' 최소주의다. 즉, 어떤 목적(본심)을 따로 갖고 있으면서 그럴듯한 도덕적 모습(외양)을 보이는 표리부동한 인간이 있다. 가령, 피고용자들의 요구를 잘 들어주는 척하면서, 자신의 뜻을 관철시키려는 고도의 전략을 내심으로 가지고 있는 고용주는 기만적 최소주의자다. 현대인들은 다양한 영역에서 겉치레 도덕의 모습을 보이고 산다. 셋째는 최소주의자라고 보기에도 곤란할 정도의 '반인륜적'(counter-ethical) 행위자다. 가령, 집단적으로 가해진 엄청난 야만행위, 개인적으로 저지른 잔인한 신체적 상해행위, 그리고 가족을 괴롭히는 행위는 모두 반인륜적 최소주의에 해당된다.

위에서 알 수 있듯이 최소주의 도덕성의 가장 큰 문제점은 그것이 '도구적인' 도덕성의 차원에 그친다는 점이다. 타산성의 추구를 위해 도덕성이 무시될 수도 있다. 즉, 타산성을 추구하는 것이 우선 중요한 문제가 되고, 도덕성은 부차적인 사항이 되어 버린다. 이와 같은 문제점들은 다시금 '분리주의적인 이원론이 갖는 한계'를 부각시켜 준다. 즉, 타산성과 도덕성을 분리시켜 놓고, 도덕성의 범위를 최소한으로 규정함으로써 양자 간의 갈등을 최소화할 수 있다고 본다. 하지만 이와 같은 최소주의의 도덕성의 입장에서는 결코 타산성과 도덕성이 효과적으로 '조화'될 수 없음이 여기서 분명해진다.

3 타산성과 도덕성에 대한 이원론의 극복과 도덕교육론

사회적 존재인 인간은 '공유하는 목적'을 갖고 있기 때문에 자기 이익과 타인의 이익을 명확히 구분하기가 어렵다. 만일 '공유하는 목적' 속에 타산성과 도덕성이 공존한다면 이원론을 극복할 수 있는 길이 열린다. 이와 같은 의미에서 타산성과 도덕성의 비분리성, 즉 통합성을 강조하는 입장이 일원론이다. 일원론에서는 '공유하는 목적'을 수행하는 데 필요한 자질로서 '이타적 성향'이 강조되며, 이 이타적 성향의 함양은 도덕교육의 실질적인 목표로 제시된다.

1) 타산성과 도덕성에 대한 일원론적 입장

자기 이익과 타인의 이익이 철저하게 분리되고 서로 환원될 수 없는 것으로 볼 때, 자기 이익에 충실한 것은 이기주의이고 타인의 이익에 충실한 것은 이타주의다. 이기주의와 이타주의는 명백히 상충되는 관계로서 서로 지향하는 바가 달라 서로 무관한 관계에 있다. 분리주의적인 이원론의 입장에서 볼 때, 이타주의는 타인의 이익을 추구하는 입장이고, 타인은 자신이 아니기 때문에 타인의 잘삶은 자기 자신의 잘삶과는 전혀 별개의 일이 되고 만다.

그러나 자기 이익과 타인 이익을 반드시 분리해서 보아야 할 타당한 이유가 있는가? 그리고 실제로 그런 분리가 가능한가? 또 무엇이 나의 이익이고 무엇이 타인의 이익인지에 대해 충분한 설명이 가능한가? 또한 도덕교육에서 일반적으로 받아들여질 수 있는 덕목들, 예컨대 정직, 성실까지도 이분법적으로 보아야 하는가? 즉, '정직'도 나를 위한 정직과 타인을 위한 정직으로 구분될 수 있는가? 만일 자기 이익의 추구에 '덕'이 도움이 되지 않는다면, 덕목은 자유주의적 도덕교육에서 배제되어야 하는가? 그리고 가까운 사람, 가령, 가족, 친구에 대한 애정과 헌신조차도 분리주의 시각으로 이해할 수 있는 것인가? 즉, 나의 이익과 부모 혹은 자녀의 이익이 확연히 구분될 수 있는 것인가?(White, 1990: 61-67; White & White, 1986: 171-173)

위와 다르게, 자기 이익과 타인 이익은 그렇게 분리되지 않고 상호 '공유하는(shared) 측면들'이 많다. 이러한 입장을 일원론(monism)이라고 할 수 있다. 이 일원론과 앞에서 언급한 '이원론의 조화론'은 얼핏 보면 비슷해 보이지만 몇 가지 점에서 차이가 있다(White, 1990: 59-61). 첫째, 출발점이 서로 다르다. 일원론은 타산성과 도덕성이 구분되지 않는다고 보는 반면, '이원론의 조화론'은 양자가 구분된다고 보는 입장에서 출발한다. 둘째, 타산성과 도덕성의 '조화'를 설명하는 방식이 서로 다르다. 일원론은 타산성과 도덕성이 서로 분리될 수 없는 '공유하는 측면'을 갖는다는 점을 부각시키는 반면, 이원론의 조화론은 정의(定義)에 의해 타산성의 개념 속에 도덕성을 포함시킴으로써 '광의의 타산성' 개념을 부각시킨다. 셋째, 지향하는 관점이 서로 다르다. 일원론은 '온건한 이타주의'를 지향하는 반면, 이원론의 조화론은 여전히 이기주의를 지향한다고 볼 수 있다. 엄밀하게 말하자면, 이원론의 조화론에는 이기주의만 존재할 뿐이고 이타주의는 존재하지 않는다.

일원론의 가장 큰 특징은 타산성과 도덕성의 '통합성' 혹은 '비분리성'을 강조하는 것이다. 잘삶은 일차적으로 타산성을 함의하기는 하나, 타인과 공유할 수 있는 목적, 가치 등을 성취하는 것과 밀접하게 연관되어 있다. 그렇기 때문에 잘삶은 필연적으로 도덕성을 함의하며, 양자는 명확히 구분되지 않는다. 만일 인간의 잘삶이 '목적의 성취'와 관련되는 것이고 그 목적이 '사회적 형식(social forms)'에 기반을 두고 있는 것임을 고려해 본다면, 타산성과 도덕성은 결코 분리해서 이원론적으로 파악될 수 없다고 할 수 있다.[3)] 또한 공동선

(common good)의 관점에서 보면, 이기주의와 이타주의를 구분하는 이원론은 의미가 없다고 볼 수 있다. 공동선은 모든 사람들의 선을 구성하는 본질적인 요소이고 그 자체가 바람직한 것이다. 공동선에 대한 애착과 헌신은 자신뿐만 아니라 모두의 잘삶을 가능하게 한다(Bond, 1996: 228-229).

> 분리주의에서는 우리가 가치 있는 것으로 생각하는 인간 생활의 많은 부분을 폄하한다. 따라서 우리의 가족이나 친구에 대한 애착은 우리 자신의 잘삶과 아무 관계가 없다고 본다. 우리가 공유하는 목적을 갖는 활동에 참여하는 경우에, 우리들은 한편으로 나를 위해서, 또 다른 한편으로 상대방을 위해서 무엇이 좋고 무엇이 나쁜가를 생각하지 않고, '우리'의 잘삶에 대해서, '우리'에게 얼마나 좋은 혹은 나쁜 일이 일어나고 있는가에 대해 생각한다(White, 1990: 66).

타산성과 도덕성의 비분리성을 강조하기 위해 부각시킬 수 있는 한 가지 개념은 '공유하는 목적 혹은 활동(shared ends or activities)'이다.

---

3) 래즈(J. Raz)는 '목적' 그리고 그 목적이 기반하고 있는 '사회적 형식'을 통해 양자의 비분리성을 강조한다. 래즈가 볼 때, 인간의 잘삶은 사회적으로 정의되고 결정된 목적추구와 활동에 상당 부분 달려 있다(Raz, 1986: 309). 그가 사용하는 '목적'이란 용어는 개인의 기획, 계획, 관계, 야망, 헌신 등을 포괄하는 광범한 개념이다(Raz, 1986: 291). 또 '사회적 형식'이란 행위의 공통적인 사회적 형식에 대한 공적 지각이며, 그 지각은 종합적인 개인적 목적을 가능하게 만들어 주는 내적인 풍성함과 복잡함을 갖는다(Raz, 1986: 310). 래즈가 볼 때, 도덕적으로 좋은 사람이란 "내재적 가치와 타인의 잘삶을 증진시키는 목적의 추구와 자신의 잘삶이 서로 얽혀 있어서 자신의 잘삶과 도덕적 관심을 분리하는 것이 불가능한 사람"(Raz, 1986: 320)이다.

사실 우리가 관여하는 여러 활동에는 '타인들과 공유하는' 목적들이 많다. 자신에게 매우 중요하면서도 다른 사람들과 공유하는 목적을 갖고 있는 사람은 자신의 중요한 욕구를 충족시키면서 그와 동시에 그 활동을 공유하는 다른 사람들의 욕구도 함께 만족시킬 것이다. 우리는 이런 활동들을 끊임없이 수행하며 살아간다. 가령, 직장에서의 업무 수행, 야구팀의 일원으로서 경기하기, 극단의 일원으로서 연극 공연 등을 보면, 이 활동들은 혼자서 성취할 수 없는 '공유하는 목적'을 지니고 있다. 다른 사람들과 이 목적을 '공유'해야만 성공적인 수행이 가능해진다. 다른 사람들도 자신과 같이 공유하는 목적을 추구하고 협동할 필요가 있다. 또 자신의 목적 추구가 다른 사람들의 목적 추구를 돕는 것이므로 그것은 즐거운 일이 될 수 있다.

공유하는 목적이 비록 성취되지 못할지라도 다른 사람들과 '함께 있고 함께 일하는 것' 자체는 인간의 '사회적 욕구'를 충족시켜 주는 일로서 잘삶에 도움이 된다. 사회적 욕구란 다른 사람들과 함께 존재하고 함께 일하고 싶은 욕구다. 사회적 욕구를 추구한다는 것은 모종의 인간적 자질을 가진 사람들과 '더불어 살아감'을 의미한다. 그것은 다른 사람들을 단순히 '공유하는 목적을 실현하기 위한 효율적인 수단'으로 취급하는 것과는 다르다. 우리는 본성상 그런 사람이기 때문에 나는 그들과 함께 있는 것을 즐거워하고, 그들은 나와 함께 있는 것을 즐거워할 수 있다. 이원론을 옹호하는 입장에서는 이런 사회적 욕구를 '내가 다른 사람을 인정해 주는 측면'과 '다른 사람들이 나를 인정해 주는 측면'으로 세분하고, 전자를 이타주의로 후자를 이기주의로 분리할 수 있겠지만, 이렇게 두 가지 동기들을 엄격히 구분한다는 것은 무리일 것이다.

인간이 수행하는 활동 중에는 '타인과 공유하는' 목적이나 가치가 대부분이고 또 그런 공유 속에서 인간됨의 의미를 발견하는 사회적 욕구를 지닌 존재다. 이원론적 입장에서는 이러한 '공유하는 활동'의 중요성을 간과하기 쉽다. 공유하는 활동은 어느 사회에나 있기 마련이고, 이 점을 교육적으로 중요하게 다루어야 할 필요가 있다(White, 1990: 65).

2) 일원론적 도덕교육론: 이타적 성향의 함양

자유주의가 도덕교육과 관련하여 직면한 딜레마인 '타산성과 도덕성의 갈등' 문제를 통합적인 관점에서 해소하는 일원론은 어떤 형태의 도덕교육론을 제안할 수 있는가? 일원론은 타산성과 도덕성을 구분하지 않는 '통합교육(unified upbringing)'을 제안할 것이다(White, 1990: ch. 4). 나의 이익과 타인의 이익을 엄밀히 구분하지 않고 '공유하는 목적'에 초점을 맞추면 거기에는 나의 이익과 타인의 이익이 공존할 수 있다. 공유하는 목적에서는 타산성과 도덕성이 엄밀하게 구분되지 않기 때문에 통합적인 관점의 도덕교육론은 훨씬 설득력을 가질 것이다.

공유하는 목적을 성공적으로 수행하는 데 가장 필요한 것은 무엇인가? 자신의 잘삶뿐만 아니라 타인의 잘삶도 함께 고려하고, 공유하는 목적을 달성하기 위해 함께 노력하는 데에는 모종의 인간적 자질이 필요하다. 즉, 공유하는 목적에 대한 애착과 헌신, 그리고 함께하는 타인들에 대한 애정과 관심, 협동심, 다양한 덕목 등 타인이나 공동체에 대한 행동, 반응, 태도 등이 요구되는 것이다. 이들을 가리켜 화이트는 '이타적 성향(altruistic dispositions)'이라 부른다(White, 1990: 45-49).

자유주의 교육에서는 학생들의 개인적 잘삶의 증진을 중요한 목적으로 추구한다. 그러나 타인의 아픔과 고통에 전혀 관심이 없고 오직 자기 자신의 잘삶에만 관심이 있는 그런 사람을 기르고자 하는 것은 아니다. 일반적으로 말한다면, 타인의 잘삶에도 함께 관심을 가지면서 자신의 잘삶을 추구하는 그런 사람을 기르는 것이 (도덕)교육의 목적이다.[4] 자신의 잘삶뿐만 아니라 타인의 잘삶에 관심을 갖는 성향이 곧 이타적 성향이다. 여기서 이타적 성향은 자유주의 교육과 부합되는 것으로 제시된다.

'이타적 성향'은 구체적으로 어떤 것들인가? 이타적 성향은 '인간됨의 기본적 '자질'로서, 공유하는 목적을 달성하는 데 필요한 덕을 가리킨다. 이것은 모든 학생들에게 길러 주어야 된다고 대부분 동의할 수 있는 내용이다(White, 1990: 18). 화이트는 비록 완성된 형태는 아니지만, 이타적 성향의 내용들을 구체적으로 제시하고 있다(White, 1990: 47-48). 그가 제시하고 있는 성향들을 몇 가지 범주로 요약해

4) 이런 관점을 화이트는 '교육적 입론(educational arguments)', 또는 '교육자 관점(educator's perspective)'(White & White, 1986: 167-169)으로 설명한다. 매킨타이어(A. MacIntyre)는 실제, 서사적 통일성, 전통 등의 요소를 통해 아리스토텔레스의 덕론을 재해석한다. 그는 도덕적 삶의 핵심은 덕이며, 덕은 곧 자기 자신의 잘삶의 필수적인 부분이라고 주장한다. 그의 입장에 대한 자유주의자들의 반론이 제기될 수 있는데, 첫째는 자신의 선호를 공유된 선 쪽으로 무게 중심을 두어야 할 이유가 무엇인가 하는 것이고, 둘째는 도덕적 요구를 수용해야 할 이유가 무엇인가를 묻는 급진론자들의 반론이다(MacIntyre, 1984). 화이트는 이들에 대한 매킨타이어의 반론이 그다지 설득력이 없다고 본다(White & White, 1986: 167). 그 대신에 자유주의자들의 반론을 극복할 수 있는 대안으로 화이트가 제시하는 것이 '교육적 입론'이다. 교육적 입론이란 학생들이 공유하는 목적을 중시하고 그것을 추구하도록 지도함으로써 학생들의 '심리적 통합성(psychic integration)'을 길러 줄 수 있다는 내용이다.

볼 수 있다. 첫째는 주변 사람들에 대한 애정이나 호의 등 '인간관계'에 대한 성향이다. 둘째는 자신이 속한 공동체나 조직에 대한 애착이나 역할 수행 등 '공동체와 사회적 역할'에 관한 성향이다. 셋째는 약속이행과 같은 '의무와 공정함'에 관한 성향이다. 넷째는 타인들의 잘삶을 보호하고 관심을 갖는 등 '이타적 관심과 덕목들'에 관한 성향이다. 즉, 우리가 공유하는 목적을 잘 수행하고, 자신의 잘삶과 함께 타인들의 잘삶도 증진할 수 있기 위해서는 인간관계, 공동체와 사회, 의무와 이타적인 덕목들에 관한 성향이 요청됨을 알 수 있다.

이러한 성향들을 어떻게 정당화할 수 있는가? 사실, 화이트가 제시한 이타적 성향들에 대해서 엄밀한 정당화를 한다는 것은 가능하지 않을 것 같다. 왜냐하면, 다원주의 사회에서 엄밀한 정당화가 이루어질 수 있는 확고부동한 근거를 가진 가치나 성향은 존재하기 어렵기 때문이다(White, 1990: 33). 그러나 모든 교육자들이 대체로 동의할 수 있는 인간됨의 자질, 그리고 공유하는 목적을 수행하는 데 필요한 덕목이 무엇인가를 탐색하는 일은 가능한 일일 것이다. 화이트가 제시한 이타적 성향들은 바로 그러한 탐색작업의 하나로 볼 수 있을 것이다. 이러한 성향의 목록이 우리 사회에서도 적절한 내용인가를 검토해 보고, 학생들에게 꼭 함양시켜 주어야 할 성향들인가를 구체적으로 확인할 필요가 있을 것이다.

이러한 검토, 확인 과정에서 주목해야 할 점은 '이타주의(altruism)'라고 생각한다. 교육에서 추구하는 인간상은 극단적인 이기주의자도, 극단적인 이타주의자도 아니다. 교육자들이 염두에 두고 있는 인간상은 그 중간 정도에 위치한다고 볼 수 있다. 즉, 자유주의 교육에서 추구하는 인간상은 자기 이익을 추구하면서도 타인 이익을 함께 고려할 줄 아는 '온건한 이타주의자'로 볼 수 있을 것이다. 온건한 이타주의란 '이기심 없는 희생'도 아니고 '이타심 없는 이기'도 아니다. 이기심과 이타심을 분간할 수 없을 만큼 양자가 적절히 융합, 조화된 상태라고 볼 수 있다. 이런 사람은 아마도 '나'와 '너'보다는 '우리' 의식이 강한 편일 것이다. 이런 의미의 이타주의를 다음과 같이 설명할 수 있다.

> 교육의 '도덕적' 측면에 대해 교사와 부모들이 관심을 갖는 가장 큰 이유는 학생들이 오직 자기 자신만이 아니라 다른 사람들의 필요에 대해서도 관심을 갖고 성장해야 한다는 점일 것이다. 교육자들이 염두에 두고 있는 것은 바로 그런 의미의 이타주의다. 나는 '이타주의'가 꼭 다른 사람에게 대한 '자기희생적' 관심을 의미한다고 보지 않는다(White, 1990: 46).

여기서 '이타적'이란 말은 다른 사람의 이익 속에는 나의 이익과 분리되지 않는 공유하는 부분이 있음을 강조하는 의미로 쓰이고 있다. 우리는 살아가면서 다른 사람들과 함께 공유하는 목적을 갖게 되고, 그 속에는 나의 이익과 타인의 이익이 공존하고 있다. 이는 자기이익 곧 타산성의 추구는 이기주의로, 타인의 이익을 배려하는 도덕성의 발휘는 이타주의로 보고 있는 분리주의적 이원론과는 다른 관점임이 여기서 드러난다.

그렇다면 '이타적 성향을 함양하는 교육'에서 특히 중시되어야 할 점은 무엇인가? 이타적 성향을 함양하기 위한 도덕교육에서 매우 중시해야 할 내용으로는 '조기교육' '습관화를 통한 성향의 체득' '가치갈등의 해결' 등을 들 수 있다(김희봉, 2001a: 119-126).

첫째, 이타적 성향의 함양은 나이가 어릴수록 효과적이다. 즉, 조기교육의 중요성이 매우 강조된다. 아이들의 살아가는 데 필요한 '사람됨의 틀을 확고하게 함양시켜 주는 것'이 조기교육의 가장 중요한 목적 중의 하나일 것이다(White, 1990: 49; White & White, 1986: 167) 이런 관점에서 보면, 우리나라 조기 교육은 미흡한 점이 많다. 원래 의도하는 바는 아니라 하더라도 조기교육 때부터 이타심보다는 이기심을 길러 주는 데 치중하는 경향이 있고, 도구적 목적에 치우치고 있기 때문에 이타적 성향을 함양시키는 데에는 소홀하다. 어떻게든 남보다 앞서야만 잘 살아갈 수 있다는 부모들의 강박관념은 아이들로 하여금 다른 사람을 경쟁의 대상으로 여기게 만들고 경쟁 과정에서 '나'만을 생각하는 이기주의자로 만들기 쉬우며, 아이들은 공유하는 목적을 가진 협동활동의 중요성을 거의 인식하지 못한 상태로 자라게 된다. 그러나 이타심이 잘삶의 기반이 되기 때문에 이기심만 길러 가지고는 아이들의 잘삶을 증진시키지 못한다. 또한 조기교육이 지나친 도구적 경향을 띠게 됨으로써 본연의 임무인 이타적 성향을 함양하는 일은 소홀이 되고 있다. 가령, 문해력, 예능, 영어 등이 조기교육에서 강화될 필요는 있지만, 지나치게 도구적 경향을 띠고 있는 것은 문제다. 사실, 조기교육에서 가장 중요하고 우선해야 할 내용은 아이들의 사람됨의 틀을 형성시켜 주는 일이다(White, 1990: 76). 아이들이 장차 사회적 존재로 살아가도록 하기 위해서 '공유하는 목적'의 중요성을 깨닫고 그것을 잘 수행해 갈 수 있도록 조기교육에서부터 확고한 기반을 마련해 주는 것이 필요하다.

둘째, '습관화를 통한 체득'은 이타적 성향을 함양하는 실질적인 방안이다. 실제 생활의 여러 경험을 통해서, 주변사람들의 다양한 지도와 배려를 통해서, 그리고 스스로 깨달은 각오와 노력을 통해서 이타적 성향은 획득된다. 아리스토텔레스도 말했듯이 덕 있는 사람, 즉 이타적 성향을 획득한 사람이 되기 위해서는 '습관화'가 필요하다. 습관화는 '행동의 반복'을 의미한다(최병태, 1996: 243). 물론 그 과정에서 올바른 '판단'과 적절한 '감정'을 갖는 것이 요구되기도 할 것이다. 이 두 가지 요소들은 직접 행동해 봄으로써, 즉 실천함으로써 개발된다.

그런데 우리의 도덕교육은 최근까지 지나치게 인지발달 이론에 근거함으로써 언어화, 추상화의 경향을 띠어 왔다(박병기, 추병완, 1996: 336). 그러다 보니 도덕성의 지적인 측면은 강조된 반면, 정의적 · 행동적 측면은 경시되었다. 더 나아가 도덕교육에서 직접적으로 도덕적 행동을 가르치는 것이 불가능하므로, 그 대신 도덕적 문제를 바라보고, 도덕적 문제를 논의하며, 도덕적 판단과 결정을 내리는 지적인 훈련과정에 초점을 맞춰야 한다는 편협된 도덕교육관이 일반화되기도 하였다. 그러나 도덕교육은 '도덕에 관한 지적인 훈련'과는 구분된다. 학생들의 성품과 인격을 변화시키고 바람직한 덕목을 함양시키는 것이 도덕교육 본연의 임무라고 할 수 있다. 일원론적 관점의 도덕교육론에서는 습관화를 통한 이타적 성향의 체득을 강조한다. 이타적 성향이 생활 습관으로 몸에 배게 될 때, 그것은 자신의 성품을 형성한다. 따라서 습관화를 통해 이타적 성향이 아이들의 몸에 밸 때까지 교사와 부모들의 끊임없는 관심과 노력이 요구된다. 우리나라 학교의 현실 여건, 가령 교사들의 수업 시수, 과중한 행정 업무 등을 고려할 때, 학생들의 생활습관을 일일이 점검하고 지도하기는 매우 힘든 실정이다. 이를 극복하기 위해서는 교육 여건의 개선, 가정교육과 연계된 도덕교육이 필요할 것이다. 그러나 이것들보다 더 근본적인 것은 교사들의 열정과 헌신의 자세라고 볼 수 있다.

셋째, 이타적 성향들 속에 포함된 가치들 간에 서로 갈등이 있을 수 있으므로, 그 해소 방안에 주의를 기울여야 한다. 이타적 성향을 함양시키는 도덕교육론에는 가치 갈등이 없을 것이라고 생각하기 쉽다. 이원론의 갈등론에서는 자기 이익과 도덕적 욕구 사이에 갈등이 존재하지만, 일원론에서는 그것들 간의 갈등이 '공유하는 목적' 그리고 '이타적 성향'을 통해서 완전히 해소될 수 있을 것이라고 오해할 수 있다. 그러나 여기에도 다양한 형태의 갈등이 여전히 존재한다. 이타적 성향 내부의 갈등의 예를 들어보자. 한 친구가 피해를 입지 않도록 하기 위해 또 다른 친구에게 거짓말을 해야 할 때 아이들은 갈등을 느낄 수 있다. 가족을 돕는 일과 사회적 공익이 상충될 때 갈등을 느낄 수 있다. 우리 주변의 소외된 사람들을 돕는 일과 북한 어린이들을 돕는 일 사이에서 갈등을 느끼기도 한다. 또한 자신의 프로젝트를 잘 수행하는 것과 어려움에 빠진 친구를 돕는 것 사이에서 갈등을 느끼기도 한다.

이러한 갈등을 해소하는 과정에서, 부모나 교사들이 갈등해결의 '모범'을 보이고, 아이들과 지속적인 '대화'를 가지며, 아이들의 '자율성'을 인정해 줄 필요가 있다(White, 1990: 79-80). 아이들은 어릴수록 갈등 해결 능력이 부족하다. 이때 부모님들과 교사들의 갈등 해결 방안은 아이들에게 모방의 대상이 된다. 또 아이들의 어떤 갈등을 느끼고 있는지 파악하기 위해서는 항상 자연스러운 대화가 중요하다. 이때 부모나 교사에게 요청되는 것은 유연한 자세다. 자신의 입장에서 아이들에게 어떤 가치를 강요한다거나, 엄격한 원칙만을 강조한다면 좋은 교육적 효과를 기대할 수 없다. 대화를 통해 갈등의 해소방안을 다양하게 제시하면서 융통성 있게 지도함으로써 갈등의 해소뿐만 아니라 아이들에게 자율성을 발휘할 수 있는 기회를 주게 된다. 아이들이 자율성을 발휘할 수 있는 여지를 인정해 주고 또 그렇게 하도록 격려함으로써 가치 갈등을 자율적으로 해소하는 계기를 만들어 줄 수 있을 것이다. 어린아이일수록 갈등해결의 모범을 보여 주는 부모나 교사들의 역할이 중요하고, 점차 아이들이 자율적으로 갈등을 해결할 수 있는 분위기를 만들어 갈 필요가 있다.

지금까지 논의한 타산성과 도덕성에 대한 일원론적 관점, 그리고 그것에 기반을 둔 도덕교육론은 우리의 도덕교육에 어떤 시사점을 주고 있는가? 첫째, 학생들의 자기 이익과 타인의 이익 간의 조화 문제를 도덕교육론 차원에서 논의한 것 자체가 우리의 도덕교육에 중요한 시사점을 준다고 생각한다. 갈수록 청소년들의 경향이 자유개인주의화되어 가는 우리의 현실에서 타산성과 도덕성의 조화 문제는 도덕교육의 핵심 문제라고 볼 수 있다. 우리는 학생들이 '나 자신' '나의 이익' '나의 욕구'를 우선시하는 것을 비판할 수도 없고, 그들이 '타인' '공동체' '공동선' 등을 등한시하는 것을 방치할 수도 없다. 학생들에게 타산성을 합리적으로 잘 추구함과 동시에 도덕성을 잘 발휘할 수 있도록 해 주어야 한다. 그럼에도 불구하고, 우리의 도덕교육과 관련된 논의에서는 이런 문제들이 심도 있게 다루어지지 않고 있는 실정이고 현장교육도 이런 측면이 미흡한 실정이다.[5)]

---

5) 우리나라 초 · 중등 '도덕' 교과서에는 타산성과 도덕성의 관련성 문제를 체계적으로 다루지는 않고 있다. 도덕교과서에서 다루고 있는 윤리의 영역은 〈개인 → 가정 · 이웃 · 학교 → 사회 → 국가 · 민족〉의 나선형 틀을 기본으로 하고, 학년에 따라 점차 그 내용을 심화시켜 가고 있다. '개인' 윤리 영역에서는 '생명존중' '성실정직' '자주, 절제' 등의 가치나 덕목을 중심으로 언급될 뿐 자신의 욕구를 어떻게 합리적으로 충족하고 자기 이익을 어떻게 추구할 것인가 하는 타산성의 문제는 거의 다루어지지 않고 있다. 또 '사회생활'에 관한 윤리 영역에서는 공익, 공동선의 문제를 다루지만(가령, 초등학교 6학

둘째, 도덕교육의 초점이 타산성과 도덕성을 분리해서 보는 이원론보다는 양자를 분리하지 않고 통합적으로 파악하는 일원론에 맞추어져야 자유주의의 딜레마를 효과적으로 해소할 수 있음을 시사한다. 이원론에서는 양자가 갈등하거나 조화를 이룬다고 설명하지만 여의치 못하고, 도덕성의 범위도 최대주의에서 최소주의까지 다양하게 존재하지만 이는 도덕교육의 어려움만 가중시킬 뿐이다. 그러나 일원론적 도덕교육에서는 아이들이 '공유하는 목적'을 통해 타산적 이유와 도덕적 이유를 확연히 구별하지 않고 상호 긴밀하게 관련되어 있다는 점을 배우게 됨으로써, 양자 간의 갈등이 최소화되고 확고한 성향을 획득하는 데에도 유리할 것이다. 갈수록 자유개인주의화되어 가고 있는 우리 학생들을 어떤 관점에서 지도해야 할 것인가에 대한 중요한 시사점을 주는 대목이라 생각한다.

셋째, 도덕교육은 학생들의 '이타적 성향'의 함양이라는 실질적인 목표 달성을 위한 노력으로 구체화되어야 함을 시사한다. 사실 도덕교육을 어렵게 만드는 요인 중의 하나는 도덕성에 관한 논의가 너무 다양해서 일치된 결론을 기대하기가 거의 불가능하다는 점이다. 그렇다고 도덕교육을 중단하고 도덕성에 관한 논의가 끝날 때까지 무작정 기다릴 수는 없다(Carr, 1991: 267). 이런 점에서 볼 때, '교육자 관점'에서 '이타적 성향'의 함양을 실질적인 도덕교육의 목표로 제시하고 있는 점은 매우 중요한 의의를 갖는 것으로 평가할 수 있다(Mclaughlin & Halstead, 1999: 154). 이타적 성향을 함양하는 과정에서

년 도덕교과서의 6과, 14과 등), 타산성과 관련지어 다루지는 않고 있다. 즉, 좀 더 체계적이고 면밀한 검토가 이루어질 필요가 있긴 하지만, 대체적으로 우리 도덕교육에서는 타산성과 도덕성의 적절한 조화 문제가 소홀이 다루어지고 있음을 지적할 수 있다.

조기교육의 중요성, 습관화와 체득, 가치갈등의 해결 등을 강조할 수 있을 것이다.

넷째, 도덕교육론의 관심이 의무, 금지 등의 근대적 도덕성에서 좋은 사람, 좋은 삶, 더 나아가 좋은 사회와 관련된 덕윤리의 차원으로 확대될 필요가 있음을 시사한다. 의무 윤리학의 처방이 자유주의 사회의 도덕적 틀을 견고하게 지탱하는 측면도 있지만, 도덕교육론의 측면에서 보면 엄격한 기준에 따라 학생들에게 지나치게 많은 질책과 처벌을 사용하는 부정적 측면이 있다(White, 1990: 52-53, 1997: 14). 또 학생들에게 의무나 금지 이상의 도덕적인 삶에 대한 언급은 약하다. 그러나 덕윤리로 확대된 차원에서 보면, 좀 더 유연한 관점에서 성향을 함양하도록 격려할 수 있고, 좋은 성품과 잘삶에 대한 다양한 견해들이 학생들에게 제시될 수 있다. 가령, 학교 교칙을 철저히 준수하고 자신의 일을 다 잘 알아서 하면서도, 결석한 옆 친구를 경쟁 상대로 의식하여 노트도 보여 주지 않는 학생이 있다면, 우리는 결코 그 학생에게 호감을 갖기 어렵다. 우리는 학생들이 친구의 소중함을 알고, 양보심도 갖고, 품위있는 인격의 소유자로 성장하기를 바란다.

4 결론

자유주의가 교육에서 처할 수 있는 딜레마는 학생들이 자신의 좋은 삶을 스스로 잘 영위해 갈 수 있도록 돕는 동시에 그들이 도덕적 원리에 위배됨이 없이 살아갈 수 있도록 도와야 한다는 점이다. 즉, 도덕교육에서 자기 이익의 추구와 타인의 이익 배려를 적절히 조화시켜야 한다는 딜레마에 봉착된다. 이 장에서는 이 딜레마의 해결방안을 탐구해 보았다. 먼저, 양자가 분리된다고 보는 이원론적 관점의 한계를 지적하였다. 이원론의 관점인 갈등론과 조화론은 타산성과 도덕성이 본질적으로 분리된다는 전제에서 출발하기 때문에 이 딜레마를 효과적으로 극복하기가 어려워진다. 이와 반면에 일원론에서는 '공유하는 목적 혹은 활동'을 강조함으로써 타산성과 도덕성이 분리되지 않음을 논증하고 있다. 인간의 사회성 혹은 공동체성을 부각시켜 이원론을 극복하고 있는 일원론은 우리의 실제 삶에서 이루어지는 다양한 활동들이 갖고 있는 통합적인 특성에 주목하고 있다. 통합적인 시각에서 볼 때, 이원론의 아이디어들은 실제적이지 못하다고 지적할 수 있다. 일원론의 구체적인 도덕교육 방안으로는 '이타적 성향'의 함양이 논의되었다. 이타적 성향이란 인간됨의 기본적인 자질로서 공유하는 목적을 성공적으로 수행하는 데 필요한 덕목을 가리키며, 이때의 이타주의는 자기희생적인 이타주의가 아니라 나 이외에 다른 사람들의 잘삶도 함께 고려할 수 있는 '온건한 이타주의'를 의미한다.

도덕교육과 관련된 자유주의의 딜레마를 통합적인 일원론의 관점에서 해결하려는 화이트의 도덕교육론은 자유주의 원리에 공동체주의 요소를 적절하게 도입하고 있다. 공동체주의에서는 공동선, 관습, 덕 등을 중시한다(김선구, 1999). 그가 논의하고 있는 '공유하는 목적', '이타적 성향'이란 아이디어는 공동체주의의 색채를 드러낸다. 특히 화이트는 대표적인 덕 공동체주의자인 매킨타이어(A. MacIntyre)를 비판적으로 논의하면서도 그의 덕 윤리학의 많은 부분을 수용하고 있다(White, 1990: ch. 3). 따라서 그의 도덕교육론은 자유주의적 잘삶관을 견지하면서도 공동체주의의 장점을 긍정적으로 수용함으로써 자유주의의 딜레마를 효과적으로 해결하려는 노력으로 평가할 수 있을 것이다.

앞의 1, 2장에서 다룬 화이트의 잘삶관을 이해한다면, 타산성과 도덕성이 적절히 조화된 그의 도덕교육론을 보다 잘 이해할 수 있을 것이다. 물론 이 책에서 다루지 못했거나 해결하지 못한 문제들로 후속 연구를 요하는 문제들이 있다. 가령, 오늘날과 같은 포스트모던 사회에서 덕윤리의 부활이 얼마나 설득력을 가질 수 있을 것인가? 화이트의 '이타적 성향'을 함양하는 도덕교육론과 최근의 인격교육론, 덕 교육론의 공통점과 차이점은 무엇인가? 화이트의 '이타적 성향'은 어떤 근거에서 선택된 내용이며, 다른 성향들은 왜 배제된 것인가? 그리고 타산성과 도덕성의 관계에서 '공유하는 목적'이 담보하지 못한 부분은 어떻게 설명될 수 있는가? 화이트는 교육에서 자율성을 매우 강조하는 자유주의자이면서 도덕교육론만큼은 공동체주의에 근접하고 있는 이유는 무엇인가?

우리 사회에서 개인의 자유와 권리는 갈수록 확대되고, 개인 간, 집단 간 이익 갈등은 심화되어 가는 경향이 강하다. 자유주의 사회의 틀 속에서 살아가는 우리들에게 자유주의적 도덕교육의 딜레마를 어떻게 극복해야 하는가는 우리의 중요한 과제가 아닐 수 없다. 도덕적인 덕이 상실되어 가는 현실에서 매킨타이어(1984)의 지적처럼, 니체와 같은 회의주의로 되돌아가버릴 수도 없고 무조건 고대의 전통 윤리로 회귀할 수도 없다. 그 사이에서 딜레마를 해소하고자 하는 화이트의 도덕교육론은 자유주의적 토대 위에 공동체주의적 도덕성의 요소를 도입함으로써 하나의 탈출구를 모색하고 있다.

제 7 장

잘삶을 위한 일의 교육

1 서론

오래 전부터 학교교육이 산업현장 및 직업세계의 현실적 요구에 부응하지 못하고 있다는 비판이 있어 왔다. 대학교육은 물론이고 초·중등교육도 이런 비판에서 자유롭지 못하다. 현대를 살아가는 대부분의 사람들은 다양한 형태의 일에 종사하게 된다. 하지만 교육현장은 현실적인 일의 세계와 동떨어진 내용을 가르치고 있다는 비판일 것이다. 대개 이런 비판은 경제현실을 중심으로 하는 도구적 시각이 대부분이어서 그것을 전적으로 수긍하기 어려운 측면도 있지만, 교육활동이 좀 더 현실세계와 밀접한 연관성을 가지고 이루어져야 함을 시사한다.

교육철학의 측면에서 보면, 피터스(R. Peters)나 허스트(P. Hirst)가

주도해 온 현대 자유교육론이 맹위를 떨치면서 교육의 내재적 목적, 합리성의 추구, 지식의 형식 강조 등이 교육의 전형으로 받아들여지게 되었다. 그 결과 학교교육에서 일의 교육이나 경제적 목적을 논의하는 것은 도구적 목적을 언급하는 것으로 취급되었다. 이런 영향으로 교육목적에서 일에 관한 논의는 거의 이루어지지 못하는 실정이다. 그러나 최근에 현대 자유교육론 내부에서도 많은 변화가 나타나고 있고(유재봉, 2002; White, 2003), 현실적인 다양한 압력들이 일에 대한 교육의 관심을 촉구하고 있다. 최근에 「교육의 경제적 목적(The Economic Aims of Education)」이란 논문을 발표한 윈치(Winch, 2002)는 자신이 이런 주제에 관심을 갖는 몇 가지 현실적 이유를 들고 있다. 학생들 스스로 직업적 목적에 집착하고 있는 점, 그럼에도 불구하고 영국의 학교교육과정의 목적에서 직업적 목적이 거의 언급되고 있지 않는 점, 영국이 의무교육 이후부터 고등교육 이전까지의 미래 교육을 준비하면서 '학습과 기능 법'을 제정한 점, EU의 다른 국가들에 비해 영국에서는 직업교육에 관한 철학적 논평이나 정치적 조치가 미흡한 점 등이 그것이다(Winch, 2002: 101). 우리의 현실도 영국과 크게 다르지 않을 것이다. 급변하는 경제환경 및 직업세계의 변화 추이를 수용하려는 교육적 노력에 대한 요청과 압력이 커지고 있는 것이 현실이다.

최근, 장원섭은 『일의 교육학』(2006)이란 저서를 통해 일의 교육(education of work)에 대해 체계적 논의를 시도하고 있다. '일의 교육'은 비교적 새로운 개념이다. 첫째, 일의 교육은 일을 목적으로 하는 교육이다. 일의 교육은 일을 교육하는 것을 말한다. 일에 관한 내용을 가르쳐서 일을 더욱 잘 할 수 있도록 만드는 교육이다. 이는 '일을 위한 교육'이다. 둘째, 일의 교육은 일 자체가 교육적 요소를 지니고 있기 때문에 그것을 밝히고 그것에 충실하려는 것이다. 일하는 과정 자체가 교육의 과정이다. 이는 '일을 통한 교육'이다. 현장체험 및 직업경험을 통한 학습 등이 일을 통한 교육이다. 셋째, 일의 교육은 일을 재료로 하는 교육을 말한다. 일이라는 현상뿐만 아니라 그것을 둘러싸고 있는 사회경제적 현상을 이해시키는 교육이다. 이는 '일에 관한 교육'이다. 직업윤리교육, 경제교육, 노동의식화교육 등이 여기에 해당된다(장원섭, 2006: 19-20). 지금까지 일의 교육은 일을 '위한' 교육, 즉 직업교육에 치중해 온 측면이 강하다. 이제 이를 넘어서 일을 '통한' 교육, 일에 '관한' 교육으로 그 지평을 확대시킬 필요가 있다. 이 장에서는 이와 같이 포괄적인 '일의 교육'이 인간의 잘삶에 기여할 수 있다는 점을 밝혀 볼 것이다.

일의 교육은 기존에 사용해온 유사개념인 직업교육, 진로교육, 직업훈련, 산업교육, 인력개발 등과 직·간접적으로 연관된 개념이다. 일의 교육은 일과 교육의 관계를 보다 심도 있고 포괄적으로 논의하는 새로운 시도다. 장원섭(2006: 22장)은 일과 교육이 인간의 삶에서 중심성을 갖는다는 점을 강조한다. 일과 교육을 통하여 인간은 비로소 인간으로 성장할 수 있다. 그는 일이 가진 교육적 본질을 밝힌 뒤, 현대사회에서 일의 가치전도, 그리고 기술주의와 경제주의의 위협으로 인한 일의 교육적 퇴락을 지적하고 있다. 그는 결론적으로 일의 교육성 회복을 주장한다. 필자는 그의 이런 문제의식에 공감한다. 그런데 그는 평생교육론의 입장에서 접근하기 때문에, 일에 대한 철학적 분석이나 교육목적론적인 논의가 미흡하다고 생각된다. 이를 보완하는 측면에서 일의 교육을 교육목적론 차원에서 논의할 필요가 있다.

일의 교육이 인간의 잘삶을 증진시키는 교육이라는 맥락에서 목적론적인 논의가 필요하다. 아리스토텔레스가 언급하고 있는 바와 같이 인간의 궁극적 목적은 잘삶(*eudaimonia*, well-being)의 추구다. 잘삶의 증진은 핵심적인 교육목적이다.[1] 일이 잘삶의 중요한 요소일 수 있다는 점이 밝혀진다면, 일의 교육은 잘삶의 증진이라는 교육목적과 조화를 이루게 될 것이다. 연구자는 아리스토텔레스의 이론을 토대로 일이 잘삶의 요소가 된다는 점을 밝혀 보려고 한다. 일반적으로 일은 생산 활동인 포이에시스(*poiesis*)로 이해되면서, 이를 잘 수행하기 위한 테크네(*techne*)의 중요성이 강조되어 왔다. 하지만 일은 구체적 행위이고 그것을 수행하는 과정에서 복잡한 선택과 실천, 즉 프로네시스(*phronesis*)를 요구하는 측면도 많다는 점에 주목해 볼 필요가 있다. 이는 일이 단순한 기능 수행 차원을 넘어 실천적 지혜를 발휘해야 하고 도덕적 판단까지도 요구되는 활동임을 시사한다. 이처럼 일을 프락시스(*praxis*)의 관점에서 이해한다면 일은 잘삶과 밀접한 연관이 있는 것으로 볼 수 있을 것이다.

요컨대, 이 장에서는 교육목적론 차원에서 일의 교육을 논의하고자 한다. 먼저, 일은 무엇이고 우리의 잘삶과 어떤 관련이 있는가를 밝혀 본다. 일이 갖고 있는 특성을 교육과 연관 지어 살펴볼 것이고, 단순히 경제적 측면을 넘어 일이 어떻게 잘삶과 연관되는지를 탐색한다. 그런 다음 학생들에게 일의 교육을 제대로 하기 위해서는 어떤 관점 변화와 노력이 이루어져야 하는지를 탐구한다. 교육의 경제적

---

1) 잘삶의 증진을 교육목적으로 보는 것에 대한 정당화 요구가 있을 수 있다. 여기서 이 문제를 자세히 다루기는 어렵다. 다만 직관적으로 생각해 보든지, 기존의 연구들(김정래, 1997; 김희봉, 2001b; Marples, 1999; White, 1990)을 참고해 보든지 간에 잘삶의 증진을 핵심적인 교육목적으로 보는 것에 큰 문제는 없을 것이다.

목적은 어떤 논리로 정립될 수 있는지, 일이 지니고 있는 교육적 측면은 무엇인지, 그리고 일의 교육을 위한 교육과정은 무엇에 초점을 두어야 하는지 등에 대해 시사점을 얻고자 한다.

2 일과 잘삶

1) 일의 특성

일은 다양한 측면을 가진다. 우선, 일은 유급 및 무급 활동을 포함한다. 일은 사용가치의 생산 및 창출로 볼 수도 있지만, 사용가치가 전혀 없거나 심지어 해로운 것으로 판명될 재화의 생산을 포함하기도 한다. 또한 일은 그 성과가 한정된 생산품으로 나타나기도 하지만, 이와는 달리 그 성과를 명확히 파악하기 어려운 어떤 상태(예컨대, 다양한 상담이나 치료활동)로 진행되기도 한다. 그리고 일은 규칙성과 계획성을 갖고 수행하는 과업으로 볼 수도 있고, 이와 대조적으로 무계획적인 일에 유급으로 종사하는 사람도 있다. 일은 종종 타인에게 (유급이든 무급이든) 서비스를 제공하는 것이지만, 또한 자기 자신을 위한 일(가령, 자기 셔츠를 다리는 일)도 있다. 이와 같이 일의 다양한 측면을 고려할 때, 일은 비트겐슈타인(L. J. J. Wittgenstein)의 '가족 유사성'이란 아이디어에 적합한 개념 중의 하나로 볼 수 있다(Hincliffe, 2004: 535). 모든 일의 특성을 포괄할 수 있는 하나의 정의는 사실상 불가능하다.

그렇다 하더라도, 일과 잘삶 더 나아가 교육과의 관련성을 파악하기 위해서는 일의 개념을 보다 명료하게 이해하려는 노력이 필요하다. 우선 일은 유사개념인 직업, 노동과 밀접한 관련이 있으면서도 구분된다(장원섭, 2006: 513). 첫째, 일은 직업과는 달리 더 본질적이고 실체적인 의미를 내포하고 있다. 가령, 본질적 의미의 교육활동을 하는 것이 일의 차원이라면, 학교 교사로서의 직무수행은 직업 차원이다. 직업인으로서 교사는 교육활동만 하는 것이 아니라 행정적인 업무처리를 비롯한 여타의 직무도 함께 수행한다. 둘째, 일은 노동과는 달리 인간 활동의 본질적인 의미를 지닌다. 노동이 직무를 수행하기 위해 노력하는 행위이고 주로 생계를 위한 도구적 활동인 반면, 일은 만들고, 창조하고, 생산하고, 고안하는 등 내재적이고 본질적인 활동이다. 셋째, 일은 가치지향성을 갖는다. 이는 노동이나 직업이 갖는 사회경제적 가치를 넘어선 내재적 가치를 말한다. 이와 같이 일은 직업이나 노동보다 더 포괄적이고 본질적인 인간의 활동을 가리킨다.

일에 대한 정의는 논쟁의 대상이 되기 쉽다. 가령, 일을 생산물의 산출 과정으로 보려는 일반적인 경향이 있지만, 이에 대해서도 논란이 있다. 화이트(J. White)는 가장 일반적으로 일을 "최종 산물을 낳기 위한 계획된 활동"(White, 1997: 10)이라고 정의하였다. 그는 이상적인 미래상으로 '활동지향적 사회(activity society)'를 주장하는 과정에서 기존의 일의 개념에 부정적인 입장을 보인다. 또한 화이트는 흔히 생각하듯이 일이 '기본적 필요'라는 상정은 증명되지 않았고, 인간이 모종의 잘삶을 이루어가는 데 일이 필수적인 것도 아니라는 주장을 내세운다. 그러나 이러한 화이트의 정의가 모든 경우에 부합되지 않을 수도 있다(Hincliffe, 2004: 543). 가령, 말기 환자를 간병해야 되는 사례를 생각해 보자. 이 경우에 '최종 산물'은 명확하지 않다. 여기서 우리는 어떤 활동이 계속 수행되면서 무엇인가 '완성'되어 가는 경우가 있음을 알 수 있다. 이 활동은 목적을 가지고 있고, 얼마나 그 간병이 효과적인가를 보고 평가될 수 있을 것이다. 그러나 간병 활동과 분리된, 어떤 완성된 '최종 산물'이 있을 것 같지 않다. 최종 산물(환자가 간병을 잘 받는 것)이 존재론적으로 간병활동과 분리되는 것인지도 분명하지 않다. 간병활동은 다양한 기능과 지식을 지닌 다양한 사람들에 의해 이루어지는 과정이다. 따라서 최종 산물은 그 사람이 의존하고 있는 활동과 무관한 것으로 간주될 수 없다. 힝클리페(G. Hincliffe)는 이런 점을 고려하여 일을 "사용 가치 혹은 서비스 또는 두 가지를 생산하는 활동"(Hincliffe, 2004: 535)으로 상당히 느슨하게 정의하고 있다. 이들의 일에 대한 정의에서 우리는 일의 '생산적' 속성을 확인할 수 있다. 그러나 일은 생산적 속성만 가지고 있는 것이 아니다. 소비적인 일 같지만 당사자에게는 만족을 주는 일도 있다. 또한 일의 생산적 속성에만 주목하다 보면 그것이 지닌 도구적 성격으로 인해 일의 왜곡 현상이 나타날 수 있다. 이런 부분은 마르크스에 의해 잘 지적된 바 있다.

여기서 현대인의 대표적인 일의 형태인 임금노동에 대해서 생각해 볼 필요가 있다. 임금노동은 생존의 수단으로서 고용되어 임금을 대가로 어떤 직무를 수행하는 것을 말한다. 임금노동이 개인에게 만족을 주는지 아니면 고통을 주는지에 대해 논란이 있다. 윈치(C. Winch)는 일이 자기충족적이고 즐거워야 하며 그 자체가 삶의 목적이 될 수 있어야 한다고 주장한다(Winch, 2002: 102-106). 그는 임금노동이 즐겁지 않다거나 가치 있는 삶의 목적이 될 수 없다는 주장은 고전경제학자나 신고전경제학자들과 동일한 오류를 범하는 것이라고 주장한다. 그러면서 그는 임금노동이 그 자체로 충족적인 경우가 있기 때문에 가치 있는 목적이 될 수 있다고 주장한다. 결국 윈치는 임금노동과 일을 명확히 구분하지 않고 일의 범주로 보면서 일의 만족성을 강조한다.

이에 대해 클라크(P. Clarke)와 미어만(A. Mearman)은 윈치가 일과 노동을 혼동하고 있다고 비판한다(Clarke & Mearman, 2004: 249-251). 신고전경제학자들은 임금노동을 고통으로 보는 것이 아니라 일을 고통으로 보고 있다고 주장한다. 또 윈치가 일이 충족적이라고 주장한 것은 옳지만, 그는 '임금노동'이란 용어의 복합성을 소홀히 다루고 있다는 것이다. 가령, 마르크스적 관점에서 자본주의적 일은 소외적이고 동시에 충족적이지 못한 것으로 여겨진다. 만약 이런 관점에서의 '임금노동'이라면 그것은 그 자체가 보상이 되지 못한다고 비판한다.

이런 비판에 대해 윈치는 다음과 같이 대응하고 있다(Winch, 2004: 634). 자본주의 사회에는 다양한 측면의 일이 존재한다. 일의 종류와 질에 대해서 개방적인 선택지가 존재하고, 일의 다양하고 고른 기능도 알려져 있다. 그런데 클라크와 미어만은 자본주의하에서의 소외된 노동에 대한 전통적인 마르크스주의자의 관점을 지나치게 강조하고 있다. 그런 관점은 일의 속성을 그리고 현대 자본주의 사회의 복잡성과 다양성을 과도하게 단순화시킨다. 윈치는 자본주의적 일의 관점에 자신이 전적으로 동의하지는 않지만, 일은 그들이 주장하는 것보다 훨씬 복잡하다고 지적한다. 자본주의 사회는 일을 보다 충족적으로 만들 수 있고 따라서 고용을 보다 즐겁게 만들 수 있는 가능성을 가지고 있다는 점을 윈치는 다시 한번 강조한다.

윈치와 클라크 등의 논쟁에서 보듯이 현대적 일의 대표적 형태인 임금노동이 인간에게 만족을 주고 있는지에 대해서는 논란의 여지가 있겠지만, 윈치가 언급한 바와 같이 현대사회의 일 중에서 임금노동이 차지하는 비중과 복잡성 등을 고려할 때 일 혹은 임금노동이 모두

고통이라고 단정하기는 어려울 것이다. 물론 일과 임금노동을 명확히 구분해서 논의할 필요가 있겠지만 현대적 일의 대부분이 임금노동임을 감안할 때, 필자는 윈치와 같이 일과 임금노동을 따로 구분하지 않고 임금노동을 포함한 총체적인 일이 잘삶에 도움이 될 수 있다고 본다. 이 문제는 일이 잘삶과 어떻게 연관되는지를 다음에서 살펴보면 어느 정도 밝힐 수 있을 것이다.

우선 한 가지 언급할 중요한 사항은 만약 우리가 일을 포이에시스 관점에서만 이해하는 것이 아니라 프락시스의 관점에서 이해하게 되면, 우리는 일을 개인의 잘삶과 연관된 것으로 볼 수 있다는 점이다(Hincliffe, 2004: 536). 이것은 한편으로 일의 목적에서 요청되는 윤리적 차원 때문이기도 하고, 다른 한편으로는 기술적인 기능과 지식이 일 자체의 매력의 원천이 될 뿐만 아니라 일의 목적에 대한 배태를 돕기 때문이기도 하다. 일이란 포이에시스 관점처럼 단지 기술적 방법과 지식을 통한 활용가치의 생산만은 아니다. 일은 가령 직장 내부 및 외부에서 윤리적 관계를 유지하는 것과 다양한 창조적 활동까지도 포함한다. 보는 관점에 따라 일은 기술적 생산이기도 하지만 경우에 따라 실천적 지혜가 요청되고 도덕적 덕이 요구되는 윤리적 활동이기도 하다. 일 관련 활동에서 기술적 요소와 윤리적 요소를 분리하는 것은 비현실적일 수 있다. 이에 대해서는 다음 절에서 좀 더 논의될 것이다.

이와 같은 논의를 정리해 보면, 일은 사용가치 혹은 서비스를 생산하는 활동이기도 하고, 직업이나 노동보다 더 포괄적 개념으로 이것들에 비해 더욱 본질적인 활동에 관한 것이기도 하다. 일은 도구적 차원이든지 내재적 차원이든지 간에 인간에게 만족을 줄 수 있는 활동이기도 하다. 결과적으로 일은 다양한 형식에서 합리적인 활동과 행동을 실천해야 하는 프락시스의 속성을 지니고 있다. 이에 필자는 일을 '인간의 잘삶을 구성하는 실천적 행위 요소로 그것의 수행에는 지식이나 기능뿐만 아니라 실천적 지혜와 도덕적 성향이 함께 요구되는 프락시스의 한 전형'으로 정의하고자 한다.

2) 잘삶의 요소

일의 교육이 제대로 이루어지기 위해서는 일이 우리 인간의 삶과 어떻게 연관되는지를 깊이 있게 분석해 보아야 한다. 특히 일이 잘삶의 필수요소인지 아니면 장애요소인지를 살펴볼 필요가 있다. 대부분 일로 인한 고통과 어려움 때문에 일이 잘삶에 도움이 된다기보다는 오히려 훼손한다고 생각한다. 또한 일을 하고 싶어도 일이 없어서 더 고통스러워하는 사람들도 있다. 현실 속의 이런 상황들을 고려할 때, 잘삶과 일의 관계를 보다 근본적으로 살펴볼 필요가 있다.

어원적으로 볼 때, 잘삶(*eudaimonia*, well-being)은 '잘 지내고, 잘하는 상태'를 의미한다(Sumner, 1996: 1). 따라서 잘삶은 '개인들의 삶'과 밀접하게 관련된다. 그것은 잘 있음, 잘 됨, 이익, 좋음 등과 비슷한 의미를 갖고 있다. 잘사는 삶이 어떤 것인가를 설명하는 윤리학이론은 객관주의, 쾌락주의, 욕구이론 등 세 가지로 요약해 볼 수 있다(Griffin, 1986; Hurka, 1999; Sumner, 1996). 이에 대한 내용은 이미 1장에서 자세히 설명하였다.

여기서는 일과 관련지어 아리스토텔레스의 잘삶관을 중심으로 살펴보고자 한다. 아리스토텔레스는 인간의 최고선을 잘삶으로 보았다. 잘삶에 관한 아리스토텔레스 이론의 독특한 점은 인간의 고유한 기능(*ergon*)과 관련된 활동에서 그것을 파악하는 점이다. 아리스토텔레스적인 기능의 배후에는 '생물학적 종으로서의 인간'이라는 아이디어가 자리 잡고 있다. 좋은 인간은 인간의 기능을 잘 수행하는 사람이다. 여기서 말하는 '기능'은 역할을 말하는 것이 아니라 하나의 종으로서 인간의 고유한 특성을 말한다. 그가 말하는 잘삶이란 영혼의 완성을 의미한다. 인간의 영혼은 다양한 기능을 지니고 있어서 생육적 기능, 감성 지각적 기능, 이성적 기능 등으로 구분된다. 이 중에서 이성적 기능이 인간의 고유한 기능으로 간주된다. 선(good)이란 인간의 고유한 기능인 이성적 원리에 따른 정신적 기능을 잘 수행하는 것이다.

아리스토텔레스는 인간의 최고선, 즉 잘삶이 결국 덕에 일치하는 영혼의 활동이며, 덕이란 것이 여럿 있다면 그중 가장 완전한 것에 일치하여 영혼이 활동하는 것이라고 보았다(최명관 역, 1984: 1098a). 덕(virtue)의 어원을 나타내는 그리스어 *arete*는 원래 기능의 탁월성을 나타내는 말이다. 당시의 어법에서는 *arete*가 명사보다 형용사로 사용되는 것이 자연스러웠다. 사물이나 사람을 수식하면서 탁월하게 기능을 수행한다는 의미로 쓰인 것이다. 즉, 덕 있는 목수, 덕 있는 대패, 덕 있는 군인 등이 자연스러운 표현이었다. 그 의미는 각 기능의 탁월함을 나타낸다. 그가 생각하는 인간의 잘삶은 인간이 지닌 모종의 기능을 탁월하게 수행하는 것과 관련되어 있음을 알 수 있다.

영혼의 활동은 이성적인 부분과 비이성적인 부분(기개, 욕망)으로 구분할 수 있다. 그 중에서 인간에게 가장 고유한 것은 이성적 활동이다. 이성적 활동은 지적인 이론이성, 그리고 도덕과 관련된 실천이성으로 구분된다. 지적인 덕으로는 필연적인 것을 대상으로 하는 철학적 지혜(*sophia*), 직관적 이성(*nous*), 학적 인식(*episteme*)과 우연적인 것을 대상으로 하는 실천적 지혜(*phronesis*), 기술적 지식(*techne*)

등이 대표적이다. 도덕적 덕은 중용(*mesotes*)을 선택하는 다양한 행위에서 나타난다. 한편, 아리스토텔레스는 덕에 부합된 영혼의 활동을 통해 추구되는 삶의 이상을 이론활동인 테오리아(*theoria*), 실천 활동인 프락시스, 제작 활동인 포이에시스로 보았다. 지적인 덕의 실현이 추구하는 테오리아는 번잡한 일상생활을 초월하여 순수한 사유에 몰두하는 것이다. 프락시스는 프로네시스가 도덕적 덕과 적절히 결합되면서 가치 있는 행위를 추구하는 것이다. 이것은 사회적인 생활 속에서 선을 실천하는 것으로서 오직 행함을 통해 실현된다. 포이에시스는 기술적 지식을 통해 정해진 규칙에 따라 무엇을 만들고, 창조해 내는 삶이다. 아리스토텔레스는 이 중에서 테오리아를 가장 우위의 삶이라고 보았다.

아리스토텔레스가 테오리아의 삶을 가장 중시했던 것은 당시의 사회문화적 배경과 깊은 연관이 있다. 그리스에서 자유인들은 생산이나 일상적인 여러 일들로부터 자유로운 여가(*schole*)를 확보하고 관조의 삶을 사는 것을 최선의 삶으로 생각했다. 노예를 비롯한 생산계급의 존재는 자유인들에게 그것을 가능하게 해 주었다. 그런 상황에서 품위 있고 신적 경지에 가까운 테오리아의 삶의 추구가 가능했다. 그러나 오늘날의 상황은 이와 다르다. 이제는 일로부터 자유로운 사람은 거의 없다. 일 중심으로 살아가는 현대인들에게 관조나 여가의 추구는 여건상 쉽지 않게 되었다. 일로부터 거리를 두는 것이 가능했던 그리스인들에 비해 일 속에서 살아갈 수밖에 없는 것이 현대인들이다. 오늘날과 같은 상황에서도 아리스토텔레스는 관조의 삶을 최상으로 생각했을 것인가?

아리스토텔레스는 삶에서의 행위와 활동을 강조한다. 잘삶은 덕에 부합된 이성의 '활동'이다(최명관 역, 1984: 1102a). 잘삶, 즉 행복은 인간이 소유하고 있는 것이라기보다 정신적 활동으로 행사하는 것이다. 그렇기 때문에 잘삶을 최선의 행위(*eupraxia*)로 보기도 한다(최명관 역, 1984: 1098b). 인간이 최선의 행동과 활동을 하기 위해서는 테오리아만으로는 해결되지 않는 영역이 있고, 이는 프락시스를 통해 설명이 가능해진다. 필자는 테오리아 못지않게 프락시스도 잘삶의 중요한 한 측면임에 주목한다. 프락시스가 테오리아 못지않게 잘삶의 중요한 측면이라고 해석하는 학자들(가령, Hincliffe, 2004; Young, 2005)의 관점에서는 일이 지니고 있는 행위와 실천의 속성, 그리고 그 자체 속에 내재하는 목적 지향적 활동의 특성을 고려할 때 포이에시스의 관점보다 프락시스의 관점에서 일을 이해하는 것이 더 적절하다고 생각한다.

오늘날, 일을 테크네와 연관시켜 이해하는 경향이 강하다. 테크네는 포이에시스와 연관된 앎이다. 테크네는 이론적 지식, 즉 지식 그 자체를 추구하는 소피아와는 달리 앎을 이용하여 뭔가를 만들어 내는 실제적 지식이다. 아리스토텔레스는 테크네를 "올바른 이치에 따라 제작할 수 있는 상태"(최명관 역, 1984: 1140a)로 설명한다. 테크네는 '그 단초가 제작자에게 있고 제작되는 물건에 있지 않는 것'을 대상으로 한다. 테크네를 가지고 있는 사람은 뭔가를 잘 만들어 낸다. 뭔가 새로운 것을 만들어 내는 창조의 능력은 일에서 요청되는 인간의 소중한 자산임이 분명하다. 그러나 테크네는 그 자체가 목적이 아닌 도구적 앎이고, 일과 관련된 역동적 상황 속에서의 선택이나 결정에 큰 도움을 주지 못하는 한계를 지닌다. 이는 일을 포이에시스의 관점에서 보는 한계이기도 하다. 이를 극복하기 위해서는 일이 지닌 프락시스적인 측면에 주목할 필요가 있다.

아리스토텔레스는 잘삶의 핵심 요소로 기능의 탁월한 발휘인 덕의 소유와 그것의 구체적 실행인 프락시스를 들고 있다(Young, 2005: 19). 그리스어 *praxis*는 우선 '나는 한다' 혹은 '나는 만든다'의 의미를 지닌 동사 *pratto*에서 파생된 명사다. 프락시스는 동작과 변화에 관한 것이고 몸과 영혼 양면에서 수행되는 의도적 행위를 말한다. 프락시스는 실제로 행위가 이루어진 것이다. 그러면서도 프락시스는 숙고와 선택에 기반을 두고 있다. 아리스토텔레스의 용어로 말하자면, 오직 인간만이 '자기 자신의 행위의 원천'이다. 프락시스는 의도적인 것이고, '그 자체의 목적을 가지고 행하는' 행위다. 프락시스는 인생계획을 세우고 실천하는 것과 같이 인간이 의식적으로 행하는 것이다. 프락시스는 의식적으로 삶을 구성하는 그리고 삶에 의미를 부여하는 일련의 활동을 말한다.

프락시스는 인간이 자신의 고유한 성품으로 주변에 영향을 미치는 활동이고, 적절한 목적을 추구하면서 자신의 삶을 합리적인 계획에 따라 정합적인 총체로 형성해 가는 활동이다. 그러므로 우리는 관조와 이론적 통찰을 통해서만이 아니라 이와 동시에 구체적인 행함을 통해서도 잘삶을 성취한다. 우리는 최선을 다해 살아가기 위한 '숙고'를 하지만 그와 동시에 자신과 다른 사람의 삶에서 어떤 일이 되어 가도록 구체적인 '실천'을 하기도 한다.

프락시스와 잘삶을 연관시킨 아리스토텔레스의 『니코마코스 윤리학(*Ethika Nikomacheia*)』(최명관 역, 1984)에서는 독특한 추론이 나타나고 있다. 프락시스란 자발적이고 선택을 포함한다. 프락시스는 우리가 수중에 갖고 있는 것, 가지고 있지 않는 것, 인간의 불변적 관점 등과 연관된다(최명관 역, 1984: 1111b, 4-9). 이 관점에서 볼 때, 모든 종류의 행함은 프락시스로 설명될 수 있다. 프락시스에 윤리적 특성을 부여하는 것은 그 행동이 얼마나 인간의 목적과 관련되어 있는가 하는 점이다. 그리고 이런 관련은 두 가지 방식으로 형성된다. 첫째로 프락시스는 프로네시스를 행사한 결과로 이루어진다. 프로네시스는 두 가지 특성을 갖고 있다. 하나는 인간의 잘삶 혹은 인간에게 선이 되는 것을 구성하는 목적들을 이해하는 것이고, 다른 하나는 무엇을 해야 하는가에 대한 단순한 이해를 실제로 그것을 행함으로 전환시키는 특정 능력 혹은 명석함이다. 아리스토텔레스가 볼 때 윤리적으로 행동하는 것은 단순히 좋은 의도의 문제가 아니다. 그것은 생각을 결과로 전환시키는 실천적 지성 혹은 능력을 포함한다. 프락시스가 인간의 목적과 관련되는 둘째 방식은 도덕적 덕을 통해서다. 도덕적 덕은 행위자로 하여금 특정 방식에서 사태를 보는 성향을 만드는 '인격의 상태'를 가리킨다. 도덕적 덕은 인간의 목적에 대한 특별한 직관적 포착을 함의한다. 이 두 요소의 결합, 즉 프로네시스와 도덕적 덕이 적절히 결합될 때 프락시스는 실현된다. 요컨대, 인간의 잘삶은 순수한 테오리아만이 아니라 프락시스를 통해 실현된다. 프락시스는 구체적 실천과 행위 속에서 드러나는 잘삶의 모습이기 때문에 일을 이해하는 데 중요한 시사점을 준다.

3) 일과 잘삶의 관련성

인간의 잘삶은 그 자체가 궁극적 목적이면서 도덕적 성향의 실행을 함의하고 있다. 특히 잘삶의 프락시스적 측면은 도덕적 성향과 밀접하게 관련되어 있다. 잘삶을 실현하는 과정에서 지적인 앎뿐만 아니라 그것을 실천하기 위한 가치판단과 상황판단 그리고 구체적 행위가 요구되는 복합적 상황이 전개된다. 그런 의미에서 잘삶은 테오리아와 프락시스로 설명된다. 잘삶의 총체적이고 복합적인 측면을 고려할 때, 일은 어떤 측면에서 잘삶과 연관되는가?

아리스토텔레스는 앎의 영역 중에서도 테크네와 프로네시스를 명확히 구분하고 있다. 그러나 힝클리페(2004: 543)는 아리스토텔레스 자신을 비롯한 기존의 해석과는 달리, 테크네와 프로네시스가 명확히 구분되지 않는 경우가 많다고 주장한다. 그 단서가 되는 부분을 『니코마코스 윤리학』의 한 부분에서 찾고 있다(Hincliffe, 2004: 538). 아리스토텔레스는 "테크네에서는 고의로 과실을 범하는 것이 오히려 더 낫지만, 프로네시스에서는 다른 덕과 마찬가지로 그와 정반대다."(최명관 역, 1984: 1140b)라고 말한다. 테크네의 경우는 덕이 없이도 우수한 기능을 가지고 있는 것을 인정할 수 있지만, 프로네시스의 경우는 그렇지 않다는 것이다. 전자의 경우 의사의 실력과 그 사람의 인격적 성품은 별개다. 인격적으로 비난을 받더라도 뛰어난 실력이 있으면 유능한 의사로 인정된다. 다소 무능한 의사와 심각하게 무능한 의사의 구분도 가능하다. 후자에서는 좋은 성품의 소유자면 덕 있는 사람이고 그렇지 못하면 부덕한 사람이다. 가령, 우리는 용납할 만한 거짓말을 하지만 여전히 덕 있는 일을 하고 있는 사람—가령, 의사가 치명적인 병을 가진 환자에게 제대로 병명을 알려주지 않고 환자가 안정된 마음으로 치료받을 수 있도록 선의의 거짓말을 하는 경우—을 생각해 볼 수 있다. 그런데 실제 상황 속에서 우리는 이런 구분을 하는 것이 별로 설득력을 갖지 못한다. 의사로서 실력은 뛰어나지만 갖추어야 할 인격적 덕을 제대로 갖추지 못했거나, 인간적 면모는 훌륭한데 실력이 없는 무능한 의사를 우리는 선호하지 않는다. 우리는 직업적 실력과 인격적 덕목을 두루 갖춘 훌륭한 의사를 원하게 된다.

여기서 우리는 일을 하는 데 있어서 테크네뿐만 아니라 프로네시스가 함께 연관되어야만 제대로 일이 수행되면서 프락시스가 될 수 있다는 점에 주목해 볼 필요가 있다. 앞에서 언급한 바와 같이 테크네는 포이에시스를 위한 앎으로 그 자체에 목적을 포함하지 않는 기능과 기술에 관한 것이다. 일의 수행에 있어서 이런 테크네의 중요성은 분명하지만, 그것만으로는 부족한 측면이 있다. 가령, 어떤 의사가 특정 질병에 대한 진단과 처방을 할 수 있는 테크네는 충분히 갖추고 있지만, 실제 환자를 치료할 때는 그 지식을 기계적으로 적용하는 데 그치는 것이 아니라 다양한 상황을 고려해 최선의 처방을 해야 한다. 여기에는 상황판단, 가치판단 등 실천적 지혜가 요구된다. 결국 테크네는 프로네시스와 적절히 결합될 때 더 좋은 결과를 낳게 된다.

프로네시스는 '다른 방식으로 있을 수 있는 것'에 관한 것이다. 아리스토텔레스는 프로네시스를 '인간적인 선에 관해서 참된 이치에 따라 행동할 수 있는 상태'로 설명한다(최명관 역, 1984: 1140b). 프로네시스의 목적은 올바르게 행동하는 것, 즉 프락시스다. 프락시스는 도덕적 덕인 좋은 성품과 지적인 덕인 프로네시스에 의존한다. 따라서 프로네시스는 일의 수행이 프락시스가 되도록 하는 데 결정적 역할을 한다. 사실 프로네시스가 지적인 활동이면서도 실천 활동인 프락시스와 연관되는 메커니즘에 대해서는 별도의 심도 있는 논의가 필요할 것이다. 다만 일과 관련지어 필자가 주목하는 것은 일의 온전한 수행이 테크네만으로 이루어지는 것이 아니라 프로네시스가 함께 요구되기도 하고, 더 나아가 윤리적 덕까지도 요구될 수 있다는 점이다. 이는 일을 잘 수행하는 과정이 프락시스의 실현과정과 매우 흡사함을 보여 준다. 이런 맥락에서 일의 교육은 테크네 중심의 교육이 아니라 프로네시스를 기르기 위한 교육과 좋은 덕을 함양하기 위한 도덕교육이 병행되어야 함을 시사한다.

한편, 일이 우리에게 어느 정도의 만족을 줄 수 있는가를 검토해 보면 일과 잘삶의 관련성을 파악하는 데에 도움이 될 것이다. 여기서 '만족'의 의미는 개인의 삶의 목적 실현 그리고 활동을 통해 얻게 되는 즐거움과 쾌락을 포함하지만 결코 도덕적 측면을 배제하는 것은 아니다. 일을 통해 사회적 잘삶에 기여하는 것이 자신의 의무라고 생각하는 칸트주의자는 일이 가져다주는 만족에 대한 모든 '타율적인' 고려 없이 보편적 도덕법을 준수하는 차원에서 일을 목적으로 선택할 수 있다. 또한 목적과 일이 유리된 상황에서 도구적 이유 때문에 일을 선택하고 생계를 꾸려가는 경우도 있을 수 있다. 윈치는 일을 의무의 차원에서 보든지 도구적 차원에서 보든지 간에 모두 문제가 있는 입장이라고 지적한다(Winch, 2002: 105). 왜냐하면 이 관점들은 일을 고통으로 상정하고 있기 때문이다. 일이 고통이라는 견해는 인간의 만족에 대한 오해에서 기인한다. 인간의 만족은 활동의 즐거움에서 비롯된다. 육체적 본능의 만족을 통해 얻게 되는 쾌락은 잘삶을 구성한다(White, 1990: 70). 우리들이 자유로운 활동을 통해 감각적 쾌락을 경험하는 것은 본능의 일부다. 하지만 잘삶이 감각적 쾌락만으로 구성되는 것은 아니다. 육체적 쾌락은 활동요소를 가지기 때문에 감각적 욕구의 충족뿐만 아니라 활동으로 인한 즐거움도 제공하고 이는 잘삶을 구성한다.

윈치는 감각적 욕구(sense desire)와 열정적 욕구(passional desire)를 구분하고 후자를 통해 일의 만족성에 대해 논의한다(Winch, 2002: 105). 감각적 욕구는 목적과 무관한 자연적인 것이고 이것의 충족이 오히려 잘삶에 도움이 되지 않는 경우도 있다. 열정적 욕구는 목적 지향적인 것으로 그것의 충족은 잘삶의 실현이 된다. 예컨대, 우리는 개인적인 감각적 욕구 충족을 자제하고 자신이 선택한 학문의 성취를 욕구한다. 후자를 자신의 삶의 목적으로 선택했기 때문에 이것의 충족이 잘삶에 더 가깝다. 열정적 욕구는 내재적 가치 때문에 추구된다. 또 열정적 욕구의 추구가 내재적 가치를 가질 수도 있다. 이런 활동은 부수적으로 감각적인 쾌락을 가져올 수도 있고 그 쾌락에 내재적 가치가 있을 수 있다. 이런 활동은 그것의 추구 자체가 잘삶의 구성요소가 될 수 있기 때문에 중요하다. 이런 맥락에서 일은 열정적 욕구에 속한다. 일을 통해 기능연마, 책무성 고취, 고객이나 동료들과의 파트너십을 가지면서 일을 실제로 즐기게 된다. 독일어의 Arbeitsfreude라는 단어가 이런 현상을 설명해 주고 있다. 이는 일에서의 즐거움을 뜻한다(Winch, 2002: 106). 만족은 감각적 쾌락에서만이 아니라 당사자들이 자신의 일을 가치 있는 것이라고 생각하는 데에서도 기인한다. 일을 통해 외재적 만족뿐만 아니라 내재적 만족을 경험할 수 있다. 이런 측면을 감안하면, 일은 가치 있는 목적의 수단에 그치는 것이 아니라 그 자체가 목적으로 선택될 수 있다.

요컨대, 일을 성공적으로 수행하기 위해서는 테크네뿐만 아니라 프로네시스와 적절한 도덕적 성향이 요구된다는 측면에서 일을 프락시스의 한 전형으로 볼 수 있다. 이런 의미에서 일의 성공적 수행은 잘삶의 실현이기도 하다. 또한 일은 열정적 욕구의 충족과정으로 만족을 가져옴으로써 잘삶을 가능하게 한다.

3 일과 교육

1) 교육의 경제적 목적

우리가 일을 프락시스와 연관된 잘삶의 또 다른 모습으로 이해한다면, 일의 교육을 충실하게 하는 것은 잘삶을 증진시키기 위한 교육의 일환일 것이다. 자유주의적 전통에서 교육의 기능은 개인적 잘삶, 사회의 번영, 시민적 참여에 관한 것으로 볼 수 있다(Winch, 2002: 101). 교육의 경제적 목적은 개인의 잘삶뿐만 아니라 사회적 번영을 위해 중요하다.[2] 교육의 내재적 목적 논의가 주류를 형성해 온 교육철학계에서 교육의 경제적 목적은 그동안 도구적 목적 논의로 취급되었다. 직업준비 등 일과 연관된 교육을 강조하는 것은 그보다 더 근본적인 내재적 목적을 소홀히 한다는 비판을 받기 일쑤였다. 그런데 내재적 교육관은 하나의 교육관으로서 의미를 가질 뿐이지 일반적인 교육관으로 보기 어려운 측면이 있다. 이미 현대 자유교육론에 대한 논의에서 이런 비판이 제기되었고(유재봉, 2002), 현실적으로도 가령 시민성 교육이나 직업교육을 도구적 교육이라는 이유로 완전히 배제할 수는 없다. 교육이 내재적으로 가치 있는 활동인 것은 사실이나, 이것이 교육의 가치와 목적은 오직 교육 활동 내에서만 발견된다

---

2) 여기서 교육의 경제적 목적을 다루는 것은 얼핏 생각하면 지금까지 논의해 온 아리스토텔레스적 잘삶의 모습과 거리가 있어 보이기도 한다. 그러나 필자가 초점을 두고 조명한 프락시스적 잘삶이 반드시 경제적 목적을 배제하는 것은 아니다. 일의 교육이 본질적으로 인간의 잘삶을 증진시키기 위한 것이라면 그것은 현실 생활 속에서 개인적 · 사회적 경제 상황의 발전을 돕기 위한 활동도 포함될 것이다.

는 것을 함의하는 것은 아니다(Winch, 2002: 102).

윈치는 영국의 자유주의적 교육철학 전통에서 금기시되어 오다시피 한 교육의 경제적 목적에 대해 논의하고 있다(Winch, 2002, 2004). 그는 교육의 경제적 목적이 여타의 교육목적 특히 자유교육의 목적과 마찬가지로 정당하다는 주장을 한다. 경제적 목적은 도구적 측면에서 학생들의 잘삶에 공헌할 수 있을 뿐만 아니라, 학생들이 자율적으로 직업을 선택하고 그 활동에 종사하면서 내재적 만족을 느낄 수 있도록 도울 수 있기 때문에 중요한 교육목적이다.

교육의 경제적 목적은 사회의 기술수준 향상 및 경제발전에 직접 기여할 수 있다. 경제적 LSE체제의 사회가 HSE체제로 발전해 가는 데 교육이 매우 중요한 역할을 하게 된다. LSE는 '낮은 기술 균형상태(Low Skill Equilibrium)'이고, HSE는 '고도의 기술 균형상태(High Skill Equilibrium)'를 의미한다(Winch, 2002: 110). HSE체제에서 고도의 기술력을 가지고 있고 높은 임금을 받는 노동자들은 상당히 정밀하고 고가인 재화와 용역을 생산하고, 동시에 자신들이 고액임금 노동자이기 때문에 그것들을 소비하는 당사자가 된다. HSE는 질 좋은 상품이 생산되고 소비되는 바람직한 경제 사이클이다. 국가의 경제체제를 HSE체제로 전환시키는 것은 무한 경쟁하는 세계 속에서 경쟁력을 확보할 수 있는 효과적인 대안이다(Winch, 2002: 111).

이와는 대조적으로 미숙한 기술과 지식을 가지고 저 임금을 받는 노동자들이 값싸고 정밀도가 떨어지는 질 낮은 재화와 용역을 생산하는 경제체제가 낮은 기술 균형상태, 즉 LSE다. 상황에 따라 LSE로 운영되는 경제체제가 일시적으로 유리할 수도 있다. 이런 경제체제는 만족스런 일의 제공, 질 좋은 상품 생산, 급변하는 경제 환경에 대한 적응력을 기르기가 쉽지 않다. 대부분의 선진국들은 HSE 체제에 도달했든지 그 방향으로 전환하고 있다. 이는 우리 사회가 선진국 진입을 위해 어떤 준비를 해야 하는지 중요한 시사점을 주고 있다.

LSE체제에서 HSE체제로 변환되는 과정에서 핵심이 되는 사항은 숙련된 노동력의 개발이다(Winch, 2002: 111). 국가의 주요 역할 중의 하나는 개인의 역량으로 해결하기 어려운 공공 문제의 해결이나 미래 비전을 제시하는 일이다. 특히 사회 전체의 공익을 추구하는 데 필요한 조치를 취하는 것은 국가의 중요한 역할이다. 경제발달 그리고 그것을 위한 인적자원 개발을 위해 국가는 장기적이고 구체적인 비전을 제시해야 한다. 국가가 취해야 할 조치는 결국 교육체제의 개혁으로 구체화되어야 한다. 현재 산업현장의 요구뿐만 아니라 미래 사회의 산업발달의 동력이 될 분야를 선정해서 우수한 인력을 양성해 가려는 체계적인 노력이 없이는 HSE체제를 유지하는 것이 쉽지 않을 것이다. HSE체제에 부합하는 보다 질 높은 인력을 길러 내려는 교육적 노력은 곧 일의 교육으로 구체화될 것이다. 일의 교육은 특정 분야의 전문성을 길러 주는 교육에 그치는 것이 아니라 지혜롭게 일을 수행할 수 있는 프로니모스(*phronimos*)를 길러 내려는 노력일 것이다.

우리는 일의 교육을 통해 국가 차원의 경제구조를 선진화시킬 수 있는 교육의 경제적 목적을 부인하기 어렵다. 만약 학교가 이런 사회의 요구에 부응하지 못했을 때는 엄청난 비난에 직면할 것이다. 또 학생들의 미래를 준비시켜야 하는 학교의 사회적 책무를 태만히 했을 때 이에 대한 비판도 있을 것이다. 이런 현실 속에서 일의 교육은 자칫 외적 논리에 끌려 다니면서 도구화되기 쉽다. 하지만 앞에서 논의한 바와 같이 학생들의 잘삶 증진과 더 나아가 사회적 잘삶의 증진이라는 본연의 임무에 충실하려는 노력을 지속한다면 교육의 도구화

에 대한 우려를 어느 정도 불식시킬 수 있을 것이다.[3)]

2) 일의 교육적 이해

일은 생산활동으로 경제적 목적과 연관되기도 하지만, 그 자체에 교육적 속성을 지니고 있다. 하나의 일을 제대로 수행하기 위해서는 다양한 관련 지식과 실제적 경험을 필요로 한다. 듀이(J. Dewey)는 '정원 가꾸기'라는 사례를 통해 일이 가지고 있는 교육적 속성을 잘 설명해 주고 있다.

> 예컨대, 정원 가꾸기를 가르치는 이유를 꼭 장차 정원사가 될 사람을 기르기 위해서라든지 시간을 즐겁게 보내는 수단이 된다는 데에 두어야 하는 것은 아니다. 그것은 농사와 재배가 인간 역사에서 어떤 위치를 차지해 왔으며 현재의 사회 조직에서 어떤 위치를 차지하고 있는가에 관한 지식을 획득하는 통로가 된다. 교육적으로 통제된 환경에서, 정원 가꾸기는 식물의 성장에 관한 사실, 토양의 화학적 성질, 햇빛과 공기와 수분의 역할, 식물의 성장에 해로운 동물과 이로운 동물 등등을 알아보는 수단이 된다. 식물학의 초보에 나오는

---

3) 교육의 경제적 목적이 중요하게 고려되어야 한다는 주장에 동의하면서도, 경제발전이 곧 개인의 잘삶에 도움이 된다는 등식은 성립되지 않을 수도 있음에 유념할 필요가 있다. 오늘날 정치가와 기성세대들은 경제적 수입과 밝은 미래를 동일시하는 수사를 사용하지만, 많은 수입과 개인적 잘삶이 필연관계는 아니다(Noddings, 2003: 204). 물론 극심한 궁핍 속에서 잘삶을 성취하기는 어렵다. 그렇지만 기본필요가 어느 정도 충족된 후에는 수입이 많다고 해서 잘삶이 항상 그 비율대로 증진되는 것은 아니다.

> 내용치고 씨앗의 성장을 돌보는 일과 관련하여 생생하게 배울 수 없는 것은 하나도 없다(이홍우 역, 2007: 311).

이 설명에서 확인할 수 있듯이, 일은 그 자체에 풍부한 교육적 요소를 가지고 있다. 듀이의 관점에서 볼 때, 정원 가꾸기를 정원사라는 직업준비를 위해서나 그저 여가의 수단으로 가르치는 것은 그것이 지닌 교육적 속성을 충분히 살리지 못한 것이다. 이는 단순히 정원 가꾸기에 대한 테크네를 가르치고 숙달하는 차원에 머무르는 것이다. 오히려 정원 가꾸기를 잘 활용하면 이런 도구적 차원보다 훨씬 다양한 교육적 차원의 문제들—가령, 농사와 재배에 대한 역사적·사회적 이해, 식물학에 대한 다양한 지식 등—을 자연스럽게 다룰 수 있게 된다. 이는 바로 일이 지닌 속성 때문이다. 정원 가꾸기라는 일이 단순해 보이지만 이 일을 잘 수행하기 위해서는 직접적인 테크네의 지식뿐만 아니라 다양한 관련 지식을 습득하고 상황에 따라 그것을 잘 활용하는 프로네시스도 함께 요구되는 것이다.

일은 인간에게 존재성과 유의미성을 확인시켜 준다(장원섭, 2006: 516). 일은 인간의 삶의 기초이고 중심이다. 인간의 인간됨은 단순히 두뇌의 발달이나 몸의 성장만을 의미하지 않는다. 인간은 진정한 의미의 일을 할 때, 비로소 두뇌와 몸 또는 입과 손을 동시에 성장시킬 수 있다. 그 때 비로소 총제적으로 발달한 전인적 인간이 될 수 있다. 삶의 중심개념으로서 일은 또 다른 중심 개념으로서의 교육과 본질적 친화력을 갖는다(장원섭, 2006: 516). 즉, 일과 교육은 필연적인 연관성을 가지고 있다. 일과 교육은 서로 수단적 관계를 갖기도 한다. 또한 각 과정 그 자체가 곧 서로의 과정이 되기도 한다. 일을 잘하기 위해서 교육이 필요하기도 하고, 일이 더 좋은 교육을 위한 수단이 되기도 한다. '일을 위한 교육'을 통해 산업현장은 양질의 노동력을 확보할 수 있다. 이런 의미에서 지속적인 직업교육은 꼭 필요하지만, 자칫 일에 대한 도구적 관점 위주로 흐를 가능성이 있다. '일을 통한 교육'은 두뇌 중심의 지식교육의 무기력성을 극복할 수 있다. 일을 통한 교육은 일에 붙박여 있는 교육적 요소와 교육에 요구되는 실천적 속성이 함께 상호작용을 하게 함으로써 교육의 본질에 더욱 충실한 진정한 교육을 가능하게 한다. 인간은 일하는 존재인 동시에 가르치고 배우는 존재다. 인간 삶에는 언제나 이미 일과 교육의 중심성과 필연적 관계성이 존재하고 있다. 따라서 전통적으로 일이 직업 또는 노동이라는 이름 아래 평가절하되어 왔다면, 그리고 일과 관련한 교육이 그와 함께 무시되어 왔다면, 그것은 곧 인간 존재의 본질적 가치가 훼손되어 왔다는 것을 의미한다. 이런 점들을 고려할 때 '일에 관한 교육'의 필요성도 제기된다.

일의 교육적 회복은 일의 본질적 의미와 가치를 발견하고 실현하는 것이다. 일다운 일의 회복이 인간 성장의 기초가 된다. 이때 일다운 일이란 근대 이후 프로테스탄트적 전통에서 형성된 신으로부터 부여받은 소명으로서의 직업(vocation)이 아니다. 경제학자들이 말하는 안정적이고 보수가 많은 '괜찮은 일자리'도 아니다. 테크네에만 의존하는 기능 수행도 아니다. 일다운 일은 삶의 의미를 발견하고, 공동체성을 회복하며, 인간 성장을 위한 토대가 되는 일을 말한다. 그것은 일을 함으로써 일하는 인간의 본성을 다시 발견하고 그 가능성을 충분히 실현하는 과정이다. 이는 일이 지닌 프락시스의 측면을 회복케 함으로써 일의 수행이 곧 잘삶의 증진을 가져오는 것이다. 일의 교육적 회복은 일과 교육이 삶의 중심성에 기초하여 그 필연적 관련성을 구현하는 것이다.

3) 일의 교육을 위한 교육과정

앞에서 다룬 아리스토텔레스와 다른 관점의 잘삶관에서도 일의 교육은 강조된다. 예컨대, 자유주의적 잘삶은 자신이 자율적으로 선택한 장기적이고 중요한 목적의 실현으로 이해된다. 현대 산업사회에 살고 있는 대부분의 사람들은 자신의 자율성 발휘가 잘삶과 밀접하게 연관된 것으로 본다. 여기서 잘삶을 증진시키기 위한 교육은 자율성 교육, 일의 교육을 요청한다. 자신이 자율적으로 선택한 일을 통해 만족스런 삶을 사는 것을 준비시키고 돕는 교육은 일의 교육이고 더 나아가 잘삶의 교육이다.

학교는 학생들에게 자신의 미래와 자기가 종사할 일에 대해 많은 정보를 제공하고 교육해야 할 책무가 있다. 이런 교육의 전제는 학생들을 자율적 존재로 인정하는 것이다. 그러나 학생들은 아직 자신의 삶의 목적을 결정할 수 있는 자율적 능력이 부족한 것으로 간주되는 경향이 있다. 이런 입장은 어릴 때부터 아이들의 자율성을 증진시키려는 자유주의적 교육 전통과 모순된다. 여기에는 두 가지 문제점이 있다(Winch, 2002: 107). 첫째, 이런 입장은 학생들이 부모나 교사들의 도움을 잘 받게 되면 일의 선택을 훨씬 더 잘 할 수 있다는 사실을 소홀히 한다. 어른들의 주장만 있을 뿐 아이들이 관심을 갖는 일에 대해서 자세한 안내를 해 주지 않는다. 둘째, 그렇다고 학교가 특정 직업을 위한 준비를 직접 수행해야 한다는 요구는 무리다. 여기서 학교는 두 가지의 역할을 할 수 있다. 하나는 아이들이 일에 입문하는 것에 대해 정보를 갖춘 검증된 선택(informed choice)을 할 수 있도록 충분한 정보와 실제적 지식을 제공하는 것이다. 이는 '직업 이전 교육'에서 다루어야 할 내용이다. 또 하나는 일의 세계에서 요구하는 품성과 사회적 기능을 개발해 주는 것이다. 이는 직업 이전 교육 및 직업교육을 통해 수행될 수 있다. 여기서는 직업 이전 교육에 대해서만 간략히 살펴보고자 한다.

중등교육 수준에서 이루어질 '직업 이전 교육'의 목적은 학생들에게 직업 선택의 기본 원리, 직업의 사회경제적 위치, 일의 역사와 전통을 소개하는 것이다(Winch, 2002: 108). 일의 어떤 요소가 매력을 갖고 있는지 실제적 지식을 제공해 주어야 한다. 이는 학생들에게 세 가지 의미에서 일의 준비에 관한 교육을 해야 한다는 의미다. 첫째, 직업의 특성에 관한 지식, 직업의 역사와 가치를 포함한 기본적 기능과 기술의 시각에서 학생들이 직업에 대해 적절한 선택을 할 수 있게 해야 한다. 둘째, 학생들에게 그 직업이 자신의 능력, 흥미, 기질에 맞는 것인지를 판단해 볼 수 있는 기회를 제공해야 한다. 셋째, 학생들이 난점과 장애물을 만나도 흔들리지 않고 자신의 직업적 관심을 추구할 수 있도록 자기통제력을 발달시켜 주어야 한다. 직업 이전 교육은 학생들에게 구체적인 직업 준비를 하도록 돕는 것을 목표로 하지 않는다는 점에서 직업교육과 구분된다. 이 과정은 아이들에게 일에 입문하는 것이 무엇인지에 대한 전반적인 통찰력을 갖춰주는 데 초점이 있다.

중등학교까지 일과 관련된 체계적인 교육이 없는 것이 우리 현실이다. 지적 교과 중심의 교육과정은 테오리아라는 삶의 이상을 염두에 둔 결과로 해석할 수 있다. 일 속에서 살아가는 현대인들에게는 그것보다 일과 직접 연관되는 테크네는 물론 더 나아가 프로네시스를 길러줄 수 있는 교육과정을 개발하려는 노력이 필요하다. 물론 중등학교 수준에서 구체적이고 전문적인 일의 교육은 어렵다. 그렇다 하더라도 일 전반에 관한 이해, 직업세계에 대한 이해, 직업윤리 등과 관련된 내용을 체계적으로 교육하기 위한 '직업 이전 교육'이 다른 지적 교과와 함께 다루어져야 한다. 학교교육과정에서 직업지향적인 교육과정을 명시적으로 배제하고 있지는 않다. 우리나라도 제7차 교육과정의 고등학교 과정에 '진로와 직업'이라는 교과를 개설했다. 그러나 이런 교과의 개설은 교육과정의 선택의 폭을 넓히는 차원에서 존재할 뿐 내실 있는 운영이 되지 않고 있는 것이 현실이다. 일의 목적에 대한 합리적 이유를 탐색하는 본질적인 노력은 하지 않은 채 주변적인 내용들만 강조하는 경향이 있다.

노딩스(N. Noddings)는 잘삶(행복)에 기여할 수 있는 교육에 대해 논의한다(Noddings, 2003). 이런 교육은 학생들이 일을 위한 준비를 잘 할 수 있도록 돕는 활동을 포함한다. 초기 미국의 학교들은 학문적 교육과 직업적 교육을 구분하지 않았다. 모든 학생들이 학교에 재학하는 동안 동일한 교육과정을 이수했다. 어떤 면에서는 이것이 철저하게 민주적인 정책으로 보인다. 하지만 달리 보면 이것은 극도로 비민주적인 것이다. 다양한 재능을 가진 학생들을 동일한 교육과정으로 교육하는 것을 반드시 공평하다고 볼 수만은 없다. 전통주의자들은 단일한 학문적 교육과정을 주장했고, 진보주의자들은 다양한 교육과정을 주장했다. 둘 다 내건 명분은 민주주의였다. 학문적 교육과정은 우수한 학생들을 위한 것이고, 직업 교육은 열등한 학생들을 위한 대안으로 생각했다.

직업 교육과정은 학문적 교육과정에 단순히 자료를 덧붙이거나 끼워 넣는 수준에서 운영되는 경향이 있었다. 그러면서 이것을 직업 교육과정과 학문적 교육과정의 통합 운영이라 주장했다. 하지만 이런 식의 운영은 효과를 기대하기 어렵다. 직업교육 프로그램은 많은 학문적 자료들 중에서 학생들이 목적에 맞게 선택할 수 있는 렌즈의 역할을 해 줄 수 있어야 한다. 학문적 자료들 그 자체가 직업교육의 가치를 더해 주지는 않는다. 노딩스는 잘삶을 위한 교육과정에 지적 교과뿐만 아니라 직업적인 내용을 통합적으로 포괄해야 함을 역설한다.

> 우리가 정말 교육과정의 통합에 관심이 있다면, 직업 교육과정에서 나온 주제나 기능이 학문적 교육과정을 어떻게 풍성하게 할 수 있는지를 물어야 한다. 모든 아이들의 생활을 개선할 수 있는 어떤 것들이 직업 교육과정에서 학습되는가? 학문적 연구를 고취시킬 수 있는 주제나 기능들이 있는가? 우리가 개인의 삶을 위한 교육을 강조한다면, 훌륭한 프로그램을 다양하게 구축하는 것이 쉬워질 것이다(Noddings, 2003: 211).

일의 교육을 통해 인간은 잘삶을 추구하는 존재임을 구체적으로 가르칠 필요가 있다. 적절한 자료들을 통해 학생들이 개인적인 삶에서 행복의 원천을 탐색해 낼 수 있는 기회를 제공해 줄 수 있다. 가령, 일의 교육을 통해 학생들로 하여금 자신의 일을 사랑하고 열정을 갖는 것이 경제적 수입 그 자체보다 더 중요한 자세라는 점을 깨우쳐 줄 필요가 있다. 그럴 듯해 보이는 화이트칼라 직업도 실상은 지루하고 별로 매력이 없을 수도 있다는 점, 그렇지만 너무 보수가 적어서 일을 즐겁게 할 수 없는 경우가 되어서는 안 된다는 점, 어떤 직업도 시민으로서 깊은 사유나 개인적 취미생활을 지나치게 방해해서는 안 된다는 점을 인지시켜 주는 것도 중요한 일의 교육이다.

4 결론

이 장에서는 일의 교육에 대해 논의하였다. 교육계 안팎에서 일의 교육에 대한 요구는 강력히 제기되고 있지만, 교육의 내재적 목적을 중시하는 자유교육적 전통, 직업관련 교과보다는 이론적인 지적교과를 중시하려는 경향 등으로 인해 그런 요구에 부합된 노력은 미흡하다. 이제는 내재적이고 합리성 중심의 교육목적을 넘어 현실적인 직업적 · 경제적 요구에 부응하는 '일의 교육'에도 관심을 가질 필요가 있다.

일은 다의적 개념이면서 기존의 노동이나 직업과 구분되는 포괄적 개념이다. 현대적 일의 큰 비중을 차지하는 임금노동은 반드시 고통만이 아니라 만족을 줄 수 있다는 점에서 잘삶에 도움이 된다는 주장을 살펴보았다. 일의 수행에는 실무적 기능과 지식뿐만 아니라 윤리적 덕목이 요구된다는 점에서 일은 잘삶과 밀접한 관련이 있다. 우리는 일을 '인간의 잘삶을 구성하는 실천적 행위 요소로 그것의 수행에는 지식이나 기능뿐만 아니라 실천적 지혜와 도덕적 성향이 함께 요청되는 프락시스의 한 전형'으로 이해할 수 있다.

아리스토텔레스 관점에서 잘삶은 인간의 고유한 기능인 이성의 활동이 탁월하게 이루어지고 덕에 부합된 활동을 수행하는 것이다. 이성의 활동이 추구하는 테오리아와 프락시스는 어느 한쪽만 중시할 수 없는 인간의 잘삶의 요소다. 그동안 테오리아 중심의 이론적 지식이 중시되었지만, 구체적 삶의 현장에서의 실천과 연관된 프락시스는 특히 일과 더욱 밀접하게 관련되기 때문에 교육적으로 주목할 필요가 있다. 일과 관련된 지식을 테크네로만 한정하여 이해하는 것은 포이에시스와 연관된 좁은 시각이다. 포이에시스는 생산이 목적인 활동으로 그 목적은 생산의 외부에 존재한다. 프락시스는 외재적 생산물이 목적이 아니라 활동에 목적이 내재되어 있는 그 자체가 목적인 활동이다. 우리는 테크네뿐만 아니라 프로네시스와 도덕적 성향을 포괄하는 프락시스적 일의 개념으로 인식의 지평을 확대할 필요가 있다. 이런 포괄적 개념의 일은 잘삶의 중요한 요소다.

교육의 내재적 목적은 일반적이지 못하고 특정 관점의 교육관이라는 한계를 지니고 있다. 교육의 경제적 목적도 내재적 목적만큼이나 중요하게 다루어져야 할 필요가 있다. 교육의 경제적 목적은 개인의 잘삶뿐만 아니라 사회적 번영을 위해서도 중요하다. 일의 교육은 학생들이 장차 자신의 주요 목적으로 일을 선택하고 열정적 욕구를 가지고 그것을 수행할 수 있도록 도울 수 있기 때문에 그 자체로 가치 있는 활동이다. 국가차원의 경제체제를 낮은 기술 균형상태(LSE)에서 고도의 기술 균형상태(HSE)로 발전시켜 나가는 데 일의 교육이 매우 중요한 역할을 한다. 교육의 경제적 목적이 중요하기는 하나 삶에서 경제적 측면만 부각시키는 우를 범해서도 안 된다.

일은 인간의 존재성과 유의미성을 확인시켜 준다. 인간의 삶에서 중심성을 갖는 일은 교육과 본질적인 친화력을 갖는다. 일을 통해 교육이 보다 효과적이고 실질적으로 이루어질 수 있고, 교육을 통해 일을 수행하는 능력은 향상된다. 인간은 일하는 동시에 가르치고 배우는 존재다. 도구적인 일, 포이에시스 중심의 일에 대한 강조는 일의 왜곡을 불러왔고 결과적으로 인간의 인간됨이라는 본질적 가치의 훼손을 초래했다. 일의 교육적 회복 및 일을 통한 프락시스의 실현은 인간의 존재론적 가치실현이라는 의미를 갖는다.

일의 교육을 위해 학교의 교육과정은 어떤 식으로 개발될 수 있을 것인가? 중등학교 이하에서 직업적 실무능력을 가르치는 구체적인 직업교육을 하도록 요구하는 것은 무리다. 학생들에게 장차 자신이 해야 할 일에 대해 숙고하고 준비할 수 있도록 하는 일의 교육이 필요하다. 중등학교 수준에서는 직업선택의 기본원리, 직업의 사회경제적 위치, 직업의 역사적 전통을 상세히 교육할 필요가 있고, 학생들이 개인적으로 더 관심을 갖는 분야에 대해 구체적인 정보를 제공해 줄 수 있어야 한다. 또한 일과 관련된 윤리적 문제, 일이 우리의 잘삶에서 차지한 비중에 대해 교육함으로써 학생들이 장차 자신의 일을 자율적으로 선택하는 데 교육적 기여를 할 수 있어야 한다. 학교는 지나치게 이론적, 지적 교과에 치우쳐져 있는 것이 현실이다. 그러나 우리가 살아가는 현실은 테오리아의 삶보다 프락시스의 삶이 지배적이다. 학교에서도 프락시스를 위해 프로네시스를 기르기 위한 다양한 시도가 필요하다.

교육이 개인적 잘삶과 사회적 번영에 기여해야 된다는 요청은 일의 교육을 통해 실현될 수 있다. 교육목적으로 자율성을 중시하는 자유주의 철학자들은 개인들이 자신의 주요 목적이나 욕구를 잘 충족할 수 있도록 돕는 자율성 교육을 주장한다. 자율성을 함양하는 교육은 지적교과를 통한 이성의 개발뿐만 아니라 일의 교육을 통한 잘삶의 증진을 추구할 수 있다. 일의 교육은 경제적 목적을 배제하지 않는다. 이전의 자유교육관이 이를 도구적 목적으로 배제한 것과 대조적이다. 그렇다고 교육에서 일을 다루는 것이 반드시 도구적 목적은 아니다. 일 자체가 내재적 목적을 형성하기도 한다.

일의 교육은 자유교육에서 강조하는 개인적 자질인 논쟁능력, 비판적 사고, 개방적 마음을 길러주는 것과 결코 상충되지 않는다. 이는 학생들이 원하는 직업을 선택하고 세부적인 직업 수행능력을 갖추도록 도우면서도 분석적, 비판적, 개방적으로 사고하고 실천하는 학생을 기르는 데 역점을 둔다. 예컨대, 좋은 교사는 교과지도 능력만 뛰어난 것이 아니라 학생들에게 엄하면서도 따뜻하게 배려하는 성향을 지녀야 한다. 때로는 학교의 잘못된 방침에 대해서 합리적으로 문제제기를 할 수 있는 비판적 사고가 요구된다. 동료 교사들과 좋은 학교 공동체를 만들어 가려는 노력도 필요하다. 이는 교사가 수행하는 일이 지닌 프락시스적 속성을 말해 준다. 무엇보다도 중요한 점은 학생들이 장차 자신의 일을 수행하면서 잘삶을 실현하는 것이다. 이를 돕고 추구하는 것이 일의 교육이다.

제 8 장

잘삶을 위한 관용 교육

1 서론

평화와 공존은 인류의 영원한 과제다. 다양한 인종, 문화, 종교 등은 늘 갈등하고 대립하기 때문에 그것을 극복하여 평화를 유지하려는 노력은 지속적으로 요구된다. 서로의 다양성을 인정하고 공존하는 것만이 평화를 보장할 수 있는 길이다. 그러나 현실 세계는 그렇지 못하다. 가령, 미국 9.11 테러사건의 경우, 그 원인이 문명 간의 충돌이었든지, 미국 중심의 세계화에 대한 경고였든지, 혹은 무모한 이슬람 근본주의였든지 간에, 증오와 갈등은 엄청난 재앙과 희생을 불러왔다. 갈등, 분쟁, 불관용[1]은 불행과 파멸을 초래하기 쉽다. UN에

1) 이 글에서 쓰고 있는 '불관용(intolerance)'은 관용의 반대 개념이다. 관용은 '반대'와 '용납'이라는 두 요소가 결합된 개념이다. 따라서 불관용은 반대가

서는 세계 도처에서 일어나는 분쟁과 갈등의 심각성을 인식하고, 1995년을 '관용의 해'로 선포했었다. 다양한 노력들이 시도되고 있지만 관용의 길은 아직 멀고도 험하다.

관용의 결핍은 우리 사회 안에서도 중요한 문제다. 우리 사회는 차별이나 억압 등의 불관용 현상이 매우 심한 편이다. 가령, 장애인 차별, 외국인 이주노동자에 대한 차별이나 억압, 여성 차별, 지역 차별 현상 등은 우리 사회의 어두운 면들이다. 또 우리 문화는 이성보다 감정이 앞서는 '정(情)의 문화'이기에 다른 사람의 일에 간섭하기를 좋아하고 더 나아가 타인—특히 자기 자녀나 학생—에게 자신의 입장을 강요하는 과잉간섭주의도 쉽게 나타난다.

관용의 결핍은 우리 학교 안에서도 중대한 문제다. 학생들 간의 집단따돌림, 괴롭힘, 학교폭력은 위험수위를 넘어서고 있다. 그 이면에는 '다름'을 인정하지 않으려는 심리적 동기가 자리 잡고 있다. 나와 다른 사고와 행동을 한다는 이유만으로 또는 집단적 기준과는 다른 행동을 한다는 이유만으로 집단 따돌림이나 폭력이 행해진다. 다름과 차이가 다양성으로 승화되지 못하면 차별, 억압, 폭력 등의 불관용으로 귀결된다. 또한 교사가 학생을 지도하는 과정에서도 불관용은 나타날 수 있다. 가령, 몇몇 교사들이 자신의 인습적 교육관 위에서 학생들에게 납득하기 어려운 것을 강요하기도 한다. 이는 교육이란 이름으로 행해지는 억압, 폭력, 불관용이다. 이 경우 교육적 효과는

용납으로 이어지지 못한 경우다. 그것은 편견, 차별, 억압, 폭력 등의 형태로 표출된다. 편견은 비교적 약한 수준의 불관용이고, 억압이나 폭력은 강한 수준의 불관용이다. 이외에도 불관용의 사례는 수없이 많다. 가령, 경멸적 · 배타적 언어, 전형화하기, 놀리기, 희생양 만들기, 말살, 괴롭히기, 신성모독과 파괴, 약한 자를 못살게 굴기, 추방, 배척, 인종차별, 파괴 등도 불관용의 사례들이다(유네스코 한국위원회 역, 1995 : 11).

물론이고 인간에 대한 신뢰도 무너지게 된다.

모두의 잘삶이 담보되는 성숙한 사회로 나아가는 데에 관용은 필수적 시민 덕목이다. 그런 사회는 서로 간의 다양성과 차이를 인정하는 관용의 정신을 그 기반으로 한다. 내 마음에 들지 않을 경우에도 용납하는 것이다. 즉, 관용은 '반대'와 '용납'이라는 두 가지 요소로 구성된다. 관용은 1차적인 결과가 아니라 2차적인 결과다. 어떤 개인이나 대상에 대해 1차적으로 반대의 입장을 갖게 되더라도, 2차적으로 그것을 극복하고 용납하는 것이 관용이다. 여기서 1차적 결과(반대)를 관용으로 연결시키기 위한 교육적 노력이 요구된다.

개인적 · 사회적 잘삶을 위해서는 지금까지의 교육방법론 차원을 넘어서 좀 더 근원적인 사회상 · 인간상에 관한 목적론적 탐구가 병행될 필요가 있다. 목적론적 해명이 결여된 방법론은 자칫 방향성을 상실하기 쉽다. 이 장에서는 우리가 추구하는 사회가 관용적인 사회라는 전제 아래, 이런 사회가 요구하는 관용적 인간을 길러 내는 것이 교육의 궁극적 목적 중의 하나임을 강조하고자 한다. 보다 구체적으로, 개인과 사회의 잘삶을 위한 시민성 교육 차원에서 '관용교육'에 대해 논의하고자 한다.

2 관용이 요구되는 사회와 불관용의 현실

1) 관용이 요구되는 사회적 특성

우리에게 절실히 요구되는 시민적 덕목은 관용이다. 그 이유는 무엇인가? 관용이 요구되는 이유나 맥락은 다양하게 제기될 수 있지만, 현대사회의 특성 자체가 그것을 요구한다는 점에 주목할 필요가 있다. 즉, 현대사회의 정보화, 세계화, 포스트모던적 특성들이 관용의 필요성을 제기하고 있다.

지식기반 사회 혹은 정보화 사회의 도래는 인류의 삶의 형태를 크게 바꾸어 놓고 있다. 특히, 디지털 정보화가 문명사적 전환을 주도하고 있다. 디지털 정보화의 특징 중에서도 가장 핵심적인 특징은 '네트워크적 관계성'이다(목영해, 2001:102). 디지털 가상공간은 다중의 전자식 네트워크에 의해 연결된 수많은 디지털 정보기기에 의하여 조성된 정보교환의 존재양식이며, 그 한 가지 전형이 인터넷이다. 디지털 가상공간은 흐름(flows)의 공간이기도 하다(Castells, 1999). 강물처럼 흐르고 있는 정보를 퍼다 쓰고 나누어 갖는 곳이 가상공간이다. 사용자들은 정보를 공유 하면서 서로 웹상에서 접촉을 갖고 관계를 형성한다. 관계맺음의 사회적 공간이 가상공간이다.

그런데 가상공간은 현실 사회와 마찬가지로 많은 사회적 갈등을 야기한다. 가상공간의 특징들은 현실 사회보다 오히려 갈등을 더 조장하는 측면이 있다. 즉, 폭넓은 문화적 다양성, 상이한 이해관계와 욕구 및 기대, 전자적 참여의 속성(익명성, 다양한 진입경로, 접속의 불안정성 등), 문자기반적인 커뮤니케이션, 참여자들 간의 권력의 비대칭성 등의 특징은 갈등을 더욱 야기시킨다(조동기 역, 2001: 320). 컴퓨터 인터페이스, 인터넷 구조의 무정부성, 권력의 비대칭성 등은 갈등의 관리를 어렵게 만든다. 또한 갈등의 관리가 지나치게 경직되거나 엄격할 경우 가상공간의 참여자들이 이탈하는 결과도 초래하게 된다. 따라서 갈등의 관리는 가상공간상의 다양성을 포괄해야 하고 그 다양성을 통합하는 방식으로 나가야 한다. 결국, 관리자와 참여자들이 다양성을 확보하고 지키려는 관용적인 노력이 있어야 가상공간의 질서와 안정이 이루어진다. 가상공간도 열림의 공간, 즉 상호 간에 관용이 요구되는 공간이다. 흐름이 존재하는 가상공간의 열림, 그리고 정보기술이 만들어 내는 삶의 다양성은 관용의 자세를 더욱 더 요구하고 있다.

세계화 시대에는 외국과의 물적 교류뿐만 아니라 인적 교류도 많아진다. 다양한 국제교류가 가져오는 사회적 변동(mobility)은 사회적 안정이라는 과제를 낳게 된다. 사회적 안정을 추구하는 한 가지 길은 타자성 혹은 서로 다름에 대한 인식을 통해 적응성을 제고시켜 주는 관용교육을 실시하는 것이다(김용환, 1997: 44). 또한 세계화는 교육적 관점에서 볼 때, '세계적 안목을 갖는다.'는 뜻으로 이해할 수 있으며(고병헌, 1996: 396), 여기에 두 가지 뜻이 함의되어 있다. 첫째는 다양성을 올바르게 인식한다는 뜻이다. 우리와 다른 세계의 다양한 언어, 문화, 가치관을 편견 없이 접하고 이해함으로써 자문화중심주의의 폐쇄성은 극복될 수 있다. 물론 세계화의 첫걸음은 우리의 정체성을 확실히 하는 것이지만 이로 인해 다른 문화에 대해 편견을 갖게 된다면 다양성을 볼 줄 아는 안목은 결여된다. 세계화는 다양한 세계를 다원적인 시각에서 관용적으로 볼 줄 아는 안목을 요구한다. 둘째는 나와 매우 다르고 전혀 관계가 없는 것으로 보이는 사람들이 나의 삶의 내용과 질에 강한 영향을 준다는 뜻이다. 세계화 시대에 고립된 지역주의는 한계에 부딪힌다. 세계화, 지구촌화의 특징은 경제, 문화, 사회적 측면에서 다양한 영향과 나와 무관할 수 없고, 나의 삶도 그들에게 직 · 간접적으로 영향을 미치게 된다. 세계화는 '다름'이 차별의 빌미가 되지 않고 더욱 풍요로운 문화 형성의 터전이 될 수 있고 또 그렇게 되어야 함을 일깨워 준다. 우리가 열린 마음으로 타민족, 타문화에 관용하려는 준비가 되어 있을 때, 세계화는 긍정적인 기회로 파악될 것이다.

우리 사회에서도 이미 포스트모던적 특징이 자리 잡고 있다. 포스트모더니즘은 대체로 다음과 같은 특징을 갖는다(목영해, 2001: 104-106, 이병호, 1998: 5-20). 첫째는 반합리주의다. 포스트모더니즘에서는 근대 계몽주의 이후로 강조되어 온 이성적, 주체적 자아가 허구의 개념으로 규정된다. 자아는 우연적 · 타율적 · 분열적 · 모순적이므로 결코 합리적 사고와 행동의 주체가 될 수 없다고 본다. 둘째는 상대적 인식론이다. 서구의 전통적 지식관은 고정불변의 실재를 전제하고, 이 실재는 합리적 사고를 통해 인식될 수 있으며, 이러한 인식결과는 보편타당하다고 본다. 그러나 포스트모던 사상가들은 보편타당한 지식을 추구하는 지적 탐구활동의 기초는 없으며, 따라서 모든 인식활동은 인식자의 주관에 따른 상대적인 관점에서 이루어질 수밖에 없다고 주장한다. 셋째는 탈정전화다. 근대사회의 문화적 정전은 보편적 진리와 가치를 반영한다는 점에서 정당화되었고, 정전에 부합되는 생활양식은 교양 있는 고급문화로 간주되어 사회구성원에게 인정, 수용, 계승하게 하였다. 포스트모던 사상가들이 볼 때, 보편적 진리란 해체의 대상이고, 정전이란 무의미한 것이며, 고급문화와 저급 대중문화라는 구분은 무의미하다. 넷째는 유희적 행복감의 향유다. 포스트모던 사회의 대중은 주체적 자아의 확립, 보편적 진리의 습득, 고급문화에의 입문 등의 문제로 긴장하거나 갈등하지 않는 경향을 보인다.

포스트모더니즘은 서로 다름을 통해 맺어지는 관계다. 그것은 보편적 객관성의 이름으로 획일적 동질화를 강요하였던 과거의 지적 관행 및 생활양식을 거부하고, 모든 것들이 서로 다름을 인정하고 상호 관계를 맺으면서 활동하게 된다. 리오타르(J. F. Lyotard)가 언급하듯이 포스트모던 사회에서는 일반적인 언어가 존재하지 않고 이질적인 구와 담론이 존재할 뿐이다(유정완 외 공역, 1992). 이에 따르면 서로의 이질성과 다양성에 대해 관용하는 것은 시대적 요청이다. 포스트모던한 사회에서 요구되는 핵심적 시민 덕목은 관용이다.

이와 같이 정보화, 세계화 포스트모더니즘 같은 현대사회의 특징은 서로 다름, 다양성, 다원성이 중시되는 다원적인 사회를 추구한다. 그런데 다원적인 사회를 가능하게 해주는 전제 조건은 바로 '관용'이다. 상대방의 '차이'를 억압하거나 차별하지 않고 존중할 수 있는 관용은 다원적인 사회로 나아가는 기반이 될 수 있다.

2) 불관용의 현실

우리 사회에는 폐쇄적인 특성이 곳곳에 남아 있다. 폐쇄성이나 획일성은 차이와 다름을 쉽게 수용하지 않는 경향이 있다. 나와 다른 남을 그 자체로 인정하고 받아들이기보다 차별이나 억압의 빌미로 삼는 경우가 많다. 장애인, 외국인 이주노동자, 여성에 대한 차별과 억압은 우리 사회의 불관용성을 드러낸다. 우리 사회에 존재하는 불관용의 사례를 몇 가지 살펴보고, 아울러 학교 안에 존재하는 불관용의 실태를 파악해 볼 때 관용교육의 필요성은 더욱 부각될 것이다.

사건 사고의 가능성이 늘 상존하는 현대사회의 특성을 감안하면, 현대인들은 잠재적 장애인이라 해도 과언이 아니다. 2008년 말 현재 보건복지가족부에 등록된 우리나라 장애인은 224만 6,965명이다. 등록되지 않은 숫자까지 생각하면 이보다 훨씬 많은 수가 장애인이라고 볼 수 있다. 이제는 장애인의 문제가 남의 문제가 아니고 나와 우리 가족의 문제일 수 있는데도 차별과 무관심은 계속되고 있다. 장애청소년들은 성장과정에서 견디기 힘든 조롱과 따돌림의 상처를 받게 된다. 장애청소년들을 향해 '애자' '찐따' '띵' 등의 비하 용어를 사용하고, 그들의 정상적이지 못한 외모나 신체 기능을 놀림거리로 삼기도 한다. 장애청소년들이 쉽게 학교폭력이나 집단따돌림의 대상이 되고 있음은 많은 연구에서 지적되고 있다.

흐름의 망(Castells, 1999)이라는 현대사회의 특성이 시사하는 바와 같이 세계경제 시대에 경제의 부침에 따라 노동력의 흐름은 자연스럽게 발생한다. 외부에서 유입된 노동력은 내부의 경제발전에 기여하게 된다. 외국인 이주노동자들이 우리 경제에 기여하는 부분을 충분히 인정하고 그만큼의 보상을 해 주는 것이 당연할 것이다. 그럼에도 그들을 대하는 고용주나 관리자들의 비인격적 대우는 이미 널리 알려진 사실이다. 특히 불법체류자들에게는 상습적인 입금 체불, 폭행, 인권침해가 다반사로 이루어지고 있다.[2)] 외국인 이주노동자들—특히 불법체류자들—은 인간다운 대우를 받지 못하는 것에 가장 분개한다. 그들이 비록 실정법을 위반하고 불법체류와 취업을 했다 하더라도, 그들을 인간 이하로 취급하려는 태도는 정당화되기 어렵다.

우리 사회의 여성 차별문제는 오랜 남존여비 문화 속에서 일종의 사회적 관행이었다. 근대화 이후 여러 부문에서 여성의 사회적 진출은 괄목할 만한 변화를 가져왔고, 이제는 페미니즘담론이 그리 낯설지 않게 느껴진다. 그러나 우리 사회 밑바닥에는 여전히 여성에 대한

---

2) 귀화인 박노자(2001)는 우리 사회가 외국인 노동자에 대해 얼마나 불관용하고 있는가를 여러 글에서 지적하고 있다. 특히 그가 우리나라에서 만났던 몽골 대학교수 출신의 노동자 이야기는 우리 사회의 편견, 차별, 억압 등을 생생하게 보여 주고 있다.

차별이나 편견이 있음을 엿볼 수 있다. 통계청에서 해마다 펴내고 있는 '통계로 보는 여성의 삶'이라는 통계는 우리 사회 곳곳에 아직도 여성에 대한 편견이나 차별 현상이 존재하고 있음을 보여 준다. 예컨대, 여성 교장의 비율을 보면 이를 쉽게 확인할 수 있다. 2006년 말 현재 전체 교사 중 여교사 비율은 초등학교 72.0%, 중학교 63.0%, 고등학교 39.1%이지만 여성 교장의 비율은 초등학교 9.3%, 중학교 11.1%, 고등학교 6.0%에 불과하다(통계청, 2007). 또 여성의 취업은 남성에 비해 어려움이 더 크다. 여성의 취업 장애요인으로는 육아부담, 사회적 편견, 차별적 관행 및 제도, 불평등한 근로여건 등이 지적된다. 여성들은 취업을 하고도 평등한 대우를 받지 못하는 경향이 있다. 2006년 말 현재 남성의 임금을 100.0으로 볼 때 여성의 임금은 63.4로 조사되었다. 이런 통계는 여성에 대한 우리 사회의 시각이 많이 개선되었다고는 하지만 아직도 불평등한 상태에 머물고 있음을 말해 준다.

차별과 억압 등의 불관용 현상들은 학교에서도 나타난다. 학생들 사이에 나타나는 학교폭력, 집단 따돌림, 집단 괴롭힘 등을 볼 때, 무엇보다 중요한 것은 학교에서 집단 따돌림이나 괴롭힘, 폭력을 당한 학생들의 피해나 후유증이 너무 심각하다는 점이다. 정신적으로 우울증, 대인기피증, 피해망상증 등의 후유증이 생기기도 하고, 신체적 상해와 피해로 인해 장기간 치료를 해야 하는 경우도 많다. 가끔은 견디다 못해 자살하는 사태도 발생한다. 이런 피해로부터 벗어나기 위해 전학, 이사, 심지어는 해외 이민 사례도 생긴다. 장기적으로 볼 때 피해 학생들은 정신적 충격으로 인해 장차 정상적인 삶을 살아가는 데 큰 어려움을 겪게 된다. 학교에서 이런 현상이 발생하는 원인에 대해서는 시각차가 있긴 하지만 대게 피해 당사자 특성, 가해자 특성, 학교 특성, 부모 특성 등이 복합적인 원인으로 영향을 미치는 것으로 분석된다(강진령, 유형근, 2000). 가해 학생이 피해 학생에 대한 1차적인 부정적 감정을 자제하지 못하고 곧바로 공격성으로 표출하고 마는 데에는 2차적인 숙고과정이 결핍되어 있고 자제력이 부족하기 때문이다. 여기서도 관용의 결핍은 억압과 폭력의 형태로 나타나고 있다.

'교육'이란 명분 아래 학생들에 대한 교사들의 억압과 체벌도 부분적으로 존재한다. 학교현장에서의 생활지도나 인성교육은 이론적으로 설명할 수 없는 복잡한 갈등과 역동적 상황 속에서 이루어진다. 동일한 규정을 계속 위반하고 거짓말을 반복하면서 반성 없이 변명만 늘어놓거나 반항까지 하는 학생에게 교사는 인내심을 발휘하기 힘든 것이 사실이다. 교사의 교육적 의욕은 가끔 거친 말과 체벌로 이어지고 억압적인 분위기를 만들어 내기도 한다.[3] 또 교사 자신의 경직된 사고와 인습적인 교육관으로 인해 학생들과의 갈등이 초래되는 경우도 있다. 교사가 자기성찰과 논리적 설득이라는 과정을 거치지 않고 자신의 입장만 강요하면, 학생은 냉소적 순응을 하든지 반항적인 태도를 갖게 된다. 교사들의 불관용은 학생들의 불관용을 재생산시키는 악순환으로 이어진다고 볼 수 있다. 교사가 학생에 대한 부정적 감정에서 벗어나지 못한다면 교육적 효과를 낳을 수 있는 용납과 인정의 감정으로의 진전은 이루어질 수 없다.

우리 사회의 전반에 걸쳐, 그리고 학교 안에서도 학생들 간에 그리고 교사와 학생 간에 불관용 현상이 많이 발견된다. 이런 불관용 현

3) 우리의 학교 상황을 '인권'의 관점에서 분석했던 한 연구(배경내, 2000)는 학교가 인권의 사각지대임을 지적하였다. '인권은 교문 앞에서 멈춘다.'고 지적하면서 하루 속히 학생들에게 인간이라면 마땅히 누려야 할 권리를 되돌려 주어야 한다고 주장하였다.

상은 우리가 느끼는 1차적인 부정적 감정이 여과 없이 그대로 표출되기 때문일 것이다. 2차적인 용납과 인정으로 나아가려는 노력이 결여되어 있다고 볼 수 있다. 다양성이 조화를 이루는 다원적 사회가 우리가 추구하는 사회라면 우리 사회에 존재하는 불관용 현상은 개선될 필요가 있다. 이를 위한 사회적 · 제도적 차원의 노력이 필요하겠지만, 시민성 교육을 통한 근본적이고 장기적인 노력도 중요할 것이다. 시민이 갖추어야 할 한 가지 덕목으로서의 '관용'을 분석해 봄으로써 관용교육을 위한 이론적 토대를 모색하고자 한다.

3 관용의 의미와 한계

1) 관용의 의미와 근거

자유와 관용은 자유주의적 가치 및 도덕의 핵심이다. 자유주의의 핵심적 가치는 개인의 자유다(노명식, 1992: 27). 자유에 기초한 각 개인의 행복추구는 곧 근대사회의 원리인 자유주의가 추구하는 바다. 자유주의가 주장하는 자유는 '개인의 자유'와 '사회적 자유'라는 두 가지 의미를 갖는다(이근식, 황경식 편, 2001: 18-19). 구체적인 인간인 '개인'만이 궁극적인 가치를 지니며 국가, 조직, 이념 등의 나머지 것들은 모두 그 자체로서의 가치는 없고 오직 개인의 행복을 증진시키는 수단으로서만 가치를 갖는다는 것이 자유주의의 기본 철학인 개인주의(individualism)의 입장이다. 사회적 자유는 언론, 출판, 취업, 결사, 정치참여, 종교 선택과 같이 개인의 사회활동과 관련된 '협의의 자유'와 생명권, 재산권, 저항권 등을 포함한 기본인권에 관한 '광의의 자유' 구분될 수 있다. 즉, 사회적 자유는 개인이 사회활동을 하는 과정에서 선택을 할 수 있는 자유이고 더 나아가 기본적인 권리를 지키고 향유할 수 있는 자유를 말한다. 자유는 무엇보다도 '개인'의 선택을 강조한다. 선택이 가능하기 위해서는 다양한 선택지가 존재해야 된다. 또한 다양한 선택은 다양한 결과를 가져온다. 이런 점에서 볼 때, 다양성은 자유의 전제이고 결과다. 개인들의 자유 행사를 가능하게 하는 다양성을 인정하는 것이 관용이다. 나의 선택이 중요하듯이 상대방의 선택을 존중해 주는 관용이 없다면 자유의 토대는 무너지게 된다.

관용의 개념에 대해서 명확한 정의를 내리기가 쉽지 않다.[4] 그러나 관용에 대한 설명 속에는 두 가지 공통 요소가 들어 있음을 알 수 있다. 즉, 반대 혹은 부정(objection or disapproval)과 용납 혹은 인정(acceptance or recognition)이라는 두 가지 요소가 결합하여 관용을 이룬다(Crick, 1999: 344; King 1976: 54). 반대나 부정은 타인의 생각과 행동에 대해서 내가 동의하지 않고 승인하지 않는 것이다. 그럼에도 불구하고 반대를 적극적으로 피력하지 않고 그에 대한 부정적 행위를

4) '관용'의 의미를 『Oxford English Dictionary』에서는 세 가지로 정의하고 있다. ① 권위적인 명령에 의한 간섭과 방해를 받지 않고 존재하거나 행동할 수 있도록 허용되는 것. ② 어떤 것에 대해 강력하게 반대하면서도 동시에 용납하는 것. ③ 국가의 정책으로서 사회의 여러 차원에서 다양성을 허용하는 것. 또 『Dictionary of Religion and Ethics』에서는 '금지와 처벌을 삼가는 것이며 반대를 행동으로 나타내지 않는 것'이 관용이라고 설명하고 있다. 또한 관용의 뜻을 가진 프랑스어 똘레랑스(tolerance)는 '다른 사람이 생각하고 행동하는 방식의 자유 및 다른 사람의 정치적, 종교적 의견에 자유에 대한 존중' 또는 '특별한 상황에서 허용되는 자유'라는 의미를 갖고 있다(홍세화, 1995: 289, 298).

자발적으로 중지하는 것이 용납이나 인정이다. 여기서 반대가 어떤 개인이나 대상에 대한 1차적 평가의 결과라면 용납은 그러한 반대 행위를 의도적 · 자발적으로 중지하겠다는 2차적 평가의 결과다. 관용은 반대하면서도 그것을 용납하는 것이기 때문에 논리적 모순이 내재해 있을 수 있지만 의도적 노력으로 그것을 극복하는 것이다. 그렇게 노력하는 과정에서 1차적 평가의 결과인 반대 감정 그 자체가 없어지는 것은 아니다. 만약 반대의 감정을 없애고 용납한다면 그것은 동의가 될 것이다. 이런 점에서 관용은 '동의'와 구분된다. 반대하되 그 상태로 인정하는 것, 즉 동의하지 않지만 인정하고 용납하는 것이 관용이다. 성숙한 관용의 자세를 갖추기 위해서는 반대를 극복하고 용납하려는 진지한 노력이 요구되며, 관용교육의 필요성이 제기된다.

관용은 어떤 근거에서 정당화될 수 있는가? 관용의 정당화 논변[5]은 다양하게 제시되고 있다(황경식, 1995). 첫째, 관용은 도덕적 · 종교적 회의론의 입장에서 정당화된다. 근대 이후 관용의 역사는 종교적 관용에서 발달되었다. 종교적 관용과 관련된 대표적 논변은 로크(J. Locke)와 볼테르(Voltaire)의 논변이다(황경식, 1995: 594-595; Macedo, 2000: 28-38). 로크의 논변은 대체로 두 가지로 요약된다. 하나는 교회가 누구도 박해할 수 없다는 논변이다. 비록 교회가 자발적 조직체라는 점에서 국가와 유사하다 할지라도 사람들이 특정 교회에 가담

5) 관용의 정당화에 대한 논변은 학자마다 약간 다르게 제시되고 있으니 그 내용은 대동소이하다. 가령, 김용환(1997: 60-66)은 분별력으로부터의 논증, 합리성으로부터의 논증, 도덕성으로부터의 논증을 제시한다. 목영해(1997: 212)는 인식론적 차원, 도덕적 차원, 실용적 차원에서 정당화 논변을 제시하고 있다. 조영제(1998: 3장)는 인간이 오류 가능한 불완전한 존재라는 사실, 그럼에도 불가하고 동등한 취급을 받아야 한다는 당위성을 관용의 근거로 논의한다.

한다고 해서 그들의 자연권 일부를 포기하는 것은 아니라는 말이다. 또 하나는 인간 지식의 범위는 지극히 협소하고 사변적 문제들에 대한 오류 가능성은 아주 엄청난 것이어서 자신의 종교적 견해가 옳고 다른 사람의 견해는 그르고 이단적이라는 것을 결코 확신할 수 없다는 것이다. 볼테르도 편협한 신앙심에 대해 비판을 가하고 인간 자신의 정신의 자유를 옹호함으로써 관용의 중요성을 역설한다.[6] 인간은 오류를 범할 수 있는 존재이고 또한 가끔 오류를 범하는 것이 사실이라는 것이 관용, 특히 종교적 관용을 주장하는 이유다.

둘째, 관용은 상충하는 다양한 가치관들에 대한 국가의 중립성(neutrality)에 근거해서 정당화된다. 사람들이 갖게 되는 다양한 선호와 욕구 그리고 가치관에 대해 국가는 중립성을 지켜야 한다는 것이 자유주의의 입장이다(황경식, 1995: 602, White, 1990: 18). 자유주의적 입장은 사람들이 일정한 욕구와 선호를 갖는다는 사실을 가정하고 또한 그러한 욕구와 선호가 서로 상이하다는 사실을 전제한다. 국가가 이들 중 어떤 것에 특혜를 주고 다른 것을 차별대우하는 것은 부당

---

6) 볼테르의 『관용론(*Traité sur la tolérance*)』(송기형, 임미경 역, 2001)은 종교적 편견과 맹신에 저항해서 인도주의 이름으로 관용을 호소하고 있다. 이 책은 1762년에 일어난 '칼라스 사건'을 계기로 쓰였다. 칼라스 사건은 신교와 가톨릭의 첨예한 대립 속에서 종교적 편견이 가져온 비극이었다. 칼라스의 큰아들이 자살을 하게 되었는데, 재판부는 큰아들이 가톨릭으로 개종하려 했기 때문에 가족이 살해한 것이라고 사건을 몰고 가 결국 칼라스를 극형에 처하게 된다. 볼테르는 그 재판절차의 부당함에 분개했고, 다각적인 노력 끝에 칼라스가 처형된 지 3년 만에 법원으로부터 그의 무죄와 복권 판결을 받아낸다. 볼테르는 이 책의 마지막 부분에 이런 기도문을 통해 자신의 핵심 주장을 나타내고 있다. "인간이라 불리는 티끌들을 구별하는 이 모든 사소한 차이들이 증오와 박해의 구실이 되지 않도록 해 주소서." (송기형, 임미경 역, 2001: 213-214)

하다는 것이다. 중립성의 강조는 다원주의를 옹호하고 다양한 삶의 방식에 대해 관용해야 한다는 논리를 제공해 준다.

셋째, 관용은 인격의 존엄성에 기초한 인간의 자율성을 근거로 삼아 정당화된다. 성인에게 있어서 삶의 이상은 자기통제(self-control), 자기지도(self-direction)이며, 성인이 된다는 것은 자신의 의사를 스스로 결정하고 자신의 계획을 선택하며 자신의 미래를 스스로 결정하는 것이다. 밀(J. S. Mill)의 주장에 따르면 "자신의 삶을 영위하는 그 나름의 방식이 최상인 까닭은 그것이 그 자체로서 최선의 것이기보다는 그것이 바로 그 자신의 방식이기 때문"(김형철 역, 1992: 135)이다. 이는 관용의 근거가 인간의 오류 가능성뿐만 아니라 자율성이라는 윤리적 가치에도 있음을 보여 준다. 인간의 존엄성과 고유성의 핵심이 자율성이라면 각 개인의 자율적 선택의 결과를 존중하고 관용해야 할 필요가 있다.

넷째, 관용의 또 다른 근거는 인간의 앎은 불완전하며 항상 오류 가능성을 갖고 있다는 인식론적 상대주의다. 인간의 인식능력은 완전하지 못하여 사태를 제한된 관점에서 상대적으로 인식할 수밖에 없다. 모든 인식은 상대적이기 때문에 어느 누구도 인식 결과의 진위를 완벽하게 판단할 근거를 갖지 못한다. 이런 오류 가능성에 근거해서 우리는 상대방에게 관용을 베풀 수 있다. 더 나아가 자유로운 논의와 비판을 통해 중지를 모을 수 있게 된다. 포퍼(K. Popper)는 이를 인식론적 상대주의의 세 가지 원칙으로 상론하고 있다(황경식, 1995: 597-599). 제1원칙은 내가 그르고 당신이 옳을 수 있다는 것이고, 제2원칙은 합리적으로 이야기를 해 가면 우리가 범하는 오류의 일부를 시정할 수 있다는 것이며, 제3원칙은 합리적 대화가 이루어질 경우 우리는 진리에 더욱 가까이 나아가게 된다는 것이다. 이 세 원칙은 관용의 근거를 제공해 주고 있다.

이 중에서도 특히 인간의 존엄성에 기초한 인간의 자율성을 근거로 삼아 관용을 정당화하는 논변은 특히 관용교육에 중요한 시사점을 준다. 앞에서 지적했듯이, 관용은 분명한 반대나 불승인을 전제로 하면서도 적극적이고 자발적으로 그 행동을 중지한다. 만약 반대나 불승인까지 없애야 한다면, 그것은 관용이 아니라 동의가 되고 만다. 이렇게 반대하고 불승인하면서도 그것을 용납하는 것은 상대방의 존재와 삶에 대한 존중이다. 즉, 상대방도 나와 동일하게 존엄성을 가진 존재이며, 견해차가 있을지라도 그 존엄성 자체를 훼손하거나 부인할 권리가 나에게는 없다. 이런 의미에서, 범법자에게도 최소한의 인권은 존중해 주어야 한다. 이와 같이 서로의 존재를 인정하고 견해차를 존중하는 것은 자율성에 기반을 둔 관용의 출발이다. 인간이 존엄한 이유는 자신의 결정과 선택을 타인이 대신해 줄 수 없는 자율성을 가진 존재이기 때문이다. 이런 인간관에 토대를 둔 관용은 '차이'와 '다름'을 그대로 인정해 주는 다양하고 다원적인 사회를 가능하게 한다.

2) 관용의 한계

관용은 그 대상에 대한 신중한 숙고를 요구한다. 만약 관용의 대상이 그릇되거나 인정해서는 안 되는 것일 경우 그리고 도덕성에 위배되는 것일 경우에도 관용하는 것이 과연 좋은 일인가 하는 문제가 제기될 수 있다. 여기서 '관용의 한계'라는 문제가 대두된다. 과연 우리는 어디까지 관용해야 하는가?

관용의 한계는 '논리적 한계'와 '실천적 한계'로 구분해 볼 수 있다

(김용환, 1997: 67). 전자는 관용의 개념 속에 내포된 한계를 말하고 후자는 이론적으로는 알고 있지만 실제 삶에서 관용을 실천하지 못하는 것을 말한다. 논리적 한계는 관용의 역설(paradox of toleration)을 가리키고, 실천적 한계는 자기(이익) 부정의 어려움을 가리킨다.

관용의 논리적 한계인 '관용의 역설'은 두 가지 측면으로 설명될 수 있다. 첫째, 자유주의자들이 설명하는 관용의 역설이 있다. 관용의 역설이란 어떤 것에 대해 도덕적으로 옳지 않다고 거부하면서도 동시에 그것을 용납하거나 간섭하지 않아야 하는 모순적 상황이다. 싫어하고 반대하는 것에 대해 거부하는 것이 자연스러운데도 이를 용납하도록 요구하는 것은 우리를 모순적 상황에 놓이게 만들고 심리적 일관성을 잃게 만들 수 있다. 다원주의 사회에서 관용은 장려되고 확대되어야 하지만 만약 그것이 무한정 확대된다면 어느 순간부터 관용은 악을 인정하거나 그 자체가 악으로 변할 수 있다는 역설적 상황이 생긴다. 그렇기 때문에 포퍼는 관용의 역설을 논거로 해서 관용의 제한과 절제를 주장한다. 포퍼는 무제한적인 관용이 결국 관용의 소멸을 가져오게 된다고 말한다(이한구 역, 1997: 45). 만일 우리가 불관용적인 사람에게까지 무한한 관용을 베푼다면, 그래서 불관용자의 공격으로부터 관용적 사회를 방어할 태도를 갖추지 못한다면, 관용자들은 파멸하게 될 것이고 그와 더불어 관용도 파괴될 것이다. 결국 관용의 이름으로 불관용자를 관용하지 않아야 하는 책임도 있다는 말이다.

둘째, 마르쿠제(H. Marcuse)가 설명하는 관용의 역설이 있다(김용환, 1997: 69). 그는 자유주의 사회에서 관용이 어떻게 역설적 상황으로 전환되는가를 밝힌다. 마르쿠제는 관용을 가리켜 자유의 영역과 내용을 확대하는 일에 관련된 유격대(partisan)와 같은 성격을 지닌 개념이라고 말한다. 그런데 이 관용은 자유주의 사회에서 억압적 현 상태를 그대로 인정하려는 지배자의 도덕으로 전락하고 말았다고 그는 비판한다. 그것은 합법화된 폭력이나 억압을 정당화해 주고 강자의 지배를 묵인하는 비전투적 관용으로 전락했다. 마르쿠제는 관용이 본래의 유격대적 성격을 회복해야 한다고 역설한다. 즉, 관용이 자유의 확대에 기여하기 위해서는 자유를 억압하는 일체의 것에 대해 불관용하도록 만들어야 한다. 여기서 관용을 위해 불관용해야 한다는 역설이 나타난다.

관용의 역설에 관한 논변들은 관용을 통해 지키고자 하는 사회적 틀이 다원적 사회임을 보여 준다. 이 틀을 위협하는 내용이나 행위까지 관용할 수 없다는 것이다. 그렇다고 불관용자에 대한 대응이 반드시 억압이나 제재여야 하는가에 대해서는 또 다른 논란의 여지가 있을 것이다. 밀은 언론의 자유를 강조하면서 불관용을 경계한다(김형철 역, 1992: 2장). 밀에 따르면 어떤 사안에 대해 한 사람이 반대 의견을 낼지라도 인류가 그 사람을 침묵하게 하는 것이 정당화될 수 없는 것은 그 한 사람이 권력을 획득하여 나머지 인류를 침묵하게 하는 것이 정당화될 수 없는 것과 마찬가지라고 한다. 롤즈(J. Rawls)는 불관용자에 대한 억압에는 좀 더 엄중한 조건이 요구된다고 하면서, 그것은 우리 자신들의 합리적 이해관계에 상당한 위협을 줄 때라고 지적한다(황경식 역, 1990: 233-237). 질서가 잘 확립된 사회에 불관용자들이 존재하게 되는 경우, 사람들은 제도의 내적 안정성을 기하기 위해 그들을 제재하려고 하겠지만, 불관용자에게 자유를 줌으로써 그들로 하여금 자유에 대한 신념을 갖도록 설득하는 것이 더 낫다고 롤즈는 주장한다.

관용의 개념 자체에 논리적 한계가 있다는 것이 관용교육의 한 가지 난점임은 분명하다. 관용의 역설은 관용의 무한 확대가 갖는 위험성을 지적해 주며, 이는 관용교육에 있어서 신중해야 함을 시사한다. 관용교육은 일정한 테두리, 즉 관용 자체가 보호될 수 있는 테두리 안에서 이루어질 필요가 있다. 다시 말해 관용의 역설을 극복할 수 있는 관용의 개념을 토대로 관용교육이 실시될 필요가 있다. 그렇다면 관용의 역설은 어떻게 극복될 수 있을 것인가?

관용교육의 기반이 될 수 있는 관용의 개념은 무제한적인 것은 아니다. 교육의 규범적 속성을 고려할 때, 어떤 식으로든 한계가 설정된 관용을 상정해야 하지만 그 한계가 지나치게 엄격하거나 경직되어 관용의 원래 의미가 퇴색되지 않도록 해야 된다. 여기서 교육내용과 학습자의 발달 단계를 적절히 고려한 관용교육은 이러한 관용의 역설을 상당 부분 극복할 수 있다고 제안할 수 있다(목영해, 1997). 즉, 관용을 약한 의미의 관용과 강한 의미의 관용으로 구분하고 전자를 관용교육의 핵심 내용으로 설정한다면 관용의 역설 문제는 크게 우려하지 않아도 된다고 보는 입장이다. 여기서 '약한 의미'의 관용은 사소한 취향이나 기호의 차이 등 도덕적 문제가 아닌 것을 용납하는 것을 말하고, '강한 의미'의 관용은 도덕적으로 용납하기 어려운 문제까지도 용납하는 것을 말한다(김용환, 1997: 58). 강한 의미의 관용은 상대적 · 주관적 도덕성을 인정하는 것으로 자칫 관용의 토대까지 위협할 수 있고 도덕교육의 포기로 이해될 수 있으므로 교육적으로 신중하게 다루어질 필요가 있다. 관용교육을 실시함에 있어서 관용의 대상을 일상생활의 취향이나 마음의 경향과 관련된 문제를 관용의 대상으로 한정 지을 때 관용의 역설 문제는 극복될 수 있고 관용교육의 실용성은 더욱 커진다(목영해, 1997: 217). 물론 강한 의미의 관용이 교육에서 항상 배제되어야 하는 것은 아니다. 학생들이 상대적 · 주관적 도덕성을 충분히 비판적으로 이해할 수 있는 발달 단계에 도달했을 때에는 강한 의미의 관용을 부분적으로 다룰 수 있다. 특히 관용교육에서 경계하고 배제하려는 것은 비도덕적 행위이지 그 행위자가 아니라는 점은 강조되어야 한다. 인간의 존엄성이 관용의 기반이라는 관점에서 보면, 비도덕적 행위자라도 그 인권에 대해서는 관용해야 함을 진지하게 가르칠 필요가 있다. 즉, 교육적 맥락에서 강한 의미의 관용을 수용한다거나 불관용자에 대한 '적극적 의미'의 관용이 허용되어서는 안 되고 '소극적 의미'의 관용 차원에서 행위 당사자에 대한 관용은 강조될 필요가 있다.[7)]

관용의 실천적 한계란 관용을 이론적으로 알고 있다 하더라도 그것을 실천하기가 쉽지 않다는 것이다. 즉, 관용의 실천적 한계는 자기(이익) 부정의 어려움을 말한다(김용환, 1997: 70). 이는 지행(知行)의 괴리와 관련된 문제다. 관용의 실천적 한계는 원칙적인 문제가 아니라 행위자의 선택과 결정에 달린 문제다. 실천적 한계는 '부정적 행위의 자발적 중지'라는 거부 행위에 따라 나타난다. 거부 행위란 관용 속에 함의된 두 가지 핵심적 태도를 가리킨다. 하나는 관용되는 대상에 대해 일차적으로 거부의 태도(반대, 불승인)를 보이는 것이고, 다른 하나는 다시 그 대상에 대해 이차적으로 그리고 자발적으로 부정적인 행위(간섭, 방해, 억압, 제거, 폭력 등)를 하지 않으려는 거부의 태도

---

7) '소극적 관용'은 간섭하지 않음으로써 관용하는 것이고, '적극적 관용'은 권리와 자유를 보장해 줌으로써 관용하는 것을 말한다(김용환, 1997: 68). 불관용자들에게 적극적 관용을 허용하는 것은 교육적 맥락에서 정당화되기 어렵다. 불관용자들은 자신의 부도덕한 선택과 행위로 말미암아 자유와 권리를 온전히 보장받을 수 없다는 점을 관용교육에서는 분명히 해 주어야 한다. 다만 그들도 존엄한 인권의 소유자이기 때문에 소극적 관용이 필요하다는 점은 강조되어야 한다.

다. 이 두 가지 거부가 동시에 결합될 때 관용은 행사된다. 이 이차적인 거부는 쉽지 않은 일이다. 관용의 한계가 나타나는 것도 사실상 이차적인 거부에 상당부분 달려 있다. 일차적인 거부와 반대는 비교적 쉽고 자연스럽게 이루어지는 반면, 이차적인 거부는 행위 당사자들에게 인내를 요구한다. 관용의 행위가 이루어지기 위해서는 다른 사람에 대해 해로움을 끼치는 행위 — 비록 그가 마땅히 해로움을 입을 만하다고 생각되는 경우라도 — 를 중지해야 한다. 그것은 자기 욕구, 경향, 자기 이익을 포기하고 부정적 행위를 자발적으로 거부하는 '자기 억제'를 발휘하는 일이다. 사실상 관용을 실천하기 어려운 것은 대부분 자기(이익)를 부정해야 하기 때문이다.

관용의 실천적 한계는 교육의 필요성을 더욱 제기한다. 일차적 거부에 대한 이차적 거부가 가능하기 위해서는 합리적 판단, 실천적 지혜, 결단의 용기 등이 복합적으로 요구된다. 따라서 이런 문제들을 다루려는 교육적 노력이 없다면 이차적 거부를 기대하기가 힘들 것이다. 관용을 실천하는 성향을 습관화를 통해 체득할 수 있도록 하는 교육적 노력이 성공한다면 실천적 한계는 상당 부분 극복될 수 있을 것이다. 효과적인 관용교육에 필요한 접근 방식을 더 구체적으로 살펴볼 필요가 있다.

4 인간의 존엄성에 기반을 둔 관용교육

1) 관용교육의 접근방식

관용교육에는 두 가지 접근방식이 있을 수 있다. 하나는 불관용의 심리적 요인들을 파악하여 그것을 제거하는 데 치중하는 소극적 접근방식이고, 다른 하나는 가치교육을 통해 관용을 가르치려는 적극적인 접근방식이다(김용환, 1997: 167).

먼저, 불관용에서 관용으로 나아가는 것을 방해하는 심리적 요인은 무엇인가? 일차적인 부정적 감정을 억제하지 못하고 그대로 표출하게 되는 이면에는 몇 가지 심리적 요인들이 자리 잡고 있다(김용환, 1997: 153-160; 조영제, 1998: 99-101). 첫째, 불관용은 두려움이나 공포의 감정에서 나타나기도 한다. 특히 상실에 대한 두려움은 거의 본능적으로 자기방어기제를 작동하게 만들고, 두려움과 공포의 대상에 대한 관용을 불가능하게 만든다. 교육현장에서도 지나친 경쟁체제는 학생들을 상호 불관용의 상황으로 몰아가기 쉽다. 우정을 나누는 친구와 서로 경쟁해서 이겨야 할 경우, 그 친구는 나보다 앞서 갈지 모른다는 두려움의 대상이 되고 만다. 지나친 경쟁을 부추기는 교육체제가 우리 사회의 불관용과 무관하지 않다(김용환, 1997: 157).

둘째, 이기주의가 관용으로 나아가는 것을 방해하기도 한다. 여기서 말하는 이기주의는 자신의 이익만을 맹목적으로 추구하는 경우를 말한다. 이기심은 인간의 본성과 관련된 문제로 그것을 극복하기란 쉽지 않으므로, 합리적 사고를 통해 이를 극복할 수 있도록 지속적인 교육이 필요하다. 즉, 자기이익을 단기이익과 장기이익으로 구분하고 이 중에서 장기이익의 추구가 자기에게 진정으로 이익이 된다는 점을 깨닫게 해 주며 아울러 사소한 단기이익에 얽매이지 않도록 할 필요가 있다. 또한 자기이익과 타인의 이익은 엄밀하게 구분되는 것이 아니라 공유되는 측면도 많음을 알게 해 줄 필요가 있다(White, 1990: 62-65).

셋째, 우월주의는 일차적 평가가 이차적 평가로 발전하는 것을 방해하기도 한다. 우월주의는 근거 없이 특정 개인, 집단, 민족이 다른 대상보다 더 우월하다고 생각하는 입장이다. 특히 학교에서의 집단따돌림 혹은 폭력은 가해 학생들의 우월주의에서 기인하는 경우가 많다. 피해 학생들의 우월주의가 집단따돌림이나 폭력의 빌미를 제공하는 경우도 있다. 우리 사회의 군사문화적 영향은 청소년들에게 힘과 폭력의 우월주의를 부추기는 경향이 있다. 우리 사회에 존재하는 남성 우월주의, 특정학교 우월주의, 특정지역 우월주의 등은 근거 없는 차별과 불관용의 사례라고 볼 수 있다. 이에 대해 우월주의의 비합리성과 비논리성을 지적함과 동시에 우리 모두가 오류 가능성을 가진 존재일 수밖에 없다는 점을 강조하는 지속적인 노력이 필요하다.

넷째, 광신주의(fanaticism)는 우리를 일차적인 부정적 감정에 머물게 만든다. 광신주의는 종교적 의미에만 국한되는 것이 아니라 특정 신념에 대해 배타적인 확신을 가지고 행동하는 것을 포함한다. 그 특징은 경직된 이분법적 사고와 강한 폐쇄성이다. 자신의 신념과 불일치하는 여타의 모든 신념에 대해 차별, 억압하려는 태도가 강할수록 관용의 가능성은 그만큼 줄어든다. 이와 같은 광신주의 혹은 맹목적 열광주의에 대처할 적절한 교육적 방안은 정확한 정보와 지식을 제공하고 객관적 사태의 인지능력을 길러 주는 일이다. 아울러 다양한 내용들 — 예컨대, 교과내용, 학급회의 시간의 토의내용, 특별활동에 관한 내용 등 — 에 대한 토론을 통해 학생들이 종교적 광신주의의 폐

해를 분명히 깨닫게 해 주어야 한다. 열린 마음으로 대화하고 토론하는 관용의 정신이 어려서부터 길러지지 않는다면 광신주의와 교조주의의 위험이 항상 우리 곁에 머물게 된다.

이처럼 불관용의 심리적 배경들을 제거하는 소극적 차원의 관용교육은 상대에 대한 일차적인 부정적 평가에서 이차적인 관용으로 나아가는 과정에서 장애요소를 제거해 준다는 데에 그 의미가 있다. 이런 장애요소가 제거된 토대 위에서 관용과 관련된 가치를 가르치고 관용의 덕을 실제적으로 함양시키고자 하는 적극적 차원의 관용교육의 가능성이 열린다.

적극적 접근에서 중요한 점은 어떤 가치들을 가르칠 것인가 하는 점이다. 대체로 인간의 존엄성, 인권, 평화, 다양성, 민주주의 등의 가치를 공통적으로 제시하지만 세부적으로는 약간의 견해차가 있을 것이다. 기존의 관용교육론에서 핵심적으로 다루어진 가치를 검토한 후, 여기에서는 '인간의 존엄성'을 핵심적인 가치로 강조하고자 한다.

첫째, 유네스코에서 발간한 관용교육의 지침서인 『관용: 평화의 시작』에서는 관용교육에서 강조해야 할 가치로 관용과 함께 평화, 인권, 민주주의를 제시하고 있다(유네스코 한국위원회 역, 1995). 관용은 그 자체가 목적이라기보다 평화, 인권, 민주주의라는 가치의 수단적 성격이 짙다. 관용이 없으면 평화의 실현, 인권의 보장, 민주주의의 발전이 요원할 것이다. 그런데 유네스코 자료에서는 그중에서 '평화'가 가장 강조되고 있다. 관용의 목표는 평화로운 세상을 만드는 데 있고 인권, 민주주의도 결국 '평화의 문화'를 추구하는 데 필요한 가치들로 인식되고 있다. 이는 세계 평화를 추구하는 UN의 특성 때문일 것이다.

둘째, 적극적인 관용교육에서 충서(忠恕), 화쟁정신(和諍精神), 공감 및 확대된 자아개념 등의 가치를 강조하는 입장이 있다(김용환, 1997: 170-190). 충서란 공자 사상의 중심 가치인 인(仁)의 또 다른 이름으로 자신을 관찰하고 자기를 미루어 다른 사람의 마음을 헤아리는 것을 말한다. 충서의 가치를 통해 타인존중의 태도를 기를 수 있다. 화쟁정신은 원효의 사상으로 상호 대립과 모순으로 충돌하는 이론(異論)들 사이의 논쟁을 종식시키기 위해 한 입장에서 다른 것들을 배제하지 않고 조화와 통일을 기하려는 것을 말한다. 화쟁정신을 통해 토론문화의 모범을 배우게 된다. 공감은 흄(D. Hume)의 개념으로, 사회에 대한 관심을 확장시켜 주며 타자의 이익에 관심을 갖게 하는 원리를 말한다. 또 근대 이후 강조되어 온 개인주의적 자아보다는 공동체주의자들이 주장하는 확대된 자아개념이 주목되고 있다. 공감 그리고 확대된 자아개념을 통해 공동체 의식은 계몽될 수 있다. 이 입장에서는 특정 가치가 핵심적으로 강조되지 않고 있으며 우리의 전통사상 속에서 관용의 가치를 해석해 보려는 노력이 부각된다.

셋째, '고통'의 의미를 철학적으로 조명하면서 그것을 관용교육의 핵심 소재로 활용하고자 하는 입장도 있다(조영제, 1998). 고통당하는 모습은 모든 인류에게 나타나는 보편적 현상이다. 고통은 인간의 불완전성을 드러내어 인간의 유한성에 대한 공통된 체험을 가능하게 한다. 또 고통은 그것의 해결을 촉구하는 성질을 가짐으로써 새로운 문화 형성의 원동력이 된다. 고통의 체험은 다른 사람을 이해하는 커다란 자원임에 틀림없다. 그것은 타인에 대한 이해를 깊게 할 뿐만 아니라 동정심을 유발하는 자원이다. 고통이 합리적 사고능력과 결합하는 경우 윤리적 동기는 더욱 강화될 수 있다. 고통경험에 공감한 사람들이 공동체의식을 긍정적으로 소유할 수 있고, 고통체험을 통해 오히려 이기적이고 편협해질 가능성도 있다. 또 개인적 체험의 성격이 매우 강한 고통을 어떻게 형식적 교육과정 안에서 다룰 것인가가 과제로 남는다.

넷째, 필자가 강조하고자 하는 관용교육의 핵심 가치는 '인간의 존엄성' 혹은 '인권'이다. 앞에서 관용이 정당화되는 근거를 살펴볼 때, 인간의 존엄성에 근거해서 관용은 정당화될 수 있다는 점이 언급되었다. 내가 반대하고 동의할 수 없는 상대방도 나와 동일한 존엄성을 지닌 존재라는 점에서 관용할 근거가 생긴다. '세계인권선언'의 전문 서두에 나타나듯이 "인류의 모든 구성원의 타고난 존엄성과 평등하고도 양도할 수 없는 권리를 인정하는 것은 전 세계의 자유와 정의와 평화의 기초 …."다. 관용교육이 궁극적으로 추구하는 바가 인류의 공존과 평화임을 생각할 때, 인간 존엄성 혹은 인권의 관용교육의 기반이 되는 가치다. 인권은 인간의 존엄성을 권리로 표현하는 말이며, 인간의 존엄성은 개개인이 서로의 권리를 존중해 줄 때 비로소 확고하게 보장된다. 인간의 권리가 성립하려면 인간은 인간이라는 이유만으로 존엄하다는 관념이 자리 잡아야 한다. 인간답게 살려면 모두 자기 나름의 존엄성이 있음을 자각하고 그리고 내가 존중받으려면 타인을 존중하지 않으면 안 된다. 이렇듯 인간 존엄성이 훼손되지 않기 위해서는 관용이 필요하고, 서로 관용하게 될 때 인권은 보장된다.

관용교육에 대한 적극적 접근에서 유의할 점이 있다. 이 접근방법은 가치교육의 속성상 형식적이고 교조화되기 쉬운 위험성을 안고 있다. 그렇기 때문에 적극적인 관용교육을 실시할 때 지나치게 경직되거나 일방적인 주입이 되지 않도록 신중을 기할 필요가 있다. 관용교육의 효과를 극대화하기 위해서 소극적 접근과 적극적 접근이 상호 보완적으로 병행될 필요가 있으며, 무엇보다도 관용의 풍토가 사회와 학교에서 확고하게 자리 잡는 것이 관용교육의 가장 확실한 토양이 될 것이다. 그렇다면 인간 존엄성을 강조하는 관용교육은 구체적으로 어떤 교육목적과 교육방법을 채택할 수 있을 것인가?

2) 관용교육의 목적과 방법

인간의 존엄성을 강조하는 관용교육의 이론적 틀은 어떻게 구성될 수 있을 것인가? 관용교육에 관한 구체적인 교육이론을 구축하는 것은 본 연구의 범위를 벗어난다. 다만, 여기서는 관용교육의 '목적'과 '방법' 측면에 대해 시론적으로 탐색해 보고자 한다. 관용교육의 목적 차원에서 '자율성의 증진'을, 방법 차원에서 '토론의 활성화' 혹은 '습관화를 통한 체득'을 제안해 볼 수 있다.

모든 인간의 자유와 평등을 가능하게 하는 근거는 천부적인 존엄성 혹은 인권이다. 인간의 존엄성은 자연적 권리를 비롯한 다양한 권리의 근원이 된다. 개인이 선택한 결과에 대해 가능하면 타인은 간섭하지 않아야 한다고 보는 이유는 그 선택이 그 사람의 고유한 권리이자 존엄성에 기인한다고 인정하기 때문이다. 인간이 존엄한 존재라면 그가 선택한 결과 — 물론 모든 선택 결과를 반드시 존중해야 된다고 말하기는 어렵지만 — 에 대해 존중해 주는 것은 당연하다. 선택의 권리는 자율성을 의미한다. 그것은 자율성의 개념 속에서 드러난다. 자율성의 개념은 세 가지 핵심 특징을 가지고 있다(Mendus, 1989: 53-54). 첫째, 자율적 행위자는 스스로 행위할 수 있는 상황에 있어야 한다. 고문 등과 같은 외적 강제력이나 법적 처벌 등의 위협 속에 있지 않아야 한다. 둘째, 자율적 행위자는 합리적이고 자유로운 선택자로서 자유로운 선택을 불가능하게 하는 병리의 희생자가 아니어야 한다. 즉, 합리성을 침식당할 정도로 제어할 수 없는 충동에 강제되거나 욕망에 의해 병적인 충동을 받아서는 안 된다. 셋째, 가장 중요한 것으로, 자율적 행위자는 자기가 따를 법을 스스로 제정하는 입법자여야 한다. 자신의 욕망으로부터도 자유로워야 할 뿐만 아니라 타자에 의해 강요된 행위로부터 자유로워야 한다. 그러므로 깊은 생각 없이 관습이나 관행에 타협하는 행위자는 진정으로 자율적인 사람이라 할 수 없다. 요컨대, 자율적 행위자는 자신의 자유를 행사하는 데 제약이 되는 내적 · 외적 요인들을 극복하고 자신의 선택과 결정에 따라 합리적으로 행위할 수 있는 사람이다. 이런 자율성의 개념에 비추어 볼 때 자율적인 사람들이 만들어 가는 사회는 관용적인 사회일 것이다. 즉, 그것은 각 개인의 선택과 결정을 최대한 존중해 주려는 사회일 것이다. 달리 말해, 개인들이 서로 간의 자율성을 침해하지 않고 관용하려는 노력이 관용적인 사회를 만들어 간다. 이런 면에서 볼 때, 자율적인 인간을 기르려는 것은 관용을 추구하는 사회에서 중요한 교육목적으로 채택될 수 있다. 물론 공동체주의자들의 지적처럼, 자율적인 인간은 공동체성이나 연대성이 부족하다는 한계가 제기될 수 있다. 이런 문제들을 여기서 모두 다룰 수는 없다. 다만 본 연구에서 강조하려는 것은 관용교육의 기반을 '인간의 존엄성'에 두어야 한다면, 이를 위해 개인의 자율성 증진이 '하나의' 중요한 교육목적으로 설정될 수 있다는 점이다. 왜냐하면 인간 존엄성의 개념 속에 자율성이 함의되어 있기 때문이다.

관용교육을 통해 자율적인 인간을 기르려고 할 때, 어떤 방법들이 효과적일 것인가? 우선 토론을 활성화하는 것은 매우 효과적인 방법일 것이다. 토론을 통해 자율적으로 자신의 입장을 개진할 뿐만 아니라 타인의 입장을 존중하는 관용을 역동적인 상황 속에서 배울 수 있게 된다. '토론'에 대해 자세히 언급하는 대신,[8] 여기서는 관용의 '습관화'라는 측면에서 논의하고자 한다.

먼저, 교육목적으로 제시하는 '자율성'과 방법론으로서의 '습관화'가 서로 조화롭지 못할 수 있으나, 이는 '습관'을 어떻게 이해하는가에 따라 달라질 수 있다. 여기서 사용하는 습관의 의미는 아리스토텔레스적인 것이다. 습관이란 말은 어떤 행동을 a) 아무 생각 없이, b) 반복적으로 하는 것이다(최병태, 1996: 243). 만약 a)의 관점에서 본다면 습관은 자율성과 분명히 배치된다. 아무 생각 없이 무의식적으로 혹은 기계적으로 어떤 행동을 하게 된다면 이는 자율성과는 거리가 멀다. 그러나 아리스토텔레스가 덕을 함양하는 방법으로 강조하는 습관(ethos)은 b)의 의미다. 즉, 어떤 행동을 '반복해서 하는 것'이 습관이라면 이는 자율성과 반드시 배치되는 것은 아니다. 또 다른 관점에서 보면, 자율성은 아무것도 없는 무의 상태에서 발휘되는 것이 아니라 확고한 성향적 기반 위에서 가능한 것이다(White, 1990: 76). 즉, 자율성을 증진시키기 위한 교육은 그 기반이 되는 성향을 함양시키는 노력에서부터 시작해야 한다. 아직 자율적이지 못한 어린 나이일수록 장차 자율성을 발휘할 수 있는 테두리나 지침을 마련해 주는 교육이 필요하다. 관용의 성향이 체득된 학생은 동시에 자율적인 성향을 갖추게 되고 상대방의 자율성을 존중하는 관용적인 태도를 갖게 될 것이다.

관용이 시민사회에 필요한 하나의 덕이라면, 덕교육론의 입장에서

8) 관용의 근거가 되는 인간의 '불완전성' 혹은 '오류 가능성'을 고려할 때, 대화 및 토론은 그것을 보완할 수 있는 좋은 방안들이다. 토론의 과정에서 자신의 오류를 자각하게 되고 상대방의 우월성을 발견할 수 있다. 자신의 주장이 존중받기 위해서는 마찬가지로 타인의 주장을 존중하고 관용해야 함을 배우게 된다. 관용교육에서 토론의 중요성(김용환, 1997: 조영제, 1998: 황경식, 1995)은 많이 다루어졌기 때문에 여기서는 자세한 언급을 생략한다.

관용교육의 방법을 모색해 볼 수 있다. 관용이 하나의 덕으로 체득되어 자신의 성향이 된 사람은 관용이 요구되는 상황에서 자연스럽게 관용을 보여 줄 것이다. 아리스토텔레스적인 전통에서 보면 덕에는 행동, 감정, 실천적 판단의 세 가지 요소가 들어 있다(최병태, 1996: 185). 덕 있는 사람은 그 덕을 행동을 통해 표출한다. 또 덕은 감정의 성향이기도 하다. 감정은 쾌락과 고통에 관계되는 것인데 옳은 상황과 구체적 행동에 대한 실천적 판단력을 갖는다. 요컨대, 어떤 사람이 즐거운 마음으로 옳은 행동을 하는 성향을 갖고 있고 그것이 적절한 상황판단에 따라 적절하게 드러날 때 우리는 그 사람을 덕 있는 사람이라고 할 수 있다. 즉, 관용적인 사람이란 적절한 상황에서 즐거운 마음으로 관용을 실천하는 사람일 것이다.

그런데 덕을 함양하는 데에 특별한 방법이 있는 것은 아니다. 덕은 아주 다양한 경로를 통해 함양된다. 아리스토텔레스가 제시하는 방법은 '습관화'다. 덕 있는 행동을 함으로써 덕 있는 사람이 된다고 하는 말은 반복적인 실천을 강조한다. 그것은 앞에서 지적한 바와 같이 아무 생각 없이 어떤 행동을 하는 것이 아니라 실천적 판단과 긍정적 감정을 가지고 반복해서 그 행동을 하게 될 때 그것이 자신의 성향으로 체득될 수 있다는 말이다. 여기서는 관용교육에 대한 두 가지 중요한 시사점이 나타난다. 하나는 관용교육이 '지속적으로' 이루어져야 효과가 있다는 점이고, 다른 하나의 특정 교과나 교사보다는 학교교육의 '전 영역'에서 관용교육이 중시되어야 한다는 점이다.

효과적인 관용교육을 위해서는 통합적 접근이 요구될 것이다. 한 예로, 헤인즈와 마란스(Haynes & Marans, 1999)의 'CEB(Cognition, Emotion, Behavior) 모형'과 같이 인지적 · 정서적 · 행동적 측면을 통합적으로 다루어야 관용교육의 효과를 기대할 수 있다. 인지적 측면에서는 관용과 관련된 지식, 이해, 사고, 신념, 기대 등을 다룰 수 있다. 정서적 측면에서는 관용을 위해 자신과 상대방의 감정이나 느낌을 정확히 파악하고, 서로 간의 심리적 반응 등을 다룰 수 있다. 행동적 측면에서는 관용에 직접적 혹은 간접적 효과를 미치는 관찰 가능한 행위들을 다루게 된다. 이와 같은 통합적 접근의 아이디어는 관용교육의 교육과정 구성이나 교수방법에 크게 도움을 줄 것이다.

5 결론

종교적 관용으로부터 촉발된 근대의 관용성은 이제 다원주의적 사회를 가능하게 하는 원동력으로 작용해 왔다. 중세의 터널을 지나 근대의 여명이 밝아 오던 당시만 해도 종교적 관용은 상상할 수 없던 일이었다. 볼테르가 주장한 바와 같이, "종교는 우리 인간이 이 세상을 사는 동안, 그리고 죽은 후에도 행복해지기 위해 만들어졌다. 내세에 행복한 삶을 맞이하려면 어떻게 해야 할까? 올바르게 살아야 한다. 그렇다면 현세의 삶을, 우리 인간의 비뚤어진 본성이 허락하는 범위 안에서 행복하게 누리려면 어떻게 해야 하는가? 관용을 알고 베풀 줄 알아야 한다."(송기형, 임미형 역, 2001: 18). 다원적 사회에서 가장 요구되는 덕목은 관용이다. 그러나 우리 사회의 각종 편견, 차별, 억압 등의 불관용은 여전히 성숙되지 못한 시민의식을 보여 주고 있다. 우리가 다원적인 열린사회를 지향하고, 이를 위해 관용적인 인간을 기르고자 한다면 관용교육은 시급한 교육적 과제다.

앞에서 우리는 관용교육이 요구되는 사회적 상황을 검토했다. 현대사회의 특성인 정보화, 세계화, 포스트모더니즘 등은 다양성과 다원주의를 지향하고 있음을 살펴보았고, 다원주의적인 열린사회의 핵심적 시민덕목으로 관용을 부각시켰다. 또한 사회와 학교에 존재하는 불관용 현상을 검토하면서 관용교육의 필요성을 강조하였다. 관용교육의 이론적 토대로 관용의 의의, 근거, 한계 등을 살펴보았다. 관용은 반대와 용납이라는 이질적 요소의 결합으로 이루어진다. 관용은 도덕적 · 종교적 회의론, 국가의 중립성, 인간의 존엄성에 기초한 자율성, 인식론적 상대주의를 통해 정당화된다. 또한 관용은 논리적 한계와 실천적 한계를 갖는다. 전자는 관용을 지키기 위해 불관용해야 하는 역설적 상황을 말하며, 후자는 관용의 필요성을 알면서도 실천하기 어려운 현실적 한계를 말한다. 관용교육에는 소극적 접근방법과 적극적 접근방법이 있는데 전자는 불관용의 심리적 요인들을 제거하는 데 중점을 두고, 후자는 관용에 관한 가치를 적극적으로 가르치는 데에 중점을 둔다. 필자는 적극적인 가치로 '인간의 존엄성'을 핵심적으로 강조하였다. 이에 따라 교육목적론 차원에서 '자율성의 증진'을, 방법론 차원에서 '습관화를 통한 체득'을 논의하였다.

'민주시민 양성'이라는 우리 교육의 포괄적 목적과 이 글에서 강조한 '인간의 존엄성' 그리고 '습관화를 통한 관용의 성향 체득'이란 측면을 감안하면 관용교육은 학교교육의 전 영역에서 다루어져야 할 것이다. 우리 현실에서 구체적인 교과영역을 생각한다면, 시민성 교육을 다루는 사회과와 도덕과에서 보다 집중적으로 관용 문제를 가르칠 수 있다. 관용교육의 관점에서 우리나라 교과서를 분석한 한 연구에 의하면, 우리나라 중등학교의 사회 및 도덕 교과에서 일관성 있게 관용의 덕목을 가르치지 못하고 있다(김용환, 조영제, 2000: 64). 따라서 시민덕목으로서 관용의 중요성이 이들 교과 내용으로 충실히 반영될 필요가 있다. 또 다른 측면에서 보면, 관용교육은 교과영역보다는 학급활동, 특별활동, 재량활동 등을 통해 다루어질 때 더 효과적일 수 있다. 가령, 학급회의를 실질적으로 활성화시켜서 토론문화가 정착될 수 있도록 한다거나 특별활동 — 예컨대 학교 방송부의 활동 — 을 통해, 교내 · 외의 불관용 문제를 지적하고 토론함으로써 관용 문제를 지속적으로 제기한다거나, 재량활동의 한 영역으로 관용과 관련된 주제를 선정할 수 있을 것이다. 무엇보다 중요한 것은 학교 공동체에 관용의 문화를 형성하는 일이며 이를 위해 학교구성원 모두의 지속적인 노력이 필요할 것이다.

사회 전체가 관용적인 풍토를 만들기 위한 꾸준한 노력도 필요하다. 관용교육의 효과는 사회의 관용수준을 넘기 어렵다. 관용적인 사회를 위해 언론매체의 역할은 매우 중요할 것이다. 언론매체가 사회에 존재하는 불관용 사례들을 꾸준히 지적하고 대안을 제시하며, 지속적인 캠페인 활동을 벌여 줄 것을 관용교육 차원에서 촉구할 수 있다. 언론이 오히려 불관용을 조장하는 경향이 있을 때에는 시민들의 적극적인 참여 — 개인 차원에서건 비정부기구 등의 조직적인 차원에서건 간에 — 를 통해 이를 시정하려는 노력이 필요할 것이다.

제 9 장

잘삶의 교육을 위한 교직윤리

1 서론

예나 지금이나 교사들에게는 다른 어떤 분야의 종사자들보다도 더 높은 수준의 도덕성이 요구된다. 극히 일부 교사의 비도덕적 행위가 보도되기만 해도 전체 교직사회에 대한 비난 여론이 빗발치는 경우를 종종 본다. 교직에 대한 여론의 반응이 그렇게 민감한 이유는 교직에 대한 도덕적 기대 수준이 그만큼 높기 때문일 것이다. 이는 교직관과 매우 밀접한 연관이 있다(김동일, 김원웅, 이주향, 1998: 132-136).

전문직으로서의 교직은 그에 상응하는 직업윤리를 갖추기를 요구한다. 일반적으로 다른 직종에 비해 전문직에서 더 높은 도덕성이 요구되는 것은 사회에 미치는 영향력이 매우 크기 때문이다. 전문직은 과업 수행에서 고도의 전문 지식이 요구되고 이에 상응된 자율성이 주어지므로 그만큼 높은 도덕성이 요구된다. 전문직으로서 교직에서도 과업수행의 자율성이 보장되고 엄격한 교직윤리가 요구된다.

교직의 전문성에 따라 직업윤리가 요구되는 대표적인 부분을 세 영역으로 살펴볼 수 있다(손봉호, 김해성, 조영제, 2001: 200-201). 첫째, 학생에 대한 윤리, 둘째, 교사 자신에 대한 윤리, 셋째, 사회 및 국가에 대한 윤리가 그것이다. 이 장에서는 교사의 '학생에 대한 윤리'에 논의를 한정시키고자 한다. 즉, 교육 현장에서 교사가 학생을 지도할 때 어떤 윤리가 필요한가를 세 가지 윤리학적 관점에서 고찰하고자 한다. 교직의 고유성은 학생지도에 있다. 교육의 대상인 학생은 아직 미성숙한 존재다. 학생들이 형성해 가는 가치관, 세계관에 교사는 지대한 영향을 미친다. 또한 교사와 학생의 관계는 일차적으로 인간 대 인간의 관계이므로 적절한 윤리가 요구된다.

피터스(R. Peters)의 지적처럼, 교육은 가치 있는 것을 도덕적으로 온당한 방법으로 의도적으로 전달하는 것을 의미한다(이홍우 역, 1998: 16). '교육한다'는 것은 어떤 일을 성취했다는 것만이 아니라, 그 일이 가치 있는 일이라는 것을 의미한다. 그뿐 아니라 그 일을 추구하는 방법에 도덕적으로 문제가 없어야 한다는 의미도 아울러 들어 있다. 결국, 교사는 학생들에게 도덕적으로 가치 있는 것을 가르쳐야 할 뿐만 아니라 학생들을 도덕적으로 대우해야 한다.

교사들이 교육 현장에서 직면하는 현실적인 문제들은 보다 심도 있는 윤리적 숙고를 요구하고 있다. 그러한 요청에도 불구하고 우리나라에서는 아직 교직윤리에 관한 논의가 활발하지 못하다. 손봉호, 김해성, 조영제(2001)는 교직윤리관 정립을 위한 기초연구를 수행했다. 이 경험연구에서 그들은 현직 교사의 교직윤리에 관한 인식 실태를 밝히고 있다. 신득렬(2002)은 교원의 윤리강령을 외국의 사례와 비교 연구하였다. 선행 연구를 살펴볼 때, 특히 교직윤리에 관한 이론적 틀의 모색이 매우 시급한 과제라고 생각되었다. 외국의 경우, 교직윤리에 관한 논의의 틀이 구체적으로 제시되고 있다. 스트라이크(K. A. Strike)와 솔티스(J. F. Soltis)는 '원칙주의'와 '결과주의'라는 틀을 제시한다(Strike & Soltis, 1985). 이는 근대 윤리학의 큰 줄기인 의무 윤리학과 공리주의 윤리학의 관점에서 교직윤리를 논하고 있다. 헤인즈(F. Haynes)는 '일관성' '결과' '배려'라는 세 가지 윤리학적 관점을 교직윤리의 틀로 제시하고 있다(Haynes, 1998). 이는 의무윤리, 공리주의 윤리에 페미니스트적인 배려윤리를 포함시켜 세 가지 관점에서 교직윤리를 논의함으로써 논의의 폭을 확대시켰다.

필자는 의무윤리, 덕윤리, 배려윤리라는 세 관점을 교직윤리를 논의하는 기본 틀로 삼고자 한다.[1) 이 세 윤리학은 윤리학의 대표적 패

---

1) 본 연구의 논의의 틀의 배경을 다음과 같이 정리해 볼 수 있다.

주장 학자	교직윤리의 이론적 배경
Strike & Soltis	의무윤리, 공리주의
Haynes	의무윤리, 공리주의, 배려윤리
필자	의무윤리, 배려윤리, 덕윤리

필자가 공리주의 대신 덕윤리를 포함시킨 것은 두 가지 이유 때문이다. 첫째, 롤즈(J. Rauls) 등의 현대 자유주의 철학자들은 공리주의가 개인의 독자성을 간과하는 측면이 있다고 비판한다. 롤즈는 자신의 정의론에서 공리주의 방식이 아닌 보편적인 정의의 원리를 제시함으로써 공리주의를 극복하려는 노력을 시도한다. 즉, 보편적인 의무윤리를 토대로 하면서 공리주의의 한계를 극복하려는 노력을 하고 있다. 본 연구에서 롤즈를 다루지는 않았지만 그의 입장이 시사하는 바를 참고하여 공리주의 대신에 덕윤리를 포함시켰다. 둘째, 덕윤리는 교사 자신이 우리 사회 및 학교 공동체 내에서 지녀야 할 좋은 성품과 인격에 대해 숙고하도록 도와줄 이론적 관점이기 때문에 현실적으로 교직윤리에 시사하는 바가 매우 크다는 점이다.

러다임으로써 동일한 문제를 각각 다른 시각에서 볼 수 있는 관점을 제시해 준다. 이 세 가지 관점에서 우리는 교사가 직면하는 다양한 문제를 윤리학적으로 숙고하는 데에 풍부한 시사점을 얻을 수 있을 것이다. 교육현장에서 교사가 부딪히는 문제가 복잡한 만큼 교직윤리도 다양성과 다원성을 갖는 윤리학을 요구할 것이다. 이런 취지에서 세 가지 윤리학을 교직윤리의 기초이론으로 검토하게 되었지만 세 윤리학을 중심으로 교직윤리를 모색하다 보면 짧은 지면에서 그 핵심 개념들을 지나치게 단순화시킬 위험이 있으나 교직윤리의 정립을 위해 윤리학적 관점을 포괄적으로 살펴보는 데 주안점을 둘 것이다.

2 의무윤리와 교직윤리

1) 도덕적 의무, 자율성, 그리고 인간의 존엄성

학교문화는 전통적으로 통제와 규율을 매우 강조하였다. 일제의 잔재, 군사문화의 영향 등으로 교사는 '통제 중심의 학생관'을 갖게 되었다. 이런 관점에서 학생의 자유, 선택, 인권 등은 무시되기 쉽다. 시대의 변화에 따라 학교 문화도 변화를 요구받고 있다. 최근 들어 학교 실제도 많이 변한 것이 사실이다. 그럼에도 학교의 모습은 여전히 통제 중심이고, 학생의 인권은 너무 쉽게 유린된다고 학생들은 생각한다(배경내, 2000: 16). 제도와 정책이 어떻게 바뀔지라도, 여전히 교육은 교사와 학생의 만남 속에서 이루어진다. 학생은 자신을 대하는 교사의 태도가 달라지지 않을 때 진정한 변화를 느끼지 못한다. 학교 문화가 좀 더 개방적이고 학생들의 인권이 존중되도록 근본적 변화가 일어나기 위해서 무엇보다도 교사의 학생관이 달라져야 한다. 여기서 확실한 교직윤리의 정립이 필요하다.

의무윤리학은 인간이 지녀야 할 보편적 도덕성, 그리고 교사가 지녀야 할 보편적인 교직윤리에 중요한 시사점을 준다. 근대 이후 가장 큰 영향을 미친 칸트의 윤리학에서는 도덕적 의무, 자율성, 인간의 존엄성 등이 핵심 개념을 이룬다.

첫째, 칸트의 '도덕적 의무' 개념은 그의 인간관과 밀접하게 연관된다. 인간의 의지에는 순수 이성 혹은 경향성과 욕구가 동시에 작용한다. 한편으로는 도덕법칙에 일치하도록 움직이는 순수 이성의 영향을 받으면서, 다른 한편으로는 도덕법칙과 대립되는 경향성과 욕구의 영향을 받는 것이 인간이다. 이 이중적 성격 때문에 인간의 의지는 언제나 불완전하다. 순수 이성에 대항하는 욕구와 경향성의 '저항'을 억누르지 않고서는 도덕적 선을 실현하기 어렵다. 욕구와 경향성은 순수 이성에게 항상 장애물로 등장한다. 도덕적 의무는 인간이 절대적으로 거룩한 선의지만을 가진 존재가 아니라 이성적이면서도 감성적 욕구와 경향에 따라 살 수 있는 존재이기 때문에 부과된 것이다. 그러므로 도덕법칙은 인간에게 하나의 명령이 된다. 인간은 스스로 도덕법칙을 설정할 수 있으면서 동시에 그것을 어길 수도 있다. 인간이 법칙을 따라 행동하려면 스스로 강제를 가하지 않으면 안 되므로 이것은 도덕적 의무로 부과된다. 도덕적 의무는 한편으로는 자발성을, 다른 한편으로는 강제성을 띠고 있다. 그래서 칸트는 의무를 "법칙에 대한 존경심에서 나온 행위의 필연성"이라고 정의한다(강영안, 2000: 79).

그렇다면 칸트가 말하는 도덕법칙은 무엇인가? 누구나 따라야 할 정언명령으로서의 도덕법칙은 어떤 행위의 준칙이 한 개인에게뿐만 아니라 이성적인 존재 모두에게 타당한 보편법칙으로 수용될 수 있는 적합성을 갖고 있을 때, 비로소 우리는 도덕법칙에 도달할 수 있다. 사람이 왜 보편법칙으로서의 적합성을 지닌 규칙에 따라 반드시 행동해야 하는가? 그것은 "네 의지의 준칙이 항상 동시에 보편적 입법의 원칙으로 타당할 수 있도록 그렇게 행위하라."(김성호 역, 1988: 195)는 실천 이성의 명령이 있기 때문이다. 이 명령은 조건이 없는 명령이라는 의미에서 정언명령이다. 정언명령은 그 자체가 하나의 도덕 법칙이면서, 동시에 모든 도덕법칙을 가능케 하는 순수 실천 이성의 선험적 원칙이다.

둘째는 의지의 자율성이다. 칸트가 보는 도덕성의 기초는 의지 또는 순수 실천 이성의 '자율성'이다. 의지 또는 실천 이성은 자신이 스스로 부여한 법칙을 제외하고 어떤 다른 법칙에 종속되지 않을 때 자율적이다. 그러므로 의지의 자유는 자율성, 즉 자기 자신에게 법칙이 되는 의지의 속성 외에 다른 어떤 것도 아니라고 칸트는 강조한다. 도덕 법칙을 말할 때 칸트는 전통이나 관습, 또는 성인의 모범이나 종교와 관련해서 논하지 않는다. 도덕법칙은 행위 주체인 이성적 존재가 스스로, 주체적으로 정립한 것이다. 도덕 법칙은 이성적 존재자의 "오직 이성 자체에 근원을 두고 있다."는 사실을 칸트는 강조한다(김성호 역, 1988: 99). 의지의 자율성은 법칙을 초월한 또는 법칙과 무관한 자율성이 아니라 법칙 안에서의 자율성이고 또한 법칙은 그것을 따르는 의지 주체에게 일종의 외재성으로서의 구속력을 가지게 된다. 칸트가 말하는 의지의 '자율성'은 이처럼 '자기' 내부에 '법칙'의 '타자성'을 담고 있는 자율성이다.

셋째는 '인간의 존엄성'이다. 목적 자체로서의 인간은 "실현되어야 할 목적이 아니라 독립적 목적"이라고 칸트는 말하고 있다(강영안, 2000: 108). '실현되어야 할 목적'을 실현하기 위해서는 가능한 수단을 모두 동원해야 하고 실천하고자 하는 의지가 있어야 한다. 그러나 '목적 자체'로서 인간은 그와 같은 의미에서의 목적이 아니라 '독립적인 목적'이다. 이는 목적을 실현하고자 하는 의지와 관계없이 독립적으로 존재하는 현실이요, 항상 목적으로서 대우하고 존경해야 할 자립적인 존재다. 인간은 도덕적 소질로 인해 다른 모든 사물들에게 부여되는 가치를 초월한다. 어떤 가치로도 인간의 값을 매길 수 없고, 어떤 등가물로도 인간을 대치할 수 없다. 인간은 '도덕법칙의 주체' 또는 '도덕성의 주체(인격)'로서 절대적 가치, 즉 '존엄성'을 가진다. 인간은 이로 인해 모두가 평등하다. 인간은 존엄성을 지닌 존재이기 때문에 누구나 예외 없이 '객관적 목적'으로 대우받아야 한다. 따라서 인간은 사물이나 상품을 다루듯이 유용성의 원칙에 의해 수단시될 수 없다. 인간은 항상 인격으로 존경받고 대접받아야 한다. 인간은 목적 자체라는 생각은 하나의 실천적 이념이다. 이러한 실천 이념으로부터 새로운 도덕법칙이 형성된다. 그것을 칸트는 "너는 네 자신의 인격과 다른 모든 사람의 인격에 있어서 그 인간성을 언제나 동시에 목적으로 대하고 결코 단순히 수단으로서만 사용하지 않도록, 그렇게 행위하라."(김성호 역, 1988: 235)고 강조한다.

2) 의무윤리 관점의 교직윤리

칸트 윤리학으로 대표되는 의무윤리는 정언명령에 따른 도덕적 의무, 의지의 자율성, 인간의 존엄성 등이 핵심을 이루고 있음을 살펴보았다. 사실 교사들은 교육 현장에서 윤리적 숙고가 필요한 수많은 문제에 봉착한다. 교사는 어떤 도덕적 의무를 갖는 것인가? 전문직으로서 교직은 어느 정도의 자율성을 갖는 것인가? 또 학생들의 자율성은 어디까지 인정해 주어야 되는가? 교사들은 학생들의 인격을 존중하고 있는가? 왜 학생들의 인권은 존중받아야 하는가? 의무윤리는 이런 문제들에 대한 답을 찾는 데 큰 도움을 주고 있다.

교직은 다른 직종에 비해 도덕적 기대치가 훨씬 높은 편이다. 이는 평범한 시민 중의 하나인 교사에게 큰 부담이 된다. 그러나 다른 시각에서 생각한다면 그것은 부담을 넘어 하나의 의무일 수 있다. 즉, 교사이기 전에 인간이라면 누구나 보편적으로 가져야 할 도덕적 의무를 강조하는 칸트의 주장은 우리 모두가 '욕구 및 경향성을 극복하고 순수 이성에 따르는 도덕적 의무'를 가져야 함을 일깨워 준다.

교육 현장은 세련되고 정치된 이론으로 다 설명해 낼 수 없는 역동적인 요소를 안고 있다. 따라서 복잡하고 역동적인 현장에서 생활하는 교사는 이성보다는 감정과 경향성에 의해 행동하고 싶은 유혹을 자주 느끼게 된다. 가령, 의도적인 거짓말로 자신의 잘못을 회피해 보려는 학생이 있는가 하면, 반복하여 지적하지만 잘못된 행동을 아무 거리낌 없이 계속하는 학생도 있다. 이런 학생들을 대하면 교사는 자신도 모르게 화를 내거나 체벌을 가하게 된다. 이는 이성적 판단이라기보다 감정의 느낌대로 행동하는 결과다. 학생들 때문에 그렇게 되는 경우도 있지만 교사 자신의 문제 때문에 이성적이지 못할 때도 있다. 학생들을 편애해서는 안 된다는 것을 알면서도 어떤 이유 때문에 특정 학생에게 마음이 더 가는 경우가 있다. 성실하게 수업 준비를 해야 된다는 것을 알면서도 게으름과 나태 때문에 그렇게 하지 못하는 경우도 있다. 이렇게 자신의 감정, 욕구, 경향성을 따르면서도 자신의 행위를 합리화하려는 자세까지 자주 나타난다. 이 경우 좀 더 이성적인 도덕적 의무감이 교사에게 요구된다.

교직을 전문직이라 하면서도 그에 상응하는 과업 수행의 자율성이 주어지지 못한 경우가 많다. 교사 자신이 타율적인 풍토에 젖어 있다 보면, 학생들에게도 타율성을 강요하게 된다. 타율성에 길들여진 학생들은 자신의 삶을 자율적으로 살아가지 못하게 되는 악순환으로 이어진다. 그러므로 교사는 자율적인 삶의 모델이 될 필요가 있다. 교직이 제도와 정책의 방향에 따라 통제를 받기 마련이지만, 이런 외적 요소보다는 자신의 내적인 판단과 의지에 따라 행할 수 있는 자율성이 요구된다.

자율성에 바탕을 둔 교육 활동은 내적 동기유발 때문에 매우 강력한 추진력과 보람을 느낄 수 있다. 또한 학생에게 자율성을 길러 주는 일은 모든 교사의 기본 과업이다. 그런데 통제 중심의 학교문화는 학생들에게 자율성을 발휘할 수 있는 여지를 주지 못한다. 예를 들어, 교과학습 면에서 볼 때 학생들은 자율적인 학습의욕을 갖지 못하고 늘 타율적으로 임하게 된다. 모든 학생이 정해진 기간 동안 선택의 여지가 별로 없는 교과내용을 모두 학습해야 하는 제도하에서 학생들에게 자율성을 기대하기는 어렵다. 중요한 점은 지금처럼 학습 양이 많을지라도 타율에 길들여진 단순 암기식 공부에 머문다면 일정 수준 이상의 발전을 기대하기는 어렵다는 것이다. 자신의 자율적 판단과 학습 의욕에서 출발할 때 초기에는 비록 학습 효과가 미미해 보일지 모르지만 향상의 정도는 더욱 더 커질 것이다. 또한 생활지도 면에서 볼 때, 학생들에게는 학교에서 정한 규율이 부과되고 늘 통제가 따르게 된다. 그 결과 규율에 대한 반발은 심하고 생활지도는 점점 어려워진다. 그러나 규율의 제정 과정에 학생들이 주도적으로 참여할 수 있게 한다거나, 그 규율을 위반했을 때 어떤 벌칙을 내릴지 교사와 학생이 함께 참여하여 결정하고, 또 그 결과의 처리도 꼭 교사나 학교 당국만이 아니라 학생들이 주도할 수 있도록 해 줌으로써 자율적인 학교 문화가 조성되는 계기가 생길 수 있을 것이다.

칸트의 윤리학은 우리 교육 현장에서 '학생의 인권' 문제를 중시하도록 요구한다. 특히 교사에 의한 학생 체벌 문제는 심각한 인권유린 사례가 될 수 있다. 다인수 학급에서 단 시간 내에 학생들을 통제해서 수업에 집중하게 하려면 체벌이 불가피하다는 현실론이 있기도 하지만, 체벌을 당하는 학생들은 체벌이 교육적 효과보다는 부정적인 측면이 강하다고 말한다. 다음과 같은 한 학생의 말이 우리의 체벌 현실의 단면을 보여 준다.

> 선생님이 사생활로 스트레스받아서 폭발하고 싶은데, 그때 꼬투리 하나 잡히면 끝장이에요. 들어올 때부터 얼굴이 붉으락푸르락해 가지고 별 것도 아닌데 애들 때리고…. 강도부터 평소랑 달라요. 그러면 애들이 "어젯밤에 부부싸움했나 왜 저래." 그러죠. 3반 선생님은 한번 터졌다 하면 빗자루가 다섯 개 여섯 개 부러지고, 빗자루 하나가 여섯 토막씩 부러질 때까지 때려요. 그 선생님은 자기가 생각하는 대로 안 되면 화 풀릴 때까지 때려요. 애들이 "미친 개."라고 부르죠(배경내, 2000: 61).

이런 지적은 비록 일부일지라도 우리의 교육 현장에서 학생들의 인권을 침해할 소지가 많은 체벌이 아직도 거칠게 행해지고 있음을 말해 준다. 여기서 칸트 윤리학은 우리에게 인간의 존엄성을 다시 한

번 환기시켜 준다. 인간은 '목적 자체'이고 '독립적인 목적'이다. 비록 교사라 하더라도 '교육'이란 명분 아래 학생의 인격을 무시한다거나 그 존엄성을 훼손할 권리를 갖는 것은 아니다. 학교 성적에 따라 상품을 분류하듯이 학생들을 분류하는 도구적 시각을 갖는다거나, 잘못된 행동을 하는 학생들은 인격적으로 대우받을 가치가 없는 존재라고 보고 언어폭력 및 신체적 체벌을 가하는 것은 학생들이 가지고 있는 인간의 존엄성 자체를 부인해 버리는 과오를 범하는 것이다.

또한 교사들의 지나친 과욕이 학생들의 인권을 침해하는 경우도 있다. 자신의 지도에 불응한다거나 교사 자신의 마음에 들지 않는 행동을 하는 학생을 어떻게든 변화시켜 놓고 말겠다는 지나친 의욕은 학생의 고유한 존엄성을 침해하는 결과를 낳게 된다. 때려서라도 나쁜 버릇을 반드시 고쳐 놓겠다는 생각은 당장 눈앞에 보이는 변화를 가져올 수 있을지 모르지만, 학생의 인권을 침해할 우려가 있을 뿐만 아니라 학생의 내면에서 자율적인 변화가 일어나는 것을 어렵게 만들 수 있다. 칸트 윤리학에서 강조하고 있는 인간의 존엄성은 우리 교육현장에서 "학생의 인권은 교문 앞에서 멈추고 만다."(배경내, 2000)라는 병폐를 극복할 수 있는 윤리적 관점으로 교사에게 강한 메시지를 줄 것이다.

요컨대, 칸트 윤리학에서는 냉철하고 보편적인 도덕적 의무 중심의 교직윤리를 강조한다. 교사들은 어떤 경우라도 감정에 치우친다거나 편파적이 되어서는 안 된다. 학생과도 일정한 거리를 유지하면서 그들의 자율성을 인정해 주고 존엄성을 지켜 주어야 한다. 이 관점에서 볼 때 교사와 학생의 관계는 추상적 · 합리적 · 개인적 독립관계다. 이 관점에서 요구되는 교직윤리는 간략히 말해 '개인적 원칙' 중심의 교직윤리라고 볼 수 있다.

그런데 교사가 개인적으로 늘 냉정하고 합리적인 도덕적 의무의 원칙에 충실한다고 해서 항상 최선의 교육적 효과를 기대하기는 어려울 것이다. 교사에게는 그 이상의 뭔가가 요구된다. 즉, 교사는 경우에 따라서 학생들과 함께 형성하는 학교공동체와 사회공동체의 일원으로서 그에 따라 요청되는 공동체의식 및 탁월한 덕의 소유자가 될 필요도 있고, 학생 개인에 대해 더 깊은 관심과 애착을 가지고 배려할 필요도 있을 것이다. 그러므로 이런 부분을 보완적으로 설명해 줄 다른 관점의 윤리학이 필요할 것이다.

3 덕윤리와 교직윤리

1) 공동체적 덕, 사회적 실천, 그리고 서사적 통일성

의무윤리에 기반을 둔 도덕성 개념은 합리적 · 자율적 개인을 전제한다. 개인은 자신이 따라야 할 도덕 원리를 스스로 도출한다고 본다. 이와 반면, 덕윤리에 기반을 둔 도덕성 개념은 공동체와의 관계 속에서 형성되는 것으로 본다. 개인은 공동체의 실체에 가치를 부여하고, 도덕성의 근원을 공동체의 삶의 양식과 밀접하게 연결된 덕에서 찾기도 한다. 또한 덕윤리는 사회적 맥락과 떨어져서는 생각할 수 없는 공동체적 가치인 '공동선'을 강조한다. 공동선은 개인적 선의 총합인 '수렴적 선'과는 다른 것으로 본질적으로 '공동체의 선'을 가리킨다(김선구, 1999: 164). 개인은 결코 공동선과 무관할 수 없다. 한 개인이 특정 공동체의 구성원이라면 이는 그 공동체의 공동선을 자신의 중요한 가치로 인정한다는 것을 의미한다. 개인들이 가정 공동체, 학교 공동체, 국가 공동체의 공동선을 인식하고 그것에 헌신할 수 있는 공동체의식 혹은 연대감을 가질 수 있어야만 공동체는 유지, 발전된다. 이 관점에서는 공동체의 존속과 발전이 무엇보다 중요한 관심사다. 사람들로 하여금 개인적 선을 뛰어 넘어 공동선에 헌신하게 하는 것은 중요한 교육의 과업 중의 하나가 된다.

덕 윤리학은 무엇보다도 사람의 성품에 관심을 갖는다(최병태, 1996: 162-164). 덕에 대한 관심은 기본적으로 사람에 대한 관심이다. 우리가 한 사람에 대하여 그 사람이 어떤 사람인가를 판단하고, 그 사람의 성품이 어떠한가에 대하여 관심을 가질 때 우리는 덕을 핵심 개념으로 간주하는 윤리학적 전통에 서게 된다. 이는 의무윤리학이 사람의 행동에 관심을 갖는 것과 대조적이다. 덕 윤리학의 가장 근본적 질문이란 '나는 어떤 종류의 사람인가?'라는 것이다. 의무윤리학을 '행위의 도덕(morality of doing)'이라고 부를 수 있다면 덕 윤리학은 '존재의 도덕(morality of being)'이라고 말할 수 있다(황경식 역, 1996: 115-118). 고대 그리스 윤리학에서도 핵심적 관심은 사람과 삶이었다. '어떤 사람이 좋은 사람이며 어떤 삶이 좋은 삶인가?'라는 문제의식을 가지고 윤리학적 탐구가 시작되었다. 그리스인들이 생각한 좋은 사람은 공동체인 폴리스(polis)에서 좋은 평가를 받을 수 있는 사람이었다. 공동체에서 좋은 평가를 받기 위해서는 공동체가 지향하는 덕을 소유한 사람이다. 그러므로 어떤 사람이 좋은 사람인가에 대한 그들의 대답은 '덕 있는 사람'이고, 어떤 삶이 좋은 삶인가에 대한 그들의 대답은 공동체가 추구하는 공동선에 헌신하는 '행복한 삶'이었다.

덕 윤리학의 핵심 개념인 덕(*arete*)은 기본적으로 사람의 성향이요, 성품의 특성이다. 그리스 사람들은 덕을 '기능'과 밀접하게 관련된 것으로 생각했다. 덕이란 어떤 대상으로 하여금 자신의 기능을 잘 발휘하게 하고 더 좋은 그것이 되게 하는 무엇이다(최병태, 1996: 172). 그러므로 덕이 있는 사람은 자신의 기능을 '뛰어나게' 혹은 '탁월하게' 해내는 사람을 말한다. 여기서 기능이란 다른 역할을 가리키는 것이 아니라 하나의 종(種)으로서 인간의 고유한 특성을 말한다. 아리스토텔레스(최명관 역, 1984: 1098a)에 의하면 인간의 기능은 이성에 따르는 삶이다. 그러므로 덕있는 사람은 이성의 요구를 충실하게 따르고 사는 사람을 말한다. 이성의 요구에 따라 발휘되는 덕은 크게 지적인 덕과 도덕적 덕으로 구분된다. 즉, 지적 탁월성과 도덕적 탁월성이 보편적 인간의 덕인 것이다.

덕은 공동체의 삶의 양식과 밀접하게 연관되어 있다. 이런 입장을 견지하는 매킨타이어(A. MacIntyre)는 아리스토텔레스의 덕이론에 기초하여 자신의 덕 이론을 재정립하고 있다(MacIntyre, 1984). 매킨타이어는 덕이 세 가지 핵심 요소인 '사회적 실제(social practices)'[2] '인간 삶의 서사적 통일성(the narrative unity of a human life)' '전통(tradition)'으로 구성되어 있다고 본다. 매킨타이어는 행복한 삶 혹은 좋은 삶이 부분적으로 '사회적 실제'의 추구를 포함한다고 보았다.

'실제'란 내가 말하는 의미에서는 사회적으로 확립된 협동적 인간 활동을 수행하는 일관되고 복합적인 양식으로서, 그

2) 매킨타이어의 'practice'를 홍은숙(1994)은 '사회적 인간활동'으로, 이진우(1997)는 '실천'으로, 유재봉(2002)은 '실제'로 옮기고 있다. 이는 매킨타이어의 practice 개념을 명확하게 전달할 수 있는 우리말이 여의치 않음을 보여주는 사례라고 볼 수 있다. 이 글에서는 '실제'라고 옮겼으며, 그 의미는 '사회적 협동 활동'으로 이해할 수 있을 것이다.

> 활동양식에는 적절한 수월성 기준이 들어 있어서 그 활동 양식의 의미를 부분적으로 규정해 주며, 그 활동 양식에 내재된 가치는 수월성의 준거들을 성취하고자 하는 과정에서 실현되고, 그 결과로 수월성을 추구하는 인간의 능력 및 그 활동의 목적과 가치에 대한 인간의 사고가 체계적으로 확장된다(MacIntyre, 1984: 175).

이와 같은 사회적 실제는 몇 가지 특성을 갖고 있다. 즉, 사회적 실제란 첫째, 사회적으로 확립된 협동적인 행위이며 모종의 일관되고 복잡한 형식을 갖추고 있어야 한다. 둘째, 내적인 가치나 선의 성취에 관심을 가져야 한다. 셋째, 탁월성의 기준을 가지고 있어야 한다. 넷째, 규칙을 따르는 활동이어야 한다. 다섯째, 그 활동은 누적적인 전통을 통해 계속적으로 발전해야 한다(유재봉, 2002: 147). 이를 종합해 보면, 사회적 실제는 개인적 행위나 활동이 아니라 '사회적으로 정립된 협동적 인간 활동'이다. 달리 말해, 공동체 속에서 유지, 발전되어 온 인간 활동이라고 볼 수 있다. 또한 실제는 단편적인 행위나 활동을 가리키는 것이 아니라 '일관되고 복잡한 활동 양식'이다. 그리고 그것은 탁월성의 기준을 가지고 있는 활동이고 내적인 선을 가지고 있는 활동이다. 그러므로 사회적 실제에는 내적이고 공유된 가치들이 포함된다. 실제 속에는 생산물의 탁월성뿐만 아니라 실제의 존속에 필요한 덕목들도 포함된다. 예컨대, 실제의 내면에 들어 있는 최선의 표준을 따르려고 노력하는 초보자들의 의욕에서 우리는 용기와 정직 혹은 공적인 일에 필요한 협동심을 발견할 수 있는데 이것이 바로 그런 덕목이다. 돈, 권력, 명성은 '내적인' 가치가 아니라 '외적인' 가치를 갖는다. 내적인 가치와 달리, 외적인 가치는 필연적으로 공유되는 것이 아니라 특정의 개인에게만 배타적으로 소속된다. 또한 외적인 가치는 개인들이 더 많이 소유할수록 다른 사람들은 그만큼 더 적게 소유할 수밖에 없는 것이다. 외적인 가치들은 본질적으로 경쟁적이다. 매킨타이어(1984)는 외적인 가치가 좋은 삶에서 어느 정도 중요한 위치를 차지하기는 하지만 중요성 면에서 볼 때 내적인 가치에 종속될 수밖에 없다고 주장한다.

매킨타이어(1984)에 의하면 인간이 추구해야 할 절대적이고 궁극적인 목적은 별개의 것으로 존재하거나 주어진 것이 아니라 인간의 계속적인 삶의 역사를 통해 형성되고 드러나는 것이다. 인간은 각자 자신의 서사(敍事)를 가지고 있고, 그 서사에는 나의 미래에 대한 이미지가 들어 있다. 따라서 내가 해야 할 일은 나의 '이야기' 속에 들어 있다. 또한 나의 이야기는 나 혼자만의 이야기가 아니라 내가 속해 있는 공동체와의 관계 속에서 형성된다. 또한 내가 해야 할 일은 '나는 어떤 이야기의 일부인가'를 알게 됨으로써 비로소 파악될 수 있는 것이다.

인간의 삶에 대한 역사는 진공 상태에서 구축된 것이 아니다. 인간은 어떤 의도를 갖고 행동하게 되는데, 그 의도는 사회적 맥락의 제약을 받는다. 내가 살아온 이야기는 광범한 사회적 맥락을 무시하고는 제대로 이해할 수 없다. 나는 사회적 맥락 속에서 자신을 발견하게 된다. 사회적 맥락은 일련의 실제들로 이루어져 있다. 그리고 그 실제들은 역사적으로 계승되어 하나의 전통을 이룬다. 실제들은 나의 의도에 영향을 주는 배경이 되고, 그 실제들이 쌓이고 쌓여 하나의 거대한 전통을 이룬다.

덕윤리의 강조점은 '공동체'에서 형성된 덕에 있다. 덕윤리의 핵심 관심사인 인간의 성품은 공동체 속에서 형성되고, 평가된다. 공동체의 맥락을 떠나 인간의 성품을 평가하는 것은 공허한 논변에 그치기 쉽다. 이런 측면에서 덕윤리는 공동체의 기반 속에서 성립될 수 있는 윤리라고 볼 수 있다. 매킨타이어의 사회적 실제, 서사적 통일성, 전통 등의 개념도 공동체적 맥락에서만 의미를 가질 수 있다. 공동체 속에서 다양한 실제들이 누적적인 전통을 형성해 왔고, 그 속에서 이루어지는 수많은 이야기 속에 나의 삶의 목적을 찾을 수 있는 것이다.

2) 덕윤리 관점의 교직윤리

덕 윤리학을 공동체적 덕, 사회적 실제, 서사적 통일성 등의 개념을 중심으로 살펴보았다. 덕윤리는 공동체 및 공동선을 중시한다. 이 관점에서 교육의 주된 과업은 학생들에게 공동체의식 및 연대감을 갖게 해 주고 공동선에 헌신할 수 있도록 만드는 일이다. 가령, 교사와 학생의 관계는 학교 공동체를 기반으로 강한 연대감이 형성되어야 한다. 교사는 자신이 근무하는 학교와 그 학생들, 자신이 맡고 있는 학급과 그 학생들에게 더 깊은 애착을 가져야 하고, 이것이 학생들에게 긍정적 영향을 줄 수 있어야 한다. 교사가 내 학교, 내 학급 학생들에게는 특별한 관심과 애정을 보이는 것처럼 학생들도 자신의 학교, 학급에 더 강한 애착을 갖고 공동체적 연대감을 형성해 갈 수 있어야 한다. 이와 같이 공동체의식을 고취시키는 교육은 학교 공동체를 넘어 지역사회, 국가 등으로 그 범위가 확대될 수 있을 것이다. 또한 교사는 개인적 선의 추구보다 공동선의 추구에 우선성을 두어야 하고 학생들에게도 개인적 선의 추구에 머무는 것이 아니라 공동선의 추구를 위해 헌신할 수 있도록 고무해야 한다. 가령 어떤 고등학교가 명문고라는 영예를 얻게 되었을 때, 그 이면에는 학생들의 입시지도를 위해 밤늦게까지 자신의 개인적 삶을 거의 포기하고 헌신하는 교사들이 많이 있음을 볼 수 있다. 대학 진학 실적으로 학교를 평가하려는 우리의 왜곡된 교육현실이 꼭 바람직한 것은 아니지만 명문고의 전통 속에는 교사들이 선공후사의 정신을 가지고 노력하였다는 의미가 들어 있다. 이런 의미에서 학생들도 어려서부터 공동선에 우선성을 둘 수 있도록 지속적으로 지도할 필요가 있다. 이와 같이 교사에게는 공동체의 존속과 발전을 위해 노력해야 할 책무가 있다.

교사들이 높은 도덕성을 가져야 한다는 것은, 덕 윤리학 관점에서 말하자면 공동체가 요구하는 덕 있는 교사가 되어야 한다는 의미일 것이다. 덕 있는 교사가 된다는 것은 지적인 덕과 도덕적 덕을 갖춘 탁월한 교사가 된다는 것이다. 전문직으로서의 교사는 지적 영역에서 전문성을 갖춰야 한다. 자신의 지적 탁월성을 꾸준히 추구해야 할 뿐만 아니라 학생들의 지적 탁월성을 향상시키기 위해 노력해야 하는 것이 교사의 과업이다. 또한 도덕적 영역에서도 교사는 탁월성을 보여 주어야 한다. 교사가 학생들에게 진정으로 존경받는 것은 외적으로 주어지는 권위와 강제력에 의해서가 아니라 자신의 도덕적 모범을 통해 가능해진다. 교사 자신이 탁월한 도덕적 덕을 갖추어야 함은 물론이고 학생들에게 도덕적 덕을 함양시켜 주는 것은 모든 교사에게 주어진 과업이라 할 수 있다. 이는 '도덕'이라는 독립 교과에서만 도덕교육을 하는 것이 아니라 모든 교사가 학생들의 도덕성 함양을 위해 노력해야 함을 의미한다.

덕 윤리학은 인간의 성품에 관심을 갖는다. 덕 윤리학은 교사의 과업이 단편적인 지식교육에 끝나는 것이 아니라 궁극적으로 학생들의 성품 형성과 관련된다는 점을 강조한다. 좋은 성품을 가진 좋은 교사에 의해 학생들의 좋은 성품이 형성될 수 있을 것이므로 먼저 교사가 좋은 성품의 소유자가 되어야 한다. 아리스토텔레스는 반복해서 덕을 실천함으로써 덕 있는 사람이 된다고 했다. 교사 자신이 덕을 실천하려는 노력을 게을리하지 말아야 할 것이며, 학생들에게는 덕을 반복해서 실천하여 습관화가 될 수 있도록 지도할 필요가 있다. 예컨대, 교사가 학생들에게 '이타심'이란 덕을 길러 주기 위해서는 그에 관한 이론을 아는 것만으로는 충분하지 못하다. 이타심을 발휘할 수 있는 봉사활동이나 실제 활동을 해 보도록 도와주어야 하고, 그것도 어쩌다 한 번이 아니라 이타심의 덕이 함양될 수 있을 만큼 자주 해 보아야 한다. 이와 같이 덕은 실제 세계에 입문하고 몰두함으로써 비로소 길러지는 것이므로 덕을 함양시킬 때는 관련된 활동 속으로 철저히 몰입하도록 할 필요가 있다.

앞에서 살펴본 매킨타이어의 덕이론은 교직을 바라보는 시각에 대해서 중요한 시사점을 줄 수 있다. 먼저, 그의 '사회적 실제'의 특성은 교직에도 그대로 적용될 수 있을 것이다. 첫째, 교직은 사회적으로 확립된 협동적인 행위이며 모종의 일관되고 복잡한 형식을 갖추고 있다. 이는 현대 교직의 속성을 그대로 설명해 준다. 교직은 사회적 기업이고 교직에 입문하기 위해서는 소정의 과정을 이수하고 검증을 받는 공적 절차를 거쳐야 한다. 또한 교사는 일반 사회와 교직 사회 내부에서 요구하는 교직윤리를 잘 정립하고 지켜야 할 책무가 있다.

둘째, 교직은 내적인 가치나 선의 성취에 관심을 갖는다. 교사는 무엇보다도 가르치는 일에 즐거움과 보람을 느껴야 한다. 교직 고유의 내적인 선에서 벗어나게 될 때, 달리 말해 교사가 가르침 자체보다는 외적인 가치인 돈이나 권력, 지위 등을 추구하게 될 때 교육 본연의 자리에서 이탈하게 된다. 가령, 교사들이 학부모에게 촌지를 받는

다거나 학교장이 학교 시설 납품과 관련된 뇌물을 받아서 물의를 일으키는 경우는 교사가 내적인 가치보다 외적인 가치를 추구한 결과일 것이다.

셋째, 교직은 탁월성의 기준을 가지고 있다. 교직이 탁월성의 기준을 가지고 있다는 점은 부단한 자기 연마의 노력이 있어야 함을 시사한다. 학생들의 평가나 여러 결과를 종합해 볼 때, 잘 가르치는 교사, 훌륭한 교사와 그렇지 못한 교사가 현실적으로 구분될 수 있다. 이는 탁월성의 기준에 도달할 때까지 부단히 노력하는 윤리의식이 교사에게 요구됨을 시사하고 있다.

넷째, 교직은 규칙을 따르는 활동이다. 교사는 실정법상의 규정 준수는 물론이고 사회적으로 혹은 단위 학교에서 정하고 있는 규칙을 준수할 책무가 있다. 예컨대, 교직 단체가 이익집단화되어 자신들의 주장을 관철시키기 위해 규칙 준수를 외면한다면 이는 교직윤리상 한계를 드러내는 일이다. 교직은 다른 직종과 달리 모든 면에서 학생들에게 모범이 되어야 하는 특성을 갖고 있다.

다섯째, 교직은 누적적 전통에 의해 진보하고 발전한다. 이는 교직 내의 전통이 존중되어야 하고, 타력에 의한 개혁보다는 자체 내의 혁신이 효과적일 수 있음을 시사한다. 교직계 내의 세대 간 조화도 필요하다. 즉, 후배 교사들이 선배 교사들의 경험과 충고를 발전적으로 계승할 필요가 있음을 말해 준다. 또 교육개혁이 실패하는 이유 중의 하나는 교직 내부의 전통과 논리에 충실하면서 점진적인 개혁을 시도하는 것이 아니라 모든 것을 일시에 바꿔 버리려는, 외부 논리에 의한 급진적인 개혁 시도 때문인 경우가 많다. 이런 개혁론은 정책적 편의주의나 현란한 정치적 수사를 벗어나지 못하기 때문에 성공한 사례가 거의 없음을 우리는 많이 보아 왔다. 이런 점에서 볼 때 교직은 매킨타이어가 말하는 사회적 실제의 한 사례이고, 그와 관련된 덕윤리가 교사들에게는 요구된다고 볼 수 있다(이지헌, 김선구, 1997: 93-99).

매킨타이어의 덕이론에서 또 하나 중요한 개념인 '서사적 통일성'은 교사들이 학생들을 이해하는 데 어떤 자세와 노력이 필요한지를 잘 말해 주고 있다. 어떤 학생이 일탈 행위를 하게 되었을 때, 일탈 행위 그 자체만 볼 것이 아니라 그 학생이 왜 그 행동을 하게 되었는지 배경적 '이야기'를 들어볼 필요가 있다. 어떤 행동이든 진공 속에서 나타나지 않는다. 개인의 삶의 역사가 만들어 가는 이야기 속에 그 배경이 들어 있을 것이다. 그러므로 교사들은 학생들에게 자신의 삶의 서사를 반성해 보도록 고무함으로써 그들이 자신의 목적을 분명하게 발견하도록 도울 수 있을 것이고, 또한 교사가 학생들을 이해하는 데에도 도움이 될 것이다.

학생들의 이야기 속에는 자연히 공동체의 요구도 반영된다. 학생들은 가족 공동체, 학교 공동체, 지역사회 공동체, 국가 공동체의 일원으로써 공동체가 자신에게 요구하는 바가 무엇인지, 그리고 공동체의 유지, 발전을 위해 자신은 무엇을 해야 할 것인지를 고민하게 된다. 학생들은 자신의 목적과 행동이 결코 공동체적 맥락을 떠날 수 없음을 인식하게 될 것이다.

또한 교사 자신도 왜 교직을 선택하게 되었는지, 그리고 자신의 교육관이 어떻게 형성되었는지를 이해하기 위해서 자신의 삶을 반추해 볼 필요가 있다. 자신의 '자서전' 속에서 교직에 대한 분명한 사명감을 찾을 수 있을 것이다. 또한 동료교사들 간의 갈등 문제를 해결할 때에도 '서사'는 큰 도움이 될 수 있다. 진지하게 주고받는 이야기 속에서 서로 오해했던 점들이 드러나고 해소될 수 있을 것이다. 교사들은 공동체가 자신에게 요구하고 있는 것이 무엇인지 분명하게 인식하게 될 때 비로소 교직을 단순한 생계유지 수단으로만 보는 것이 아니라 공동체가 부여해 준 막중한 사명을 완수하려는 소명의식의 교직윤리가 정립될 수 있을 것이다.

덕윤리에서 바라본 교직윤리는 교사들이 교직에 대한 공동체의식을 가지고, 덕 있는 성품을 소유하기 위해 노력하며, 사회적 실제로서 교직이 요구하는 준거를 충족시키고, 서사적 통일성 속에서 교직에 대한 윤리의식을 제고할 것을 요구한다. 덕윤리 관점에서 본 교사와 학생의 관계는 공동체적 유대 관계이며, 교사는 공동체가 요구하는 탁월한 성품의 모범자가 되어야 한다. 이 관점에서 요구되는 것은 간략히 말해 '공동체적 덕' 중심의 교직윤리라고 볼 수 있다. 이 관점의 교직윤리는 개인적이고 합리적인 도덕적 숙고나 원칙 중심의 윤리를 적절하게 설명해 주지 못하는 측면이 있겠으나, 이는 앞의 의무윤리를 통해서 보완될 수 있는 점이다.

그런데 공동체적 덕 중심의 교직윤리는 공동체를 전제로 한 교사와 학생의 유대관계를 강조할 뿐, 여전히 학생 개인에 대한 보다 깊은 배려와 사랑이 요구되는 측면을 제대로 부각시키지 못하는 한계를 갖는다. 이는 또 다른 측면의 교직윤리가 필요하다는 점을 말해 준다.

4 배려윤리와 교직윤리

1) 배려 및 대화

덕윤리는 교사 자신이 공동체가 요구하는 좋은 성품을 갖기 위해 노력해야 하고, 덕 있는 교사가 되기 위해 노력할 것을 요구한다. 이와 달리 배려윤리는 배려, 수용, 사람, 격려 등에 관심을 갖는다. 여러 학자들에 의해 배려윤리가 연구되고 있지만, 여기서는 노딩스(N. Noddings)의 이론을 중심으로 논의하고자 한다.

노딩스(1984)는 기존의 윤리학 연구에서 여성이 도덕적으로 열등하고, 남성에게 윤리적으로 위험한 존재로 간주되기도 하였다고 주장한다. 여성이 이렇게 무시당하고 열등하게 평가된 것은 윤리학이 남성들에 의해서 연구됨으로써 '여성의 경험과 특성들'이 철저히 무시되고 배제되었기 때문이라는 것이다(박병춘, 2002: 119). 노딩스는 칸트, 니체, 제임스(W. James) 등의 윤리학에 나타난 남성 편향적인 특성을 지적하고, 전통 윤리학이 보편 윤리학이 아닌 '남성 윤리학'에 불과하다는 자신의 입장을 밝히고 있다. 노딩스에 따르면, 배려윤리 또는 여성윤리는 그동안 남성에 의해서 소중히 여겨지고 높이 평가받아 온 가치, 덕목, 혹은 특성들을 무시하고 배제하기 위해서가 아니라, 이러한 것들을 여성의 관점에서 새롭게 분석함으로써 남성과 여성 모두가 기존의 고정적인 성 역할의 부담이나 기대, 그리고 그에 수반됐던 폭력이나 억압으로부터 벗어나게 해 주는 윤리라고 주장한다. 또한 그동안 남성 중심의 윤리학에서 소홀히 다루었거나 배제되었던 '여성성'의 윤리적 의미를 복원시킬 필요가 있다고 주장한다.

이 윤리학의 대표적인 개념이 바로 '배려'다.

노딩스(1992: 15)는 배려의 의미를 배려하는 사람과 배려 받는 사람의 '관계성'을 중심으로 설명한다. 배려하는 사람이 배려를 해 줄 때 배려를 받는 사람이 그것을 인지하고 수용함을 보여 주는 경우 '배려관계'는 형성된다.

배려하는 사람의 의식 상태는 전념(engrossment)과 동기 전환(motivational displacement)을 통해 설명된다. '전념'이란 다른 실체를 이해한다는 개념이다. 이는 자신을 벗어나서 다른 사람의 경험 안으로 들어가기 위해 열중함을 말한다. 그것은 말하자면 내가 배려해 주고자 하는 사람의 관심, 이해, 필요를 수용하는 데 필요한 여지를 마련하기 위하여 나 자신의 특별한 가치들이나 관심들을 일단 배제시키는 일이다. 즉, 배려하는 사람 자신의 눈만이 아닌 배려 받는 사람의 눈도 함께 감춤으로써 배려 받는 사람을 수용하는 것을 의미한다. '동기 전환'은 자신의 동기 에너지가 다른 사람을 향해 분출되는 것을 말한다. 곧 다른 사람이 전달하고자 하는 것을 수용하고, 그의 목적이나 계획을 고무해줄 수 있는 방향으로 반응하고 싶어 하는 마음을 말한다. 나의 동기 에너지가 다른 사람에게로 전달되면, 나의 동기 에너지를 배려받는 사람과 내가 공유하게 된다. 바로 나의 에너지는 다른 사람을 위해 사용될 수 있게 된다.

배려의 관계에서 배려하는 사람의 역할뿐만 아니라 '배려 받는 사람'의 역할도 배려의 완성을 위해 필수적이다. 배려 받는 사람의 의식의 특성으로는 수용, 인지, 감응 등을 들 수 있다. 배려 받는 사람은 배려를 수용하고, 배려를 수용하였음을 보여 주어야 한다. 이때 배려하는 사람이 전념을 통해서 이를 인지하면 배려는 완성된다는 것이다.

노딩스(1992: 22-23)는 배려윤리에서 '대화'의 중요성을 강조한다. 배려는 다른 사람에 대한 관심에서 시작되고, 이는 대화에서 구체적으로 나타난다. 대화는 다른 사람을 조종하기 위한 과정이 아니라 서로 상대방을 진지하게 이해하려는 성실함이다.

> 대화는 단순한 이야기(talk)나 담화(conversation)가 아니다. 단순한 이야기나 담화의 경우 상대방은 이따금씩 질문을 할 수 있도록 허용된다. 대화는 근본적으로 열려 있는 것이다. 순수한 대화의 경우 그 어느 쪽도 어떤 결과나 결정이 내려질 것인가를 처음부터 알고 있지 않다. … 대화는 이해와 공감 그리고 인식을 위한 공동의 탐색활동이다. 대화는 때로 유쾌한 것이거나 심각한 것, 논리적인 것이거나 상상적인 것, 목표 지향적이거나 과정 지향적인 것일 수 있으나, 항상 처음부터 결정되지 않았던 어떤 것에 대한 순수한 탐색 활동이다(Noddings, 1992: 23).

대화는 서로를 연결시켜 주고 또 배려 관계가 지속될 수 있도록 도와준다. 배려는 지식과 기능만이 아니라 특정한 태도를 필요로 한다. 우리가 상대방이 필요로 하는 것에 대해서 그리고 그것이 언제부터 필요했던 것인지에 대하여 잘 알고 있을 때, 우리는 배려자로서 가장 효과적으로 반응할 수 있다. 대화는 '전념'이라는 배려의 특성에 이미 함의되어 있다고 볼 수 있다. 상대방을 수용한다는 것은 열린 마음으로 상대방에게 주의를 기울이며 열중하는 것이다. 대화를 지속하는 것은 서로에 대해 깊이 알 수 있게 도움을 준다.

2) 배려윤리 관점의 교직윤리

노딩스(1992: ch. 2, 3)는 자신의 배려윤리가 교육에 어떻게 적용될 수 있는가를 자세하게 언급하고 있다. 간략히 말해, 이성 중심, 지식 중심의 자유교육을 비판하면서 그 대안으로 배려교육을 제안하고 있다. 자기 자신, 친근한 주변 사람들, 다소 먼 타인들, 생명이 있는 환경, 생명이 없는 대상이나 도구 등에 대한 충분한 이해와 존중심을 길러서 배려할 수 있도록 하는 일에 교육의 목적을 두어야 한다고 노딩스는 주장하고 있다.

앞에서 언급했듯이 노딩스가 보는 배려는 '관계적' 특성을 갖는다. 배려하기 위해서 교사가 학생에게 전념하고 동기적 전환을 시도할 때, 그리고 학생도 그에 상응하는 수용 및 반응을 보일 때 온전한 배려가 이루어진다. 교사는 어린 아이들을 가르쳐야 한다. 어린아이들과 교사가 어떤 만남으로 시작하는가에 따라서 교육의 성패가 결정된다. 아이들이 마음을 열고 전적으로 교사를 신뢰하면서 학습에 몰두하고, 또 문제가 생길 때 교사와 의논할 수 있는 분위기는 교사와 학생 간에 따뜻한 배려의 관계가 성립되었을 때 형성될 것이다. 이를 위해, 교사는 배려의 모범이 되어야 한다(Noddings, 1992: 22). 학생들에게 배려하라고 말하기 전에 교사 자신이 학생들과 배려의 관계를 형성하고자 배려하는 모습을 보여 주는 것이 중요하다. 배려를 받아 본 경험이 있어야 학생들은 나중에 배려할 수 있게 된다. 교사의 따뜻한 배려는 학생으로 하여금 평생 잊지 못할 추억을 갖게 할 수 있으며, 교사의 교육활동을 더욱 신뢰받게 만들어 준다.

교사는 학생을 배려하기 위해 우선 '전념'해야 한다. 교사 자신의 입장을 내려놓고 학생의 눈높이에서 그의 관심, 필요, 흥미가 무엇인지를 파악하기 위해 열중해야 한다. 교사에게는 객관적 입장에 머물지 않고 학생의 입장으로 몰입해 들어가는 진지함이 필요하다. 이런 전념과 함께 '동기 전환'이 이루어져야 한다. 전념을 통해 파악된 학생의 의도가 학생 자신의 입장에서 시도되고 성취될 수 있도록 교사 자신의 에너지를 쏟아부을 필요가 있는 것이다. 교사 자신만이 의도한 대로 무엇인가를 관철하려고 하는 것은 진정한 배려가 되지 못한다. 교사와 학생의 관계는 필연적으로 불평등한 관계다. 교사는 학생보다 인생의 경험과 지식 면에서 더 많은 것을 갖추고 있다. 그럼에도 불구하고 학생에게 물을 수 없는 특별한 책임이 교사에게 있을 것이다. 그것은 교사가 반드시 '포용(inclusion)'을 실천해야 한다는 점이다(Noddings, 1992: 107). 여기서 포용이란 교사의 마음속에 학생의 마음이 늘 함께 존재해야 함을 말한다. 즉, 교사는 교사 자신의 관점과 학생의 관점을 동시에 가져야 한다. 학생들이 만족스럽지 못한 관점에서 보다 더 만족스런 관점으로 나아갈 수 있도록 해 주기 위해서, 교사는 반드시 학생이 세계를 바라보는 그대로 세계를 바라보려고 노력해야 한다. 즉, 눈높이를 학생에게 맞추는 배려가 필요하다. 교사의 열정이 이렇게 학생의 눈높이를 향하고 있음이 감지될 때, 즉 학생 자신이 배려 받고 있다는 것을 깨닫게 될 때, 상호 간에 신뢰 관계가 형성되고 교육 효과는 더욱 높아질 수 있다. 이와 같은 전념과 동기 전환이 가능하도록 하기 위해서는 교직 특유의 성실성과 자기희생적 윤리관이 요구된다.

교사가 배려하기 위해 최선을 다해야 한다는 것은 두말할 필요가 없지만, 그것만으로는 한계가 있다. 즉, 배려가 완성되기 위해서는 학생의 역할도 필요하다. 학생도 자신을 배려하는 교사의 노력을 수용하고, 인지하고, 반응을 보일 필요가 있을 것이다. 교사가 전념하는 바를 학생이 수용한다는 사실이 교사에게 인지될 때, 교사는 크나 큰 보람을 느끼게 되며 배려는 완성된다. 그러므로 배려는 교사와 학생의 적절한 '관계' 속에서 형성되는 것이다.

노딩스의 배려윤리는 교사들이 어떤 자세로 학생들과 대화해야 할 것인가에 대해 중요한 시사점을 주고 있다. 배려윤리는 '관계'의 도덕적 수준을 높이는 것을 강조한다. 이것을 가능하게 해 주는 것이 바로 '대화'다. 교사 자신이 무엇인가에 대해서 미리 결론을 내려놓고 학생을 설득하려는 것은 진정한 대화를 어렵게 만들고, 오히려 학생들의 분노를 키울 수도 있다. 대화를 통해 교사와 학생이 서로 '배려의 관계를 형성'하는 것이 중요하다. 예컨대, 수업 장면에서 교사의 일방적인 교수보다는 교사와 학생이 대화를 통해 서로의 탐구심을 격려한다거나, 학생의 생활지도 측면에서도 교사가 일방적으로 지시하고 훈계하는 것으로 끝나는 것이 아니라 학생이 자신의 진심을 솔직하게 표현하고 스스로 반성하는 데까지 이어지도록 성실한 대화 자세를 갖는다면 학교교육은 큰 변화를 가져올 것이다. 우리 사회에는 성숙한 대화가 부족하다는 비판이 많이 제기된다. 우리들은 가정과 학교에서 대화를 통해 문제를 해결해 본 경험이 매우 드물기 때문에, 성인이 되어서도 대화하기가 여전히 서투른 경향이 있다. 우리의 학교 현실을 감안할 때, 상당한 제약이 있긴 하지만, 교사들이 학생들과 늘 진지하게 대화하려는 자세는 교직윤리 차원에서 매우 중요한 것이라 할 수 있다.

배려윤리는 무엇보다도 교사와 학생의 친밀한 배려적 관계를 중시한다. 교사에게는 학생에 대한 배려를 위해 전념, 동기적 전환이 이루어질 것이 요구된다. 이 관점에서는 '배려적 관계' 중심의 교직윤리가 요구된다. 이는 '개인적 원칙' 중심의 교직윤리나 '공동체적 덕' 중심의 교직윤리가 놓치기 쉬운 교직의 또 다른 고유한 영역을 밝혀 주는 윤리관이라고 볼 수 있다.

지금까지 살펴본 의무윤리, 덕윤리, 배려윤리가 시사하는 교직윤리를 요약, 정리해 보면 〈표 9-1〉과 같다.

〈표 9-1〉 세 윤리학이 시사하는 교직윤리

구 분	핵심 개념	강조점	시사하는 교직윤리
의무윤리	도덕적 의무, 자율성, 인간의 존엄성	개인	'개인적 원칙' 중심의 교직윤리
덕윤리	공동체적 덕, 사회적 실제, 서사적 통일성	공동체	'공동체적 덕' 중심의 교직윤리
배려윤리	배려, 대화	관계	'배려적 관계' 중심의 교직윤리

5 결 론

교사들이 교육 현장에서 부딪히는 수많은 문제들은 교사들로 하여금 윤리적 고민을 하게 만든다. 특히, 학생을 지도하는 과정에서 교사와 학생 및 학부모와의 갈등은 갈수록 많아지고 있다. 특정 규정으로 해결되지 못하는 수많은 문제들이 교사들에게 윤리적 부담으로 남게 된다. 교사들에게 엄격한 도덕성을 요구하는 경우에도, 그들이 어떤 도덕성을 가져야 하고 왜 그래야 하는지에 대한 이론적이고 체계적인 논의를 하기도 어려운 것이 현실이다. 교직윤리에 관한 이론 정립은 아직 체계화되지 못한 상태에 있다. 이 장에서는 교직윤리의 이론적 정립의 필요성을 인식하면서, 그 시도의 하나로 주요 윤리학들이 교직윤리에 어떤 시사점을 줄 수 있는가를 검토하였다.

의무윤리의 특징은 감정과 욕구를 이성에 종속시켜야 하는 도덕적 의무, 이성에 따르려는 의지의 자율성, 그리고 목적 자체로서 인간이 갖는 존엄성 등이다. 의무윤리에서는 교사가 이성적인 도덕성의 소유자가 될 것을 요구한다. 여기서 교사는 상황을 냉철하게 판단하고 보편성을 위반하지 않으며, 학생들을 대할 때 무엇보다도 그들이 가진 존엄성을 중시하면서도 어떤 면에서는 그들과 일정한 거리를 유지하는 '개인적 원칙' 중심의 교직윤리가 강조되고 있다.

덕윤리의 특징은 인간의 성품에 대한 관심이며 이는 공동체적인 덕에 대한 관심으로 나타난다. 교사 자신은 학교 공동체 속에서 덕 있는 사람이 되어 학생들에게 사표가 되어야 할 뿐만 아니라 학생들을 공동선에 헌신할 수 있는 덕 있는 사람으로 길러 가야 한다. 매킨타이어의 덕 이론에 나타난 사회적 실제, 서사적 통일성 등의 개념은 교사로 하여금 내적인 선을 추구하고, 공동체적 탁월성의 기준에 도달하기 위해 부단히 노력함과 동시에 학생들을 서사적 차원에서 이해하려고 노력하는 '공동체적 덕' 중심의 교직윤리를 강조하고 있다.

배려윤리의 특징은 무엇보다도 배려의 관계성을 강조한다. 교사는 학생을 배려하기 위해 전념하고 동기 전환을 이루어 내야 한다. 배려관계를 형성하기 위해서 교사는 학생의 입장을 고려해야 하고 학생은 그것을 수용하려는 자세를 가져야 한다. 배려관계를 형성할 수 있는 좋은 방안 중의 하나는 대화다. 이 관점에서 교사는 학생 개개인을 따뜻하게 이해하고 배려하는 성실한 교직윤리, 즉 '배려적 관계' 중심의 교직윤리가 강조된다.

이들 윤리학에서 시사하는 교직윤리의 내용은 교육 현장에서 형성되는 교사와 학생 간의 관계가 갈등을 일으키지 않고 좋은 교육적 효과를 가져올 수 있는 관계로 발전하는 데에 큰 도움을 줄 것이다. 교육활동은 예상치 않은 수많은 변수들의 영향을 받는 복잡하고 역동적인 활동이므로, 특수한 윤리적 입장들은 각각 특수하고 단편적인 의미만을 가질 수밖에 없다. 복잡하고 다양한 속성을 지닌 교육문제에 필요한 교직윤리는 무엇보다도 다양하고 포괄적인 접근이 필요하다.

이 장에서 밝혔듯이 세 윤리학의 관점은 교직윤리의 개인적이고 원칙을 중시해야 하는 측면, 공동체 속에서 덕을 중시해야 하는 측면, 서로의 관계를 중시하면서 배려해야 하는 측면 등을 설명해 주고 있다. 또한 이들 관점은 상호보완적인 측면을 갖는다. '개인적 원칙' 중심의 교직윤리가 개인적이고 원칙적인 의무를 강조하다 보면, 공동체적 덕이나 밀착된 개인 관계 속에서의 배려 등이 소홀하게 다루어지기 쉬운데 이 점들은 덕윤리와 배려윤리가 보완해 줄 수 있다. '공동체적 덕' 중심의 교직윤리가 공동체 속에서의 덕과 그 함양을 강조하다 보면, 개개인의 합리적이고 보편적인 도덕적 의무라든가 개인에 대한 밀착된 배려 관계 등이 소홀히 다루어지기 쉬운데 이는 의무윤리와 배려윤리가 보완해 줄 수 있다. 또한 '배려적 관계' 중심의 교직윤리가 개인적 관계 중심의 배려를 강조하다 보면, 개인 간에 일정한 거리를 두고 합리적으로 지켜야 할 도덕적 의무, 그리고 개인을 넘어 중시해야 할 공동체적 덕을 소홀히 하기 쉬운데 이는 의무윤리와 덕윤리가 보완해 줄 수 있다. 그러므로 세 윤리학적 관점이 제공하는 교직윤리는 어떤 것이 더 우선성을 갖거나 상호 배타적이기보다는 상호보완적이면서 다양하고 다원적인 교직윤리관을 정립하는 데 각각 기여할 것이다.

에필로그

학생 중심의 교육담론

이 책에서 우리는 교육목적이 학생들의 잘삶을 증진시키는 것이어야 한다는 주제 아래 다양한 논의들을 해 왔다. 제1부에서는 잘삶의 의미를 밝히고 그것과 교육의 연관성을 살펴보았다. 제2부에서는 보다 실제적인 교육문제를 잘삶과 연관시켜 다루어 보려고 노력하였다.

이 책의 핵심 주제는 잘삶을 증진하는 교육이다. 교사가 그 대상에서 완전히 배제되는 것은 아니지만 초점은 학생의 잘삶 증진에 있다. 만약 교육활동이 학생의 잘삶을 증진하는 데 기여하지 못한다면 여러 비판에 직면하게 된다. 물론 지금의 우리 교육도 학생의 잘삶을 증진시키기 위한 노력이라고 항변하는 사람들이 있을 것이다. 그러나 그것은 학생들 관점에서의 잘삶이 아니라 부모나 교사들 시각에서의 잘삶이다. 또한 미래의 잘삶 때문에 아이들의 현재의 잘삶은 희생되고 무시되는 경향이 있다. 그러므로 학생들의 잘삶을 증진하는 교육은 학생들의 관점에서의 잘삶 그리고 현재의 잘삶을 중시하고 그것을 증진하려는 노력이어야 한다.

학생의 잘삶을 증진하는 데 초점이 있는 교육이론은 학생 중심의 교육담론을 만들어 낼 것이다. 안타깝게도 우리의 교육담론은 '학생'이 빠진 담론이라 해도 과언이 아니다. 대학입시 문제를 비롯한 제도나 정책 영역은 물론이고 교육이론과 교육현장 활동 영역에 이르기까지 학생 중심의 교육담론은 거의 실종 상태다. 가령, 대학입시 정책이나 사교육 근절 대책, 고교 다양화를 비롯한 공교육 정상화 방안 등의 주요 교육정책이 논의되는 배경에는 정치공학적이고 경제적 시각의 담론만 무성할 뿐 이런 정책을 통해 학생들의 잘삶이 얼마나 증진될 수 있는가에 대한 고민은 별로 없다. 이런 상황은 교육이론 영역도 비슷하다. 예컨대, 요즈음 학생 자신이 학습의 주체라는 점을 부각시키면서 '자기주도적 학습'이 강조되고 있다. 이는 분명 학생 중심의 학습이론이면서도 그 논의 배경이 좋은 학습 성과를 낼 수 있는 하나의 방안으로 주장된 것이라면 이것을 학생의 잘삶 증진을 위한 학습이론이라고 보기는 어려울 것이다.

학생 중심의 교육담론은 이 책에서 논의해 온 바와 같이 학생의 잘삶 증진으로 구체화될 수 있다. 우리는 잘삶을 검증된 욕구의 충족으로 정의하였다. 학생들이 검증된 욕구를 갖도록 어떤 교육적 노력을 할 것이며, 그 욕구가 충족되도록 어떻게 도울 수 있는가는 중요한 교육적 과제다. 이런 시각에서의 교육학적 논의가 활발해진다면 이는 곧 학생 중심의 교육담론이 활성화되는 결과로 나타날 것이다.

잘삶을 검증된 욕구의 충족으로 볼 때, 교육에 대한 논의는 이전에 비해 상당히 풍부하고 실제적이 될 것이다. '이성' 중심의 교육담론에서 '욕구' 중심의 교육담론으로 논의의 초점이 달라지는 것은 엄청난 변화다. '욕구'는 결코 다루기가 쉽지 않다. 욕구는 가변성, 즉흥성, 확장지향성 등을 지니고 있다. 이런 욕구의 특성을 지적하다 보면 욕구는 항상 경계하거나 제거해야 할 대상이 되고 만다. 그러나 어떤 사람에게서 욕구를 모두 제거하고 나면 그 사람의 특성이라고 규정할 수 있는 어떤 모습이 남을 것인가? 인간은 분명 욕구를 통해 자신의 존재를 표출한다.

욕구의 부정적 측면에 주목하다 보면 존재하는 욕구를 모두 부인하려 한다거나 고대의 철학자들처럼 그것을 이성에 복속시키려는 노력이 교육의 핵심 과업이라는 주장으로 귀결되고 말 것이다. 그러나 인간은 이성적 존재인 동시에 욕구를 지닌 존재이기도 하다. 그렇다면 인간이 욕구를 지닌 존재임을 인정하고 그것을 잘 통제해 나갈 수 있도록 하는 것이 중요할 것이다. 그러므로 욕구와 관련된 교육의 과업은 학생들이 자신의 욕구를 잘 '검증'하도록 돕는 일일 것이다. 욕구의 검증과 관련된 객관적 정보와 지식의 제공, 합리적이고 논리적인 사고의 훈련, 문화적 이해를 돕는 교육에 대한 논의를 통해 학생 중심의 교육담론은 활성화될 것이다.

학생 중심의 교육담론은 학생의 현 존재에 관심을 갖는다. 즉, 학생의 삶이 관심사다. 과연 우리 아이들에게 개인적 삶이 존재하는 것일까? 인생에서 가장 호기심이 많고 하고 싶은 일이 많은 청소년기에 대부분의 시간을 학교와 학원에서 보내야 하는 우리 아이들은 의미 있는 개인적 삶을 만들어 갈 겨를이 없다. 다양한 욕구가 형성될 수 있는 계기가 차단된 채 오직 책과 씨름할 뿐이다. 형성된 욕구의 충족도 결코 여의치 않다. 이런 아이들이 나중에 성인이 된다고 해서 갑자기 자신의 욕구를 잘 통제하고 잘삶을 영위할 수 있는 것은 아니다. 아이들 자신이 삶의 주체로서 자신의 욕구에 대한 반성과 그것의 추구를 통해 총체적으로 성장해 갈 수 있어야 한다. 어떻게 하면 현재의 삶이 더 좋은 상태로 존재할 수 있는가를 고민하고 이것을 실현하기 위해 분투하는 아이들을 실질적으로 돕기 위한 노력이 잘삶을 위한 교육인 것이다.

아이들의 삶이 의미 있고 좋은 모습이 되도록 돕는 교육활동은 전인교육으로 구체화될 것이다. 아이들이 모든 영역에서 균형 있게 성장하며 자신의 관심사를 추구해 갈 수 있도록 지원하는 것이 교육의 과업이다. 이미 고대 아테네의 엔키클리오스 파이데이아(*enkyklios paideia*)란 말이 시사하듯이 그들은 균형 잡힌 자유인을 기르려고 노력하였다. 그들은 단순히 지적인 교육에만 치중하지 않았다. 신체 훈련, 예술적 도야, 도덕성 함양이 총체적으로 함께 이루어졌다. 진정한 자유인은 이처럼 균형 있는 인격의 소유자를 의미했다. 이와 같이 우리 교육의 지평도 확대되어야 한다. 전인교육이 언어적 수사에 그치는 것이 아니라 구체적인 교육실제로 자리를 잡게 될 때 학생들의 삶이 훨씬 역동적이고 풍요로워질 것이다.

잘삶을 위한 교육은 비분리적인 통합성을 추구한다. 즉, 모든 영역이 균형을 이루는 통합적 인간상을 추구한다. 지적 영역만 편향되게 발달되어 운동의 즐거움이나 예술의 아름다움에 심취할 줄 모르는 편협한 사람이 있다면 결코 매력적이지 못하다. 또한 아무리 자유주의 사회라 하더라도 자신의 것만 챙기는 지독한 이기주의자가 득실거리는 사회를 우리는 결코 바라지 않는다. 도덕교육 부분에서 다루었듯이, 자기 이익과 타인의 이익을 명확히 구분하여 자신의 이익만 합리적으로 챙기는 사람에게 우리는 호감을 가질 수 없다. 잘삶을 위한 교육을 통해 기르려고 하는 도덕적 인간상은 자신과 타인들이 여러 목적을 공유하고 있음을 깨닫고 이타적 성향을 발휘할 줄 아는 사람이다. 즉, 아이들이 자신의 삶 속에서 내 이익 혹은 네 이익이 아닌 우리의 이익을 중시하고 그것에 헌신하도록 교육하려는 것이 잘삶을 위한 교육이다.

학생 중심의 교육담론은 아마도 기다림과 인내를 전제로 할 것이다. 공학적 접근을 비롯한 외적인 자극을 통해 교육효과를 극대화하려는 데 관심을 갖는 것이 아니라 아이들의 내부에 존재하는 성장 가능성을 신뢰하며 인내하는 것을 강조하는 것이 잘삶을 위한 교육이다. 농부의 기다림 속에서 수확의 기쁨이 찾아오듯이 교사나 부모의 인내와 기다림은 학생 중심 교육의 필수조건이라고 볼 수 있다. 농부들이 화학 비료를 사용하고 심지어 유전자 조작까지 시도해서 속성으로 재배한 농산물을 우리는 선호하지 않는다. 만약 아이들이 그런 방식으로 길러진다면 아이들 자신에게나 우리 사회의 미래에 결코 도움이 되지 못할 것이다. 사실 모든 부분에서 미숙한 아이들이 자신의 욕구에 따라 시행착오를 거치는 과정을 우리가 지켜본다는 것은 상당한 인내를 요한다. 그러나 그 기다림의 과정이 곧 교육이다. 무관심이 아니라 애정을 가지고 아이들의 자율성을 존중하며 지켜보는 부모나 교사의 관심과 노력은 아이들의 삶을 복원시키는 큰 울타리가 될 것이다.

잘삶을 위한 교육을 연구하면서 아직 다루지 못한 부분들이 있다. 개념적 측면에서 잘삶과 본래성(authenticity), 심미성, 종교성 등과의 관련성을 자세히 분석해 볼 필요가 있을 것 같다. 잘삶의 폭은 매우 넓기 때문에 다양한 가치들이 관련되어 있을 것이다. 이것을 잘 포착하고 그 관련성을 해명하는 것은 교육철학자들의 임무일 것이다.

또한 실제적 차원에서 잘삶을 위한 교육이 여러 영역에 어떻게 구체화될 수 있는가를 탐구할 필요가 있다. 가령, 잘삶을 위한 교육과정, 교육평가, 교육정책, 교육제도, 체험활동 등을 탐구해 볼 수 있을 것이다. 이런 주제들에 대한 논의가 활발해지면서 학생 중심의 교육담론이 풍성해질 수 있을 것이다.

참고문헌

강영계 역(1983). 칸트의 비판철학. 쾨르너 저. 서울: 서광사.

강영안(2000). 도덕은 무엇으로부터 오는가: 칸트의 도덕철학. 서울: 소나무.

강진령, 유형근(2000). 집단괴롭힘. 서울: 학지사.

고병헌(1996). 공존을 위한 교육, 평화를 위한교육. 고려대학교 교육사 · 교육철학 연구회 편. 인간주의 교육사상. 서울: 내일을 여는 책.

김동일, 김원웅, 이주향(1998). 현대인의 직업 윤리. 서울: 문음사.

김상봉(2004). 학벌사회: 사회적 주체성에 대한 철학적 탐구. 파주: 한길사.

김선구(1999). 공동체주의와 교육. 서울: 학지사.

김성호 역(1988). 칸트의 도덕철학. 페이튼 저. 서울: 서광사.

김용환(1997). 관용과 열린사회. 서울: 철학과 현실사.

김용환, 조영제(2000). 관용을 위한 가치교육의 내용과 방법에 관한 연구. 시민교육 연구, 30, 51-80

김정래(1997). "잘삶"의 개념과 교육. 교육학연구, 35(3), 1-21.

김준호(2002). 2001 학교폭력 실태조사(조사보고서). 청소년폭력예방재단.

김태현(1997). 한국 열린교육의 과제. 한국교육연구, 4, 105-126.

김형철 역(1992). 자유론. 존 스튜어트 밀 저. 파주: 서광사.

김희봉(2001a). '잘삶'이론에 기초한 교육목적 연구. 전남대학교 대학원 박사학위 논문.

김희봉(2001b). 지식, '잘삶', 그리고 교육. 교육철학, 26, 99-118.

김희봉(2002a). 도덕교육에서 타산성과 도덕성의 통합적 접근. **교육학연구**, 40(1), 329-350.

김희봉(2002b). 열린사회를 위한 관용교육. **열린교육연구**, 10(2), 19-41.

김희봉(2004). 교직윤리에 대한 세 가지 윤리학적 접근과 그 의미. **교육학연구**, 43(2), 57-79.

김희봉(2005a). 웰빙의 의미와 도덕교육. **도덕교육연구**, 16(2), 87-109.

김희봉(2005b). J. White의 자율성 교육론. **교육철학**, 27, 125-144.

김희봉(2006). 자율적 자아관에 대한 교육적 대안 탐색. **교육철학**, 30, 23-40.

김희봉(2007). 잘삶을 위한 일의 교육. **교육철학**, 40, 85-107.

김희봉(2009). 잘삶의 통합적 이해와 교육적 함의. **교육철학**, 44, 23-43.

노명식(1992). **자유주의의 원리와 역사**. 서울: 민음사.

목영해(1997). 관용의 교육에 대한 연구. **교육철학**, 18, 209-220.

목영해(2001). **디지털 문화와 교육**. 서울: 문음사.

박노자(2001). **당신들의 대한민국**. 서울: 한겨레신문사.

박병기, 추병완(1996). **윤리학과 도덕교육 1**. 서울: 인간사랑.

박병춘(2002). **배려윤리와 도덕 교육**. 서울: 울력.

박순영(2003). 개인. 우리사상연구소 엮음. **우리말 철학사전 3**. 서울: 지식산업사.

박승배(2000). 열린교육의 등장과 퇴조에 대한 정치 · 경제 · 사회 · 교직 문화적 분석. **교육과정연구**, 18(2), 251-268.

박완규(1998). 결핍존재로서 인간의 욕망과 도덕. **범한철학**, 17, 65-73.

박철홍, 편경희(2004). 삶의 총체적 이상의 구현체로서 직업의 관점에서 본 자유교육의 성격: 전통적 자유교육에 대한 대안 탐색. **교육철학**, 32, 239-259.

배경내(2000). **인권은 교문 앞에서 멈춘다**. 서울: 우리교육.

손봉호, 김해성, 조영제(2001). 교직윤리관 정립을 위한 기초 연구. **시민교육연구**, 33, 191-222.

송 복(1999). **동양적 가치란 무엇인가**. 서울: 생각의 나무.

송기형, 임미경 역(2001). 관용론. 볼테르 저. 서울: 한길사.

송재범(1997). 비도덕적 행위의 극복을 위한 도덕교육. 진교훈 외. 윤리학과 윤리교육. 서울: 경문사.

신득렬(2002). 교직을 위한 윤리 연구. 교육철학, 20, 101-116.

신차균(1989). 자유교육관 연구: 그 개념과 이론적 토대의 분석. 서울대학교 대학원 박사학위 논문.

유네스코 한국위원회 역(1995). 관용: 평화의 시작; 평화, 인권, 민주주의 교육을 위한 교수-학습지침서. 유네스코 한국위원회.

유재봉(2000). 교육철학의 새로운 패러다임: 사회적 실제에의 입문으로서의 교육. 교육학연구, 38(3), 235-253.

유재봉(2000a). 매킨타이어 '사회적 실제' 개념에 대한 논의. 교육철학, 24, 49-72.

유재봉(2000b). 교육 패러다임의 변화와 도덕교육. 도덕교육연구, 12(2), 55-77.

유재봉(2001). 화이트의 자유교육론의 비판적 검토. 교육철학, 26, 143-162.

유재봉(2002). 현대교육철학 탐구. 서울: 교육과학사.

유정완 외 공역(1992). 포스트모던의 조건. 장 프랑수아 리오타르 저. 서울: 민음사.

유호종(2004). 행복교육과 도덕교육. 도덕교육연구, 16(1), 237-256.

이근식, 황경식 편(2001). 자유주의란 무엇인가. 서울: 삼성경제연구소.

이돈희(1999). 왜 열린교육이어야 하는가? 1999년 교육철학회 연차학술대회 논문집, 29-46.

이명현 역(1997). 열린사회와 그 적들 II. 칼 포퍼 저. 서울: 민음사.

이병호(1998). 포스트모던 다원주의와 사회과 교육. 서울대학교 대학원 박사학위 논문.

이지헌(1997). 개인, 공동체, 교육 II. 서울: 교육과학사.

이지헌(1998). 윤리학과 교육. 서울대학교 교육연구소 편. 교육학대백과사전 3 (pp. 2075-2078). 서울: 하우.

이지헌(2000). 디어든의 자율성 교육론. 교육철학, 24, 73-91.

이지헌, 김선구(1997). 개인, 공동체, 교육 Ⅲ. 서울: 교육과학사.
이지헌, 김선구, 이정화 편저(1996). 개인, 공동체, 교육 Ⅰ. 서울: 교육과학사.
이진선(2001). 관용교육의 실태와 개선에 관한 연구. 한국교원대학교 대학원 석사학위 논문.
이진우 역(1997). 덕의 상실. 매킨타이어 저. 서울: 문예출판사.
이진우(2000). 지상으로 내려온 철학. 서울: 푸른 숲.
이한구 역(1997). 열린사회와 그 적들 Ⅰ. 칼 포퍼 저. 서울: 민음사.
이홍우 역(1994). 민주주의와 교육. 존 듀이 저. 서울: 교육과학사.
이홍우 역(1998). 윤리학과 교육. 피터스 저. 서울: 교육과학사.
이홍우 역(2007). 민주주의와 교육(개정 · 증보판). 존 듀이 저. 서울: 교육과학사.
이홍우(1983). 교육과정 탐구. 서울: 박영사.
장원섭(2006). 일의 교육학. 서울: 학지사.
전자신문(2005. 04. 25.). 니트족(30면).
정진곤, 김규환 공역(1997). 개인주의와 교육. 와트 저. 서울: 학지사.
정호표(2002). 현대교육철학. 서울: 교육과학사.
조동기 역(2001). 사이버공간과 공동체. 마크 스미스 · 피터 콜록 편. 서울: 나남출판.
조영제(1998). 다원주의 사회의 기본 덕목으로서의 관용과 그 교육적 함의. 서울대학교 대학원 박사학위 논문.
조지형(1998). 개인주의. 김영한 엮음. 서양의 지적 운동 Ⅱ. 서울: 지식산업사.
최명관 역(1984). 니코마코스 윤리학. 아리스토텔레스 저. 서울: 서광사.
최병태(1996). 덕과 규범. 서울: 교육과학사.
최용철 역(1990). 자유의지와 결정론. 게리 왓슨 편. 서울: 서광사.
최원영 외 공역(1994). 교육이론과 그 기초학문들. 허스트 편. 서울: 문음사.
한승희(1999). 21세기 교육학의 새로운 논리와 언어: 교육학의 새로운 지표로서 내러티브. 21세기 한국교육학, 21-43.
홍세화(1995). 나는 빠리의 택시운전사. 서울: 창작과 비평사.
홍은숙(1994). '사회적 인간 활동'의 개념과 교육의 의미. 강영혜 외. 현대사회와 교육의 이해. 서울: 교육과학사.
홍은숙(1999). 지식과 교육. 서울: 교육과학사.
홍은숙(2007). 교육의 개념. 서울: 교육과학사.
황경식 역(1990). 사회정의론. 롤즈 저. 서울: 서광사.
황경식 역(1996). 윤리학. 프랑케나 저. 서울: 종로서적.
황경식(1995). 개방사회의 사회윤리. 서울: 철학과 현실사.
황경식(1998). 욕망규제로서의 도덕: 억압과 해방의 사잇길. 범한철학, 17, 27-49.
황경식(2001). 왜 '자유주의와 공동체주의'인가? 이근식, 황경식 편. 자유주의란 무엇인가. 서울: 삼성경제연구소.

Bond, E. J. (1996). *Ethics and human well-being.* Oxford: Blackwell Publishers.
Bonnett, M., & Cuypers, S. (2003). Autonomy and Authenticity in Education. In N. Blake, P. Smeyers, R. Smith, & P. Standish (Eds.), *The Blackwell Guide to the Philosophy of Education* (pp. 326-340). Oxford: Blackwell Publishing.
Bramall, S., & White, J. (2000). *Will the new National Curriculum live up to its aims?* IMPACT 6. Philosophy of Education Society of Great Britain.
Bridges, D. (Ed.) (1997). *Education, Autonomy and Democratic Citizenship*. London: Routledge
Callan, E. (1997). *Creating citizens.* Oxford.: Oxford University Press.
Carr, D. (1991). *Educating the virtues.* London and New York: Routledge.
Castells, M. (1999). Flows, networks, and identities: a critical theory of the informational society. In M. Castells et al. (Eds.), *Critical education in the new information age.* New York: Rowman & Littlefield Publishers Inc.
Clarke, P., & Mearman, A. (2004). Comment on Christopher Winch's 'The

economic aims of education.' *Journal of Philosophy of Education, Vol. 38*, No. 2, 249-255.

Clayton, M. (1993). White on Autonomy, Neutrality and Well-being. *Journal of Philosophy of Education, Vol. 27*, No. 1, 101-112.

Cooper, D. E. (1983). *Authenticity and Learning: Nietzsche's Educational Philosophy.* London: Routledge & Kegan Paul.

Crick, B. (1999). The cognitive, emotional, and behavioral (CEB) framework for promoting acceptance of diversity. In J. Cohen (Ed.), *Educating mind and hearts.* New York and London: Teachers College Press. Columbia University.

Crisp, R., & Hooker, B. (Eds.) (2000). *Well-being and Morality: Essay in honour of James Griffin.* Oxford: Clarendon Press.

De Ruyter, D. J. (2004). Pottering in the Garden? On Human Flourishing and Education. *British Journal of Educational Studies, Vol. 52*, No. 4, 377-389.

De Ruyter, D. J. (2007). Ideals, Education, and Happy Flourishing. *Educational Theory* (University of Illinois), *Vol. 57*, No. 1, 23-35.

Dearden, R. F. (1972). Autonomy and Educaton, In R. F. Dearden, P. H. Hirst, & R. S. Peters (Eds.), *Education and Reason.* London: Routledge and Kegan Paul.

Gray, J. (1983). *Mill on Liberty: A Defence.* London: Routledge & Kegan Paul.

Griffin, J. (1986). *Well-being.* Oxford: Clarendon Press.

Griffin, J. (1996). *Value Judgement.* Clarendon Press.

Haynes, F. (1998). *The Ethical School.* London and New York: Routledge.

Haynes, N. M., & Marans, S. (1999). The cognitive, emotional, and behavioral (CEB) framework for promoting acceptance of diversity. In J. Cohen (Ed.), Educating Mind and Hearts. New York and London: Teachers College Press, Columbia University.

Hinchliffe, G. (2004). Work and Human Flourishing. *Educational Philosophy and Theory, Vol. 36,* Issue 5, 535-547.

Hirst, P. H. (1974). *Knowledge and the Curriculum.* London: Routledge & Kegan Paul.

Hirst, P. H. (1998). Education, Knowledge and Practices. In P. Hirst & P. White (Eds.), *Philosophy of Education. I* (pp. 384-95). London: Routledge.

Hirst, P. H. (1999a). The nature of educational aims. In R. Marples (Ed.), *The Aims of Education.* London and New York: Routledge.

Hirst, P. H. (1999b). The demands of moral education: reason, virtues, practices. In J. M. Halstead & T. H. Mclaughlin (Eds.), *Education in morality.* London and New York: Routledge.

Hurka, T. (1999). The Three Faces of Flourishing. In E. F. Paul, F. D. Miller, & J. Paul (Eds.), *Human Flourishing.* New York: Cambridge University Press.

Jonathan, R. (1997). *Illusory Freedom: Liberalism, Education and the Market.* Oxford: Blackwell Publishers.

Kagan, S. (1992). The limits of well-being. In E. F. Paul, F. D. Miller, & J. Paul (Eds.), *The good life and the human good.* Cambridge University Press.

Keefer, N. W. (1996). The inseparability of morality and well-being: the duty/virtue debate revisited. *Journal of Moral Education, Vol. 25,* No. 3.

Kekes, J. (1993). *The Morality of Pluralism.* Princeton: Princeton University Press.

Kim, J. N., & Wringe, C. (1997). Well-being, virtue and education. *The SNU Journal of Education Research, Vol. 7,* 63-77.

King, P. (1976). *Toleration.* London: George and Unwin.

Kirschenbaum, H. (1995). *100 Ways to enhance values and morality in schools and youth settings.* Boston: Allyn and Bacon.

Levinson, M. (1999). *The demands of liberal education.* New York: Oxford University Press.

Lindley, R. (1986). *Autonomy.* London: Macmillan.

Macedo, S. (2000). *Diversity and distrust.* Cambridge: Harvard University Press.

Macedo, S., & Tamir, Y. (Eds.) (2002). *Moral and political education.* New York and London: New York University Press.

MacIntyre, A. (1984). *After Virtue.* Notre Dame: University of Notre Dame Press.

Marples, R. (1999). Well-being as an Aim of Education. In R. Marples (Ed.), *The Aims of Education.* London and New York: Routledge.

Mclaughlin, T. H., & Halstead, J. M. (1999). Education in character and virtue. In J. M. Halstead & T. H. Mclaughlin (Eds.), *Education in morality.* London and New York: Routledge.

Mendus, S.(1989). *Toleration and the limits of liberalism.* London: Macmillan.

Mendus, S.(1995). Tolerance and recognition: education in a multicultural society. *Journal of Philosophy of Education, Vol. 29*, No. 2, 191-201.

Mendus, S., & Edwards, D. (Eds.) (1987). *On toleration.* Oxford: Oxford University Press.

Moore, A. (2000). Objective Human Goods. In R. Crisp & B. Hooker (Eds.), *Well-being and Morality: Essays in Honour of James Griffin.* Oxford: Clarendon Press.

Moore, G. E. (1977). *Principia ethica.* Oxford University Press.

Mulhall, S., & Swift, A. (1992). *Liberals and Communitarians.* Oxford: Blackwell Publishers.

Noddings, N. (1984). *Caring: A Feminine Approach to Ethics and Moral*

Education. CA: University of California Press.

Noddings, N. (1992). *The Challenge to Care in Schools.* New York: Teachers College Press, Columbia University. [추병완, 박병춘, 황인표 역(2002). 배려교육론. 서울: 다른우리.]

Noddings, N. (2003). *Happiness and Education.* New York: Cambridge University. [이지헌 외 공역(2008). 행복과 교육. 서울: 학이당.]

Parfit, D. (1984). *Reasons and Persons.* Oxford: Clarendon Press.

Parsons, R. D.(2001). *The Ethics of Professional Practice.* Boston: Allyn and Bacon.

Paul, E., Miller, Jr., & Paul, J. (Eds.) (1999). *Human Flourishing.* New York: Cambridge University Press.

Rawls, J. (1971). *A Theory of Justice.* Oxford: Clarendon Press.

Raz, J. (1986). *The Morality of Freedom.* Oxford: Clarendon Press.

Raz, J. (1994). *Ethics in the Public Domains.* Clarendon Press.

Rebore, R. W. (2001). *The Ethics of Educational Leadership.* New Jersey: Merrill Prentice Hall.

Reid, A. (1998). The Value of Education. *Journal of Philosophy of Education*, *Vol. 32*, No. 3, 319-331.

Sidgwick, H. (1981). *The methods of ethics.* Hackett Publishing Company.

Strike, K. A., & Soltis, J. F.(1985). The Ethics of Teaching. New York: Teachers College Press, Columbia University. [조동섭, 김성기 역(2000). 가르침의 윤리학. 서울: 원미사.]

Sumner, L. W. (1992). Two theories of the good. In E. F. Paul, F. D. Miller, & J. Paul (Eds.), *The good life and the human good.* Cambridge University Press.

Sumner, L. W. (1996). *Welfare, happiness, and ethics.* Clarendon Press.

Tomasi, J. (2001). *Liberalism beyond Justice.* Princeton: Princeton University Press.

White, J. (1973). *Towards a Compulsory Curriculum.* London: Routledge &

Kegan Paul.

White, J. (1982). *The Aims of Education restated.* London: Routledge & Kegan Paul.

White, J. (1986). The problem of self-interest: the educator's perspective. *Journal of Philosophy of Education, Vol. 20*, No. 2, 163-175.

White, J. (1990). *Education and the good life.* London: Kogan page. [이지헌, 김희봉 역(2002). 교육목적론. 서울: 학지사.]

White, J. (1995). *Education and personal well-being in a secular universe* (an inaugural lecture). Institute of Education University of London.

White, J. (1997). *Education and the End of Work: A new philosophy of work and learning.* London: Cassell.

White, J. (1997). Is moral education an aid or an obstacle to personal well-being? *PROSPERO, Vol. 3*, No. 1, 14-17.

White, J. (1999). In Defence of Liberal Aims in Education. In R. Marples (Ed.), *The Aims of Education.* London and New York: Routledge. 185-200.

White, J. (2000). The value of education: A reply to Andrew Reid. *Journal of Philosophy of Education, Vol. 34*, No. 4, 697-707.

White, J. (2002). Education, the Market and the Nature of Personal Well-being. *British Journal of Educational Studies, Vol. 50*, No. 4, 442-456.

White, J. (2003). Five Critical Stances Towards Liberal Philosophy of Education in Britain. *Journal of Philosophy of Education, Vol. 37*, No. 1, 147-184.

White, J. (2007). Wellbeing and Education: Issues of Culture and Authority. *Journal of Philosophy of Education, Vol. 41*, No. 1, 17-28.

White, J., & White, P. (1986). Education, liberalism, and human good. In D. E. Cooper (Ed.), *Education, values and mind.* London:

Routledge & Kegan Paul.

White, P. (1996). *Civic virtues and public schooling*. London and New York: Teachers College Press.

Williams, B. (1981). *Moral luck*. Cambridge: Cambridge University Press.

Winch, C. (1999). Autonomy as an Educational Aim. In R. Marples (Ed.), *The Aims of Education*. London and New York: Routledge.

Winch, C. (2002). The Economic Aims of Education. *Journal of Philosophy of Education*, *Vol. 36*, No. 1, 101-117.

Winch, C. (2004). Work, the Aims of Life and the Aims of Education: a Reply to Clarke and Mearman. *Journal of Philosophy of Education*, *Vol. 38*, No. 4, 633-638.

Winch, C., & Gingell, J. (1999). *Key Concepts in the Philosophy of Education*. London and New York: Routledge.

Wringe, C. (1999). Being good and living well: Three attempts to resolve an ambiguity. *Journal of Philosophy of Education*, *Vol. 33*, No. 2, 287-293.

Yoo, J. B. (1999). Education as initiation to social practices: an alternative to liberal education. Unpubliished Ph. D. thesis. University of London.

Young, M.(2005). *Negotiating the Good Life*. Hampshire: Ashgate.

찾아보기

인명

내용

저자 소개

■ 김희봉(金熙奉)

목포대학교 교육학과(학사)
전남대학교 대학원 교육학과(석사, 박사)
교육철학회 감사 역임(2006)
목포대학교, 전남대학교 강사

〈저서 및 역서〉
『교육목적론』(공역, 학지사, 2002)
『학문의 의무』(공역, 학이당, 2006)
『토론』(공역, 학이당, 2008)
『행복과 교육』(공역, 학이당, 2008)
『교육학의 이해』(공저, 학지사, 2009)

〈논문〉
「지식, '잘삶', 그리고 교육」(『교육철학』, 제26집, 2001)
「도덕교육에서 타산성과 도덕성의 통합적 접근」(『교육학연구』, 제40권 제1호, 2002)
「J. White의 자율성 교육론」(『교육철학』, 제27집, 2005)
「잘삶을 위한 일의 교육」(『교육철학』, 제40집, 2007)
「잘삶의 통합적 이해와 교육적 함의」(『교육철학』, 제44집, 2009) 외 다수

잘삶을 위한 교육

Education for the promotion of well-being

2009년 12월 14일 1판 1쇄 발행
2011년 8월 3일 1판 2쇄 발행

지은이 • 김희봉
펴낸이 • 김진환
펴낸곳 • (주) 학지사
121-837 서울특별시 마포구 서교동 352-29 마인드월드빌딩 5층
대표전화 • 02)330-5114 팩스 • 02)324-2345
등록번호 • 제313-2006-000265호

홈페이지 • http://www.hakjisa.co.kr
커뮤니티 • http://cafe.naver.com/hakjisa

ISBN 978-89-6330-242-3 93370

정가 14,000원